MINERVA社会福祉士養成テキストブック ⑨

岩田正美・大橋謙策・白澤政和 監修

福祉行財政と福祉計画

市川一宏・宇野 裕・野口定久 編著

ミネルヴァ書房

はしがき

　2007年に,「社会福祉士及び介護福祉士法等の一部を改正する法律」(平成19年11月28日)が成立し, 福祉関係者の念願であった社会福祉および介護福祉人材養成の根拠となる新カリキュラムに移行した。本改正は, 社会福祉専門職関係団体及び社会福祉士等専門職養成校がここ数年間にわたり福祉従事専門職の資質向上を図り, 多様な福祉現場の労働環境の改善や雇用機会の創出をめざして努力してきたひとつの成果でもある。この社会福祉士国家試験新カリキュラム導入以降（平成21年度以降入学者), 介護保険制度改革や障害者総合支援法の施行, 生活困窮者自立支援法の成立等の動きは, 基本的に従来の給付型制度から契約型サービス利用制度や就労支援型制度への転換を進行させる傾向にあり, 社会福祉士・精神保健福祉士・介護福祉士といった国家資格を有するソーシャルワークの相談援助技術・サービス開発・計画づくり・ネットワーク形成等の諸機能の質的向上とそれらを推進するための人材養成および財政の仕組みづくりが社会的に要請されていることを意味している。

　本書は, そのカリキュラムの中の「福祉行財政と福祉計画」(30時間)に対応するテキストとして編集した。その教育内容を挙げてみよう。「ねらい」としては, 次の3点に焦点化されている。①福祉の行財政の実施体制（国・都道府県・市町村の役割, 国と地方の関係, 財源, 組織及び団体, 専門職の役割を含む), ②福祉行財政の実際, ③福祉計画の意義や目的, 主体, 方法, 留意点, について理解することになっている。

　本書は, 基本的にはこのねらいに沿って構成されているが, さらに本書の内容を示しておこう。①国の役割：法定受託事務と自治事務等。②都道府県の役割：福祉行政の広域的調整, 事業者の指導監督, サービスの実施主体, 介護保険制度における保険者等。③市町村の役割：福祉の行財政の実施体制, 福祉行財政の実際, 福祉計画の意義や目的, 主体, 方法等, ④福祉の財源：国の財源・地方の財源, 保険料財源・民間の財源, 福祉事務所, 児童相談所, 身体障害者更生相談所, 知的障害者更生相談所, 婦人相談所, 地域包括支援センター等。⑤国と地方の関係：地方分権の推進等。⑥福祉の財源：国の財源・地方の財源, 保険料財源, 民間の財源等。⑦福祉行政の組織及び団体の役割：福祉事務所, 児童相談所, 身体障害者更生相談所, 知的障害者更生相談所, 婦人相談所, 地域包括支援センター等。⑧自治体の福祉計画：福祉計画の種類と範囲, 福祉計画の意義と目的, 福祉計画における住民参加と主体形成, 福祉計画の策定過程と方法, 福祉計画の評価, 福祉計画の実際等である。これらの項目を中心に学習してもらいたい。

　日本社会は, 特に2000年以降, 失業や雇用, 年金や医療の制度疲労や企業・地域・家族の社会保障機能の縮小によって社会的リスクが拡大し, その縮減を図るべき社会保障制度や企業・地域・家族といった中間集団が機能不全ないし崩壊の危機に瀕している。これら社会的リスクの克服には, 従来型の中央政府の福祉国家にのみ頼る方法でなく, 地方自治体の福祉施策の充実が必要である。そこで, 本書の目標は, 国や自治体による社会政策（教育, 住宅,

保健医療，少子高齢化，ジェンダー，社会保障，雇用等の範囲）から社会福祉へと接近していくことになる。

　こうした社会政策からの要請を受けた社会福祉は，生活関連領域の質的向上，福祉国家の再編，社会サービスの基盤整備という1990年代における社会保障・社会福祉の課題を解決するために，2000年以降に特に地域を基盤にした社会福祉へと大きく舵を切っていくことになる。地方分権下において福祉サービスの地域間格差や地域共同体の崩壊によって生起する社会的排除や相対的剥奪といった公共的諸問題は，主として地方自治体が担うべき在宅福祉サービス，施設ケアと在宅ケアを内在化した地域包括ケアシステムの構築をめざした福祉計画の策定が必須要件となってきている。

　したがって，本書では，地方分権化・社会サービスシステム・コミュニティソーシャルワーク・住民参加の視点から地域福祉を捉え，その理念・対象・基盤・政策展開・構成要件・財源・主体・推進方法等の観点から，今日の福祉行財政と福祉計画に関する基本的な論点を整理しながら，近未来の社会変動（経済・地域コミュニティ・家族関係）を視野に入れた国や地方自治体による社会福祉制度とサービス供給の組織，財源，人的資源の計画性について学ぶことを意識した構成と内容になっている。

　それゆえに本書では，地域福祉推進の基盤となる一般的，基礎的事項を解説できるものでなければならないし，また，今日の社会保障制度や社会福祉サービス供給が抱える現実的な課題に応えられ，かつこれからの方向性を展望できうるような理論・政策・計画・財政のあり方にも配慮したものをめざしたつもりである。

　執筆者の方々には，近年の地域福祉を中心とする社会福祉改革の急速な変化に即応した地域福祉の最前線での労作を寄稿していただいた。「社会福祉士」はもちろん，「精神保健福祉士」の国家試験テキストとして使用しながら，実践研究書としてもより現場での問題解決に向けて，さらに精度を高めていきたいと願っている。

　　　2014年12月

　　　　　　　　　　　　　　　　　　　　　　　　　　　　　　　　　　　　　編　者

目　次

はしがき

■序　章■　福祉行財政の新たな動向 …………………………………………… 1

1　福祉行財政の基本問題 …………………………………………………… 2
　　財政規律の回復…2　　サービス提供体制の再編…3　　人材の確保…4

2　地方分権と福祉行財政 …………………………………………………… 5
　　地方分権の現況…5　　地方分権を先導する福祉改革…8　　自主性と公平性の調和…9

3　ローカル・ガバナンスと福祉行財政 …………………………………… 12

■第1章■　社会福祉の体系 ……………………………………………………… 15

1　社会保障の中における社会福祉の位置づけ …………………………… 16
　　社会保障とは…16　　社会福祉の位置づけ…16

2　社会福祉の実施体制 ……………………………………………………… 18
　　社会福祉行政における国と地方公共団体の関係…18　　国の役割…20　　都道府県の役割…21　　市町村の役割…21

■第2章■　国と地方の政府間関係 ……………………………………………… 25

1　国と地方自治体の関係の基本的枠組み ………………………………… 26
　　地方自治法における枠組み…26　　地方財政法における枠組み…26

2　地方分権改革の展開（機関委任事務の時代）…………………………… 28
　　戦後初期の地方自治の歩み…28　　機関委任事務と「三割自治」…28　　臨調答申と社会福祉改革…29　　補助金削減…29　　委任事務の合理化…30　　「福祉八法」改正…31

3　新たな国と地方自治体との関係（地方分権一括法以降）……………… 32
　　地方分権推進法…32　　地方分権一括法…32　　機関委任事務の廃止と事務区分の再編成…33　　自治事務と法定受託事務…34　　国の関与の見直し…35　　地方分権改革推進法…36　　三位一体の改革…36　　最近の地方分権改革…37　　今後の課題…37

■第3章■　福祉行政の組織運営システム ……………………………………… 41

1　福祉行政における公的責任 ……………………………………………… 42

2　社会福祉の機関と施設・事業所 ………………………………………… 44

3　市町村と福祉事務所――住民援護の第一線機関 ……………………… 45
　　市町村…45　　福祉事務所…47

4　都道府県と専門福祉機関 ………………………………………………… 50
　　都道府県…50　　専門福祉機関…52

■第4章■ 福祉行政における専門職の役割 …………………………………… 57

1 社会福祉行政における専門職の展開 …………………………………… 58
社会福祉行政における専門職の発展…58　社会福祉主事の任用資格の要件…58　社会福祉行政機関の専門職…59

2 福祉事務所の専門職の役割 …………………………………… 59
現業員…59　査察指導員…61　老人福祉指導主事…61　家庭児童福祉主事・家庭相談員…62　母子・父子自立支援員…63

3 各種相談機関の専門職 …………………………………… 63
身体障害者福祉司…63　知的障害者福祉司…64　児童福祉司…65　婦人相談員…65　精神保健福祉相談員…67

4 福祉専門職の課題と展望 …………………………………… 67
福祉専門職の資格取得…67　福祉専門職の展望…68

■第5章■ 自治体の福祉財政と財源確保（国・都道府県・市町村）………… 71

1 財政の全体像 …………………………………… 72

2 市町村の社会福祉財源 …………………………………… 72
市町村の歳入決算額…73　市町村の歳出決算…74

3 都道府県の社会福祉財源 …………………………………… 77
都道府県の歳入…78　都道府県の目的別歳出…78　民生費の歳出内訳とその財源…78

4 国家予算と社会福祉関係費 …………………………………… 80
国家予算の概要…80　社会保障財源…81

■第6章■ ローカル・ガバナンスと福祉行財政 …………………………………… 85

1 「課題先進国」としての日本社会 …………………………………… 86
社会構造に関わる3つの危機…86　人口ボーナス期から人口オーナス期への変化…86　現代家族と地域社会の変化…87

2 ガバメントからガバナンスへ …………………………………… 89
福祉国家の再編…89　新しい公共運営論…91　地域コミュニティの生活機能…92

3 地方自治体の福祉行財政 …………………………………… 93
新たな社会的リスクに向き合う福祉行政…93　地方自治体の安全網施策…95　転換期の社会福祉行政と地方自治体…96　地方自治体の福祉財政…97

4 ローカル・ガバナンスと地域福祉計画 …………………………………… 98
福祉行財政の再編と地域福祉計画の策定…98　地域活性化のための地域福祉計画…

99　ローカル・ガバナンスの実践事例…100

■第**7**章■　経済・社会計画から社会福祉計画そして地域福祉計画へ……………103

　1　経済計画と社会計画…………………………………………………………104

　　　成長の30年，衰退の20年（1960-2010年）…104　経済計画から社会計画へ（1950-1970年代）…105　地域開発と日本型福祉社会（1980年代）…107

　2　社会福祉計画の時代へ（1990年代以降）…………………………………109

　　　社会計画とは…109　社会福祉計画へ…110　社会福祉の基礎構造改革と計画化の動向…111

　3　市町村財政と地域福祉計画…………………………………………………112

　　　現金給付型から現物給付型へ…112　福祉サービス基盤整備と市町村福祉計画…114　地域包括ケアの体系化と地域福祉計画…116

■第**8**章■　社会福祉計画の目的と意義………………………………………………121

　1　社会福祉計画の目的…………………………………………………………122

　　　社会福祉政策と社会福祉計画…122　社会福祉学・研究における政策論と計画論…123　社会福祉計画の概念…124　社会福祉計画の類型…126

　2　社会福祉計画の意義…………………………………………………………127

　　　福祉政策決定過程の合理化…127　福祉サービス供給システムの構築…128　福祉サービス供給システムにおける連携・協働の促進…129　利用者（当事者）・地域住民の参加の促進…129　アカウンタビリティ（説明責任）の遂行…131　実行10年が問われる時代…132

■第**9**章■　個別福祉計画の種類と特徴………………………………………………135

　1　福祉計画の基本的視点………………………………………………………136

　　　広範かつ多様化，深刻化した生活課題への協働した取り組み…136　地方分権と地域特性の重視…137　住民参加プロセスの重視…138　目指す地域，福祉の明確化…139

　2　老人保健福祉計画……………………………………………………………139

　　　計画の背景と規定…139　市町村老人福祉計画…139　都道府県老人福祉計画…140

　3　介護保険事業計画……………………………………………………………141

　　　計画の背景と規定…141　基本方針…141　市町村介護保険事業計画…142　都道府県介護保険事業計画…143

　4　障害者計画……………………………………………………………………144

　　　計画の背景と規定…144　障害者基本計画…144　都道府県障害者計画…145　市町村障害者計画…145

- 5 障害者福祉計画 …………………………………………………… 145
  - 規定と基本方針…145　市町村障害福祉計画…146　都道府県障害福祉計画…147
- 6 次世代育成支援行動計画 ………………………………………… 148
  - 計画の背景と規定…148　行動計画策定指針…148　市町村行動計画…149　都道府県行動計画…150　一般事業主行動計画…151　特定事業主行動計画…152
- 7 保育計画 …………………………………………………………… 152
- 8 地域福祉計画 ……………………………………………………… 153
  - 計画の概要と規定…153　市町村地域福祉計画…153　都道府県地域福祉支援計画…154

■第10章■　福祉計画と住民参加 …………………………………… 155

- 1 社会福祉をめぐる動向と計画行政 ……………………………… 156
  - 福祉改革と地方行政改革…156　新しい地域福祉計画…157
- 2 地域福祉計画と市民参加・住民参加 …………………………… 158
  - コミュニティワークと地域福祉計画…158　施策の総合化を促進する…160
- 3 住民参加と市民参加 ……………………………………………… 160
  - 住民と市民の使い分け…160　地域市民としてとらえる…161　社会連帯への参加と福祉計画策定への参加…162
- 4 市民参加と利用者参加（当事者参加）の支援 ………………… 163
  - 市民参加のレベル…163　レベル設定に合わせた支援の類型…164
- 5 公民協働における住民参加の推進 ……………………………… 165
  - 住民参加の推進…165　住民参加と情報公開…166　住民参加と個人情報…168

■第11章■　福祉計画の策定プロセスとその手法 ………………… 171

- 1 住民参加を重視した福祉計画の策定プロセス ………………… 172
  - 計画策定の基本的なプロセス…172　福祉計画の策定手順…172
- 2 福祉計画策定に連動した福祉活動のプロセス ………………… 175
  - 福祉活動を構想する：第1段階…176　地域福祉の課題を見つける：第2段階…177　活動の理念や目的をつくる：第3段階…177　課題の解決・実際の活動：第4段階…178　福祉活動の推進と進行管理：第5段階…179
- 3 策定プロセス上の留意点 ………………………………………… 180
  - 地域の福祉課題を意識化させること…180　策定委員会の設置の時期と位置づけ…180　行政内部における検討過程…181
- 4 福祉計画策定における住民参加の手法 ………………………… 182

　　　　　情報収集と広報活動…182　住民の参画を促すための手法…185

■第12章■　　福祉計画の評価と進行管理 …………………………………………………189
　1　評価とは何か ……………………………………………………………………………190
　　　　　評価の定義…190　評価の必要性…190　評価と進行管理の関係性…191
　2　政策から見た福祉計画の位置づけと構成要素 ………………………………………193
　　　　　政策から見た福祉計画の位置…193　評価軸の多重性…194
　3　政策評価手法の類型 ……………………………………………………………………195
　　　　　業績測定…195　プログラム評価…198
　4　福祉計画評価の目的 ……………………………………………………………………199
　　　　　福祉施策の総合化…199　ローカル・ガバナンスの実現…200　地域福祉力の向上…
　　　　　200
　5　福祉計画評価の今後の課題 ……………………………………………………………201

あとがき ………………………………………………………………………………………205
さくいん ………………………………………………………………………………………213

序章
福祉行財政の新たな動向

1 福祉行財政の基本問題

　福祉の向上は国民誰しもの願いと言える。また，国民の負託を受けて，政府（国および地方公共団体）には福祉の向上を図る責務がある。しかし，福祉の向上のために充てることのできる物的・人的資源には限界がある。両者の間で調和を図ることは容易ではないが，調和が図られなければ，どんなによい制度でも存続できない。それが現在に課せられた永遠の課題であり，国民の選択と行動が求められる所以である。

　少子高齢化，人口の減少，経済の停滞により，状況は年々厳しさを増している。影響は社会全般に及んでいるが，福祉行財政はまさにその渦中にあるといえる。

　解決すべき課題は，次の3点に集約できる。①財政規律の回復，②サービス提供体制の再編，③人材の確保である。福祉行財政の今後は，これらの基本問題を軸に展開していくであろう。具体論に入る前に，これらこの3点についてしっかりと認識しておきたい。

❏ 財政規律の回復

　社会保障（年金，医療を含む広義の福祉。社会保障の概念については，本書16頁を参照）を通じて国民に支給される給付の規模（社会保障給付費）は年々増加し，2010（平成22）年度には遂に100兆円を超えている。その後も増加を続け，2025（平成37）年度には150兆円に達すると見込まれている。これは国内総生産（GDP）の25％に相当する大きさである。

　では，財源はどうやって確保していくのか。年金，医療，介護については社会保険制度が中心になっており，これまで，基本的には社会保険料の引き上げで財源が確保されてきた。しかし，近年では，社会保険料の引き上げに反発が強まり，国庫負担の増額や肩代わりなど，税財源の投入が増えている。また，保育，障害福祉，生活保護などはもともと税財源が主体である。したがって社会保障全体に占める税財源の比重が高まっている。

　ところが，国・地方はともに財政難で，国の歳入（一般会計）の約半分が国債，地方公共団体でも歳入（普通会計）の1割強は地方債となっている。他方，国の一般会計に占める社会保障関係費は3割を超

■ 国内総生産
一国の経済活動において，個人，企業，政府によって生み出された新たな価値の合計。国内総生産の伸び率が経済成長率。企業等によって生産され，国内の誰か（家計，企業，政府）に購入され，あるいは海外に輸出された最終財・サービスの価値から，その最終財・サービスを生産するために投入された中間財の価値を差し引いて推計される。
　国内総生産は，経済の規模を示す最も一般的な指摘であるため，政府活動の経済的大きさを測る尺度として用いられる。ただし，社会保障のほとんどは，政府から家計への移転支出であるため，分子（社会保障）と分母（国内総生産）の経済性質が異なり，単純な比較はできない。あくまで目安である。

え，地方公共団体の歳出に占める民生費は2割強で，いずれも最大の支出項目になっており，実質的に多額の国債・地方債が充てられていることになる。財政規律の回復は，狭義の福祉を含む社会保障が存続するための絶対的前提なのである。

政府，主要政党もようやく財政規律の回復に動き，第一弾として税と社会保障の一体改革が行われ，消費税率が2014（平成26）年4月から8％に引き上げられ，さらに，2017（平成29）年4月から10％に引き上げられることになっている。しかし，これだけではピーク時に予想される財政赤字40兆円のうちの3分の1程度を埋めるだけと言われている。すでに，国・地方を合わせた長期債務残高は1000兆円超，GDPの2倍強にもなってしまっている。所得税の改革など，早く次の手を打たないと，長期債務はさらに増えることになる。

歳出面の改革も待ったなしである。国，地方を通じて最大の歳出項目となっている社会保障についても見直しは避けられない。社会保障の各分野は今後も拡大することは必然であるが，その伸びを抑制する必要がある。資源を優先的に投入すべき分野を選択し，社会保障システム全体としての効率化を図らなければならない。

税と社会保障の一体改革にも示されているが，高齢者については，疾病予防，介護予防，高齢者雇用を進めて，医療，介護，年金の給付を抑制する一方で，子ども子育て分野を拡充，障害者や生活困窮者の自立を支援，さらには勤労世代のセーフティネットを整備していくというのが大きな方向であろう。

❏ サービス提供体制の再編

効率化とは，単に，同一の成果を達成する上で資源を節約するだけでなく（狭義の効率性），資源を有効に使うことで成果を向上させること（効果性）も意味している。投入する資源の総量が変わらなくとも，サービス提供の仕組みを改善することで，福祉を向上させることができる。そのためには，利用者のニーズに最も効率的に対応できるように提供体制を再編していく必要がある。したがって，提供体制はサービスのタイプによって異なってくる。

たとえば，福祉サービスについては，1990年代以降，「市町村主義」に基づく改革が進行中である。福祉サービスは利用者である住民のいるところでしか生産できないので，住民に最も身近な基礎自治体である市町村が実施責任を負うことが，限られた資源の下でよりよいサービスを提供できるようになるからである。

サービスに即して提供体制を再編することは，財政規律の確保にも

つながる。「市町村主義」を推し進めることで，より多くの負担をして高い水準のサービスを受けるのか，サービスの水準を高めるよりも負担の増加を抑制するのか，また，他分野の行政サービスを我慢して福祉サービスを充実するのか，あるいはその逆なのか，住民みずからが選べるようになる。

　一方，年金制度は，巨額の資金を要するだけでなく，加入者が多いほどリスクの分散効果が高まるので，国全体で一体の制度とする一元化が基本的方向である。現金給付であるので，国が実施してもニーズに即した対応ができるし，均一のサービスを提供するためには，国が行うことが望ましい。

　医療は，利用者の身近でしかサービスを生産できない点では福祉に近いが，高額の費用リスクを分散をするうえではより大きな単位とする方が効果を発揮できる。いわば，年金と福祉の中間であり，都道府県単位にまとめていくこととなろう。

　こうした方向を推し進めて行ってたどり着くのは，国・都道府県・市町村が，それぞれ年金・医療・福祉に責任を持ちつつ相互に協力する「福祉の3つの政府」として機能する国の姿であろう。

❏ 人材の確保

　福祉や医療などの対人サービスは人が行うものであり，人材の確保が欠かせない。2025（平成37）年度には，介護職員は250万人（現在は150万人），看護職員は200万人（同145万人），保育職員は40万人（ピークと見込まれる平成30年頃の粗い推計）必要と見込まれており，これら3職種だけで労働力人口の1割に迫るのである。いうまでもなく，この他にも，社会福祉士や精神保健福祉士，機能回復訓練士や作業療法士，さらには医師など，福祉・医療サービスを提供していくために不可欠な人材が多数必要になる。

　人材を確保するには資金が必要であり，その意味では財政問題と切り離せないが，資金があれば自ずと解決するほど単純ではない。的確なサービスを提供するには，単に人数だけではなく，高いスキルを身につけた人材が必要だからである。質の高いサービスは，直接的には利用者の福祉を向上させ，間接的には住民全体に安心を提供することで，福祉社会を支える。さらには，必要な費用負担に対する合意を得るためにも不可欠となる。

　教育は国家百年の計であって，しっかりとした人材養成システムを整備する必要がある。この点，医療に比して福祉の人材養成システムには課題が多く残されている。また，医療についても，技術革新を取

り入れ不断に改善していく必要がある。

　必要になるのは，このような直接処遇にかかわる人材ばかりではない。サービス提供体制の再編に伴って，国・都道府県・市町村の役割が大きく変わろうとしている。その基本的方向は，国から地方への権限委譲であり，特に，住民に最も身近な市町村の役割は飛躍的に高まっている。そこで求められるのは，地域の実情に即して，サービスの提供体制を設計し，具体化し，適切にマネジメントしていくことである。こうした人材は，数としては膨大なものとはならないが，国・都道府県・市町村がそれぞれ「福祉の政府」として機能するように支えることができるような質の高い人材が求められるのである。

2　地方分権と福祉行財政

　第1節で概観した全般的状況を踏まえ，以下では本書の中心主題である狭義の福祉サービスに関する国と地方の政府間関係を論じる。

❏地方分権の現況

　1995年は戦後50周年にあたり，わが国にとって節目の年であった。加えて，阪神・淡路大震災が発生し，国のあり方が問われ，戦後永らく続いてきた理念や仕組みが見直された。地方自治もその一つに数えることができる。この年に「地方分権推進法」が制定され，同法以降，地方分権は確実に進んでいるからである。

　2000年の「地方自治法」全面改正により，機関委任事務が廃止され，地方公共団体が行う事務は，すべて自治事務か法定受託事務となった。機関委任事務は，知事や市町村長を国（大臣）の下部機関とみなして国の事務を委任し執行させる仕組みで，事実上国と都道府県，市町村を上下関係に置くものであった。その後，2002年度から2004年度にかけて行われた，地方への税源移譲，補助金改革による地方の自由裁量の拡大，地方交付税の減額をセットとした「三位一体改革」を経て，2006年に「地方分権改革推進法」が制定され，国と地方の協議の場の法制化，地方の事務に対する義務づけの見直し，都道府県から市町村（基礎自治体）への権限の委譲等が行われ，あるいは行われつつある。また，これらの改革と並行する形で，「平成の大合併」が行われた。

　それでは，地方分権は実際にどのくらい進んでいるのであろうか。「地方分権改革推進法」第2条は，地方分権の基本理念として「国及

び地方公共団体が（中略）分担すべき役割を明確にし，地方公共団体の自主性及び自立性を高めることによって，地方公共団体が自らの判断と責任において行政を運営することを促進し，もって個性豊かで活力に満ちた地域社会の実現を図ることを基本として行う」と規定している。これを手がかりに，事務執行の自主性の確保，税源の移譲，（基礎自治体の）執行能力の向上という観点から検討してみたい。

① 事務執行の自主性の確保

まず，国と地方公共団体が分担すべき役割の明確化ということでは，2000年の「地方自治法」改正で機関委任事務が廃止されたことで，仕組みとしては整理がついたといえよう。改正前には561件の機関委任事務があり，都道府県事務の7～8割，市町村事務の3～4割を占めていたというが，一部は廃止あるいは国が直接執行事務となったものを除き，すべて権限が委譲されて自治事務か法定受託事務となり，地方公共団体が執行する「国の事務」はなくなった。

また，地方公共団体の自主性・自立性ということでは，自治事務は当然，法定受託事務についても地方公共団体が条例を制定して，人々の権利を創設し，あるいはそれを制限したり負担を課したりすることができることとなった。

しかし，自治事務であれ法定受託事務であれ，国の個別の法律に基づいて行われるものについては，その法律の縛りを受ける。教育や福祉，社会資本などに多く含まれる全国共通に行われるべき事務には当然のことではあるが，その一方で，地域の実情に応じた対応をする方が望ましい事務については，法律で一律に義務づけを行うのではなく，地方自治の本旨に照らして地方公共団体が自主的に施策を展開できるようにすべきである。こうした観点から，地方分権改革が行われた。そして，約1万ある義務づけ条項のうち，国民の生命や安全を守る等の必要性から，義務づけを残すべきものとされた6000条項を除いた4000条項を検討対象として，最終的に1000項目について，国の基準と異なる地方独自の基準を制定できるようにするなど，見直しが行われている。

② 税源の移譲

事務権限委譲と法律による義務づけ廃止は地方公共団体の自主性・自立性を大いに高めることとなったが，事務の実施には資源，特に財源を要するものであり，地方公共団体が自らの努力で必要な財源を確保できる仕組みが伴わなければ，自らの判断と責任において行政を運営することは事実上できない。

数字の上では，社会保険制度を除くと，公的支出のうち地方が行う

支出は72％を占め，国の28％を大幅に上回っているが，税収では国税の53％に対し地方税は47％となっており，地方財政は国から地方に行われる移転（地方交付税，国庫補助金・負担金など）や地方債の発行に頼っているのが現状である。

　この問題に取り組んだものとして2002年度から2004年度にかけて行われた「三位一体改革」があるが，国の財政難を背景として，3兆円の税源移譲に対し地方交付税が5兆円減額され，国庫補助金・負担金改革4.7兆円で地方の自由度が拡大したものの，全体としては地方財政は縮減を迫られることになった。

　それでも，基幹の一つである所得課税について所得税（国）から地方税に税源の一部が移されたことは，国が配分する地方交付税が減ったとしても自主財源の確保に資するものであり，その点は正しく評価されるべきである。

　また，地方公共団体は一定の範囲内であるが，もともと課税自主権を有しており，独自の努力を行う余地がある。現時点でもさまざまな取り組みが行われているが，一層の活用を期待したい。

③　執行能力の向上

　地方公共団体が自らの判断と責任において行政を運営するためには，形式的に権限・財源を有するだけではなく，実質的に執行能力を保有していなければ絵に描いた餅になる。このことは，人材育成も含めて，第一義的には地方公共団体自らの努力にかかっているが，国も，主として基礎自治体の規模拡大を制度的・政策的に誘導してきている。

　制度的には，政令指定都市，中核市，特例市がある。政令指定都市は，人口50万人以上で一定の要件を満たす都市で，この指定を受けると都道府県の事務のかなりの部分が委譲される。また，中核市は，人口30万人以上で一定の要件を満たす都市で，政令指定都市が処理することができる事務の一部が委譲される。さらに，特例市は，人口20万人以上で一定の要件を満たす都市で，中核市が処理することができる事務の一部が委譲される。つまり，規模に応じて同心円的集合関係にあるわけである。現在，政令指定都市は20，中核市は42，特例市は40あり，居住人口を合計すると全人口の半数近くになる。

　もう一つは，1999年から2009年度末まで行われた市町村合併の推進である。これは，1999年に制定された「地方分権の推進を図るための関係法律の整備等に関する法律（以下，地方分権一括法）」に基づく手厚い財政措置をテコとして行われたもので，市町村数は，3232から1727へとほぼ半減している。これだけ大規模な基礎自治体の合併は，明治維新後の「明治の大合併」，戦後すぐの「昭和の大合併」しかな

く，これらになぞらえられて「平成の大合併」と呼ばれている。

　2000年の「地方自治法」全面改正も「地方分権一括法」によって行われた。このことからみても，国の政策意図としては，地方分権と基礎自治体の規模拡大はセットであった。しかし，効率性と効果性の両面から見て，どの位の規模が適正かという観点からの検討が十分行われたのかどうかは疑問である。それは人口規模だけでなく，面積や人口の集積度にも，また，提供されるサービスによっても違って来るであろう。

　この点，国（総務省）も率直で，「平成の大合併」を総括して次のように述べている。「合併の本来の効果が現れるまでには10年程度の期間が必要と考えられ，現時点では短期的な影響の分析に止まらざるを得ないが，多くの合併市町村の行政・住民，また世論の合併への評価は大きく分かれている」。

■ 地方分権を先導する福祉改革

　福祉分野における地方分権は，他の行政分野と比較して抜きんでて進んでいる。最初の大きな節目となったのは，地方自治法全面改正の10年前，1990年に行われた福祉八法改正で，福祉サービスの提供の主たる場が（理念として）施設から居宅へと転換され，その当然の帰結として，住民に身近なサービスを行う基礎自治体（市町村）が担うことが法定された。

　また，この改正で，老人福祉施設及び身体障害者福祉施設への入所決定等の事務が都道府県から町村へ委譲され，市町村に一元化された（1993年施行）。その後も，知的障害者福祉施設（2003年施行），精神障害者社会復帰施設（2006年施行）の入所決定等の事務委譲が続き，現時点で都道府県と市の併存体制が残っているのは，主なものでは障害児の入所施設だけになっている。

　さらに，老人福祉分野では，2000年から市町村を保険者とした介護保険がスタートし，福祉サービスの提供方法に大きな変革をもたらした。措置から契約への転換は，サービス利用者と提供者との関係を変えただけでなく，行政事務の性格を直接執行からシステム管理へと移行させ，準市場的原理で行動する事業主体を適正に管理，誘導することが求められるようになった。それを基礎自治体である市町村が担うのである。また，条例で定めれば，法定給付の量を補足する「上乗せ給付」あるいは法定給付と関連した独自の「横出し給付」も行える仕組みとなっている。

　介護保険の特徴は，財政が，社会保険という独立性の高いまとまり

として管理運営されることにもあらわれている。社会保険制度は，給付と負担の対応関係が明確で，介護保険の財政も，給付費の1割は使用者負担，残り9割の半分は保険料，あと半分は公費負担（税財源）となっている。これは，市町村に，介護保険料という独自財源をもたらしたことを意味した。事務権限の委譲と財源確保が合わせて実現したことで，介護サービスの充実を促進することとなった。また，「上乗せ給付」あるいは「横出し給付」を行う場合は保険料に付加して賄うことになっており，事務と財源の独自性は一層高い。

しかし，残された課題も多い。社会保障制度は，一般に，直接，市民に権利を付与し，義務を課すものであるので，その内容を法律で詳細に規定する必要がある。それは，地方公共団体の裁量の余地を狭めることになる。法律で規定することは，公平性を確保するためにも必要で，法律の規定は，いわば最低基準の性格を持っている。こうしたことは，現金を支給する年金や，生命に直接かかわる医療については比較的妥当するが，それぞれの地域における生活と密接な関係にある福祉については，しばしば悩ましい問題を惹起することになる。

この点に関し，地方分権改革の一環として取り組まれてきた法律による義務づけ条項の見直しは大変参考になる。国民の生命や安全を守る等の必要性から義務づけを残すべきものとされた6000条項のうち，最多は広義の福祉に関する項目であったが，見直しが行われた1000項目の中にも意味ある項目が含まれている。

たとえば，保育所の設備・運営に関する基準については，待機児童が多く，地価が高い大都市等では，国の基準を下回った基準面積を条例で定めることができるようになった（下限あり）。もちろん，国基準を上回る基準面積を定めることもできる。また，生活習慣病対策については，国が一律に目標を示すことをやめ，都道府県がそれぞれ定めることになった。予防医療は，地域の状況を反映させなければ実現できないので当然であろう。

❏ 自主性と公平性の調和

自治が進展すればするほど，サービスの内容や水準は市町村によってばらつきが生ずることになる。これは，住民の選択の結果生じた差異であり，一律に格差と断ずることはできない。一方，ナショナルミニマム（本書21頁参照）は満たされなければならない。どこまでがナショナルミニマムであり，どこからは許容される差異であるかは社会の成熟度，その地域の課題，経済状況や生活水準，人材あるいは文化などの資源，公平性に関する意識などにより違ってくるが，分権を進

めるためには公平性に関する感性を磨かなければならないことだけは確かである。

① 社会保障における公平性

さまざまな行政分野の中で，社会保障（広義の福祉）は，とりわけ公平性に重きを置いている。しかし，何でも皆同じならばよいということではない。なにが公平かは，制度の性格によって異なる。ここでは，必要性の原則と貢献の原則が組み合わさっていると理解することを提案したい。

必要性の原則とは，生存や健康，あるいは人間としての尊厳を保持するために必要となるニーズに対応することであり，給付の内容は平等性が強いかわりに，最低限度の水準にならざるを得ない。一方，貢献の原則とは，制度に対する貢献に対して正当に報いることであり，多くの負担をしたら多くの給付を受ける，あるいは，多くの給付を受けたら多くの負担をしなければならない仕組みを導くので，最低限度を超えた水準の給付も行われている。ただし，この場合でも必要性の原則が排除されるのではなく，むしろ必要性の原則に貢献の原則が組み込まれているというべきである。

必要性の原則が強く働く制度の代表は生活保護で，負担の有無にかかわらず権利が生じるが，その水準は，健康で文化的な最低限度の生活を送るに足るものであって，それ以上でもそれ以下でもない。なお，さきに，公平とは何でも皆同じということではないと述べたが，それは必要性の原則が適用される場合も当然含んでいる。生活保護の基準額は6段階に分かれている。地域の生活実態に合わせて設定されている限り，これを格差とか不公平とかとは言わない。

一方，年金制度は，保険料拠出との見合いで権利が生じる仕組みであるので，保険料負担の多い被用者保険の給付水準は，生活保護の給付水準を大きく上回っている。これは，貢献の原則を反映したものであるが，同時に，必要性の原則が働き，すべての加入者が全国一律の基礎年金の対象となっている。ただし，地域による生活水準の違いにもかかわらず年金額が一律になっていること（約6万5000円で，しかも半分は国庫負担）を公平性の観点からどのように考えるかという周辺的な問題が残されている。

医療サービスは万人にアクセスが保障されており，費用も基本部分である保険料は負担能力に応じて負担される仕組みなので，必要性の原則が満たされている。しかし，地域保険と職域保険の二本立てで，保険者も多数存在しているために，同じ所得であっても，所属する団体によって保険料が違っている。特に，国民健康保険では保険料に5

倍の差が生じている。これは，その地域におけるサービスの利用量の差を考慮しても看過することはできない状況になっている。こうした状況は，保険の単位を広域化することでかなり解消できる。75歳以上の高齢者については，後期高齢者医療制度が創設され，都道府県単位で運営されるようになったが，保険料の差は2倍に縮まっている。さきに，医療サービスの実施主体は都道府県単位に収斂していくのではないかと述べた論拠の一つもここにある。

ただし，実施主体が都道府県単位になると，サービス圏域が広域化して地域との結びつきが弱まる可能性がある。市町村合併に伴って生じる問題と同じである。

② 福祉サービスの公平性の確保

公平性の問題は，福祉サービスになるとさらに込み入ってくる。抽象的には，社会的支援を必要とする人は，どこにいても同じような支援を受けられる状態ということになろう。こうした観点から，いくつかの分野で策定が義務づけられている福祉計画は重要な意味を持っている。特に，全国共通の指針に基づき需要を予測し，政策的要素（例えば，施設入所から地域生活への移行）を加味して供給体制を整備することになっている計画は，その策定主体が都道府県や市町村であっても大きなばらつきは生じないはずである。[7]

しかし，現実への適用にはさまざまな困難が伴う。福祉サービスは，生きていくうえで極めて有用であるが，食料や医療のように，それがないからといって直ちに生存が脅かされるほどのものは少なく，しかし，手をこまねいていると生存の危機につながってしまう存在である。また，日常生活との連続性が強く，人々の意識，家族のあり方，文化的伝統などによって，何がどこまで必要かという判断が大きく分かれる。さらに，その地域が持っている資源，つまり財政状況，人材のあり方，その地域の経済力や住民の所得状況によっても影響を受ける。本来的に，地域ごとの独自性が強いのである。

福祉サービスの内容と量について，地域ごとに必然的に違いが出るとするならば，今度は自治の方に内実が備わっているかどうかが重要な意味を持つことになる。地方分権の推進，「市町村主義」に基づく改革の目的は，資源を効率的に使用して，住民の福祉を向上させることである。その際，福祉計画等を通じて最大限調整を図るとしても，地域差は残る。したがって，公平性の問題は，最終的には，住民がそれでよしとして納得できるかどうかということになり，行政の役割は，その条件を整えることである。現実問題としてはすべての住民が同じ判断をすることはないので，結局のところ，適正な手続きを経て住民

合意に至ることができるかということに帰着するであろう。もちろん，そこには，自治体の財源をどれだけ割き，住民がどこまで費用を負担するかということも含まれる。

一見，分権，自主的決定と公平性は対立概念のようであるが，公平性を同一性と区別すれば調和は可能である。むしろ，自主性が高い方が実質的な公平性を確保する余地が拡がるのである。

ローカル・ガバナンスと福祉行財政

本章は，政府（国および地方公共団体）には，国民（市民）の負託を受けて福祉の向上を図る責任があることを確認することから始めた。続く記述は，政府がいかにしてその責務を全うするかという観点から，その主体は政府であることを暗黙の前提としてきた。もちろん，国民は議会制民主主義の基本ルールに則り相互に代表を選出し，選出された代表は議会を通じて政府を指揮監督するだけでなく，福祉計画の策定を始めとした各種政策の立案過程への参加を通じて最終的な選択を行っているが，社会が成熟化するとともに，新たな主体が福祉を含め公共性の担い手として登場してきている。

この「新たな公共」（本書90頁参照）の担い手は，NPO法人その他の非営利法人であるばかりか企業であることもあるが，いずれも民間セクターに属している。市民が，公共サービスの受け手から提供する側にまわってできたものも少なくない。民間セクターは，これまでにも，たとえば，介護保険の事業者として，すでに公共サービスの一端を担っているが，それはいわば委託を受けたものであった。ここで言う「新たな公共」の担い手とは，たとえ委託から派生したとしても，また，そうでないならなおさら，政府とは別の公共性の主体として活動し，政府と協働して社会全体としてより高い公共性を実現しようとする民間のさまざまな団体である。

「新たな公共」の担い手の登場を受けて，政府も，民間セクターを単なる助成や規制の対象ではなく，ともに協力して福祉の向上を図るパートナーとして認識する必要がある。ネットワークの中心は政府でなければならないが，構成員の上に立つものではない。担い手の多くは，地域社会を単位として活動しているので，協働が求められる場面は，国よりも地方公共団体のほうが多い。しばしば，ローカル・ガバナンスの文脈で語られるのはこのためである。

「新たな公共」の担い手はまだまだ少なく，ローカル・ガバナンスの確立に向けた取り組みも手探りの段階にある。しかし，動きは着実に拡がっており，それが，政府と民間部門，政府と国民（市民）との関係を変えることを通じて，福祉の行財政のあり方を大きく変える日もそう遠くはないであろう。

○注

(1) 1990年，老人福祉法，身体障害者福祉法など八法が改正され，公的居宅サービスが市町村の事務として法定されるとともに，老人及び身体障害者福祉施設への入所決定等の事務が都道府県から町村へ委譲されるなど，実施体制の大幅な改革が行われた。その後も，2000年からは市町村を保険者とした介護保険がスタートしたほか，障害者自立支援法の制定等に伴って，都道府県が行う専門性の高い相談支援事業と密接に関連する障害児福祉施設への入所決定等一部の事務を除いて，市町村に一元化された。

(2) 年金制度の加入者は，もともと国営の厚生年金及び国民年金のが9割を占めているが，1986年には，共済加入者も含めて全ての国民を対象として基礎年金制度が導入され，一元化へと一歩近づいた。なお，2010年に特殊法人の日本年金機構が設立され，国が行っていた事務処理のほとんどを実施している。

(3) 医療保険は，わが国で歴史の古い社会保障制度であり，現行では，地域保険（国民健康保険）と職域保険（健康保険）に大別され，多数の実施主体に分かれている。そのような中で，2006年には，75歳以上の高齢者を対象とした後期高齢者医療制度が発足し，都道府県単位に全市町村が参加して設立された広域連合によって運営されている。同時に，政府管掌健康保険が公法人化され，都道府県単位に設立された支部によって運営されている。また，2012年からは，国民健康保険の全医療費を対象に財政調整が行われているが，これも都道府県を単位としている。

(4) 川野佐一郎「第6章　福祉行政と地方分権改革」『概説　福祉行財政と福祉計画』ミネルヴァ書房，2012年。

(5) 国民経済計算による平成24年度の実績。なお，国民経済計算における公的な制度主体は，国際的基準に準拠して，社会保障基金，地方政府，中央政府とされており，集計方法も国の予算・決算，地方財政白書や社会保障給付費とは一致しない。

(6) 国・地方とも平成24年度決算から算出。なお，国民健康保険税は地方税に含まれている。

(7) 1990年以降の「市町村主義」改革が行われるまでは，地方の独自政策とは，せいぜい，法律に基づく制度に関して，国が定めた費用徴収基準を独自財源で軽減し，利用者の負担を軽減することであった。これも自治といえば自治ではあるが，問題も多々あった。利用者負担の軽減は，他の自治との「値引き競争」に陥りやすかったし，財源は結果として他の行政分野に向ける財源を割くことになるので，財政力に余裕があるところが中心にならざるを得ない。そして，最大の問題は，その地域の実情に鑑みて，法律に基づく制度以外のサービスが必要かどうかの検討が後回しにされがちにされたということである。こうした反省を踏まえると，まったく数値的な枠組みがない「地域福祉計画」こそ，「市町村主義」の理念にふさわしいものといえよう。

◯ 参考図書

大野吉輝『福祉政策の経済学』東洋経済新報社，1979年
　　　──小著ながら，社会保障の経済的特性を総合的，理論的に解説している。社会保障制度の効果の分析，制度改革の検討を行う際には大変参考になる。タイトルの福祉は，年金，医療を含む広義の福祉。

椋野美智子・田中耕太郎『はじめての社会保障』有斐閣，2008年
　　　──狭義の社会福祉を学ぶ人を念頭に書かれた入門書。単なる制度の記述ではなく，制度を成り立たせている基本的な考え方を説明することで，複雑な制度の理解を促す名著。2001年の出版以来，制度の改革に合わせて改訂が重ねられている。

西村淳『社会保障の明日』ぎょうせい，2006年
　　　──社会保障制度の各分野を横断的に捉え，過去から現在，将来へと向かう大きな流れで俯瞰し，経済社会の中での位置づけを論じている。社会保障制度を自立支援の観点から捉える視点も強く，社会福祉を学ぶ人にもなじみやすい。

第 1 章
社会福祉の体系

1 社会保障の中における社会福祉の位置づけ

🔲 社会保障とは

わが国においては、「すべて国民は、健康で文化的な最低限度の生活を営む権利を有する」（日本国憲法第25条第1項）として、その生存権が保障されている。そしてこの生存権を確保するために、人は誰しも労働によって生活の糧を得ることが必要となる。しかし、人の一生には、失業・傷病・出産・離別・障害・老齢・死亡など、生活上の困難をもたらす多くの要因があり得る。そのような場合について憲法第25条は、第2項において、「国は、すべての生活部面について、社会福祉、社会保障及び公衆衛生の向上及び増進に努めなければならない」として、最低生活保障のために不可欠な国家の責務を明らかにしている。

1948（昭和23）年12月、この憲法第25条の具体化を目指して社会保障制度審議会が設置され、1950（昭和25）年10月に「社会保障制度に関する勧告」を行っている。この中で社会保障は、「疾病、負傷、分娩、廃疾、死亡、老齢、失業、多子その他困窮の原因に対し、保険的方法又は直接公の負担において経済保障の途を講じ、生活困窮に陥った者に対しては、国家扶助によって最低限度の生活を保障するとともに、公衆衛生及び社会福祉の向上を図り、もってすべての国民が文化的社会の成員たるに値する生活を営むことができるようにすること」であると定義づけられている。したがって、社会保障とは、「国家の責任において国民の生活を生涯にわたって支えていくための社会的システムの総称」と言うことができよう。

➡ **社会保障制度審議会**
内閣総理大臣の所轄に属し、社会保障制度につき調査・審議及び勧告を行う審議会。1995（平成7）年には「社会保障体制の再構築」と題する勧告の中で、社会保障の選択の幅が生存権の枠を超えて拡大するであろうこと、および「国家責任による社会保障」から「社会の連帯によって支えていく社会保障」への転換の必要性を明らかにした。現在は、厚生労働大臣の諮問機関である社会保障審議会がその役割を引き継いでいる。

🔲 社会福祉の位置づけ

先の社会保障制度審議会は、社会保障を分野別に分類し、社会保険・公的扶助・社会福祉・公衆衛生及び医療・老人保健を「狭義の社会保障」、これに恩給・戦争犠牲者援護を加えたものを「広義の社会保障」と定義し、さらに住宅対策・雇用対策を「関連制度」と位置づけている（表1-1）。

それでは、これらの社会保障の中で、社会福祉はどのような意義を持つのであろうか。

社会保障は、その果たす役割（機能）別に「所得保障」「医療保障」

表1-1 社会保障の概念

広義の社会保障	狭義の社会保障	社会保険	健康保険，年金保険，労働者災害補償保険，雇用保険，船員保険，各種共済組合等
		公的扶助	生活保護
		社会福祉	身体障害者，知的障害者，老人，児童，母子等に対する福祉等
		公衆衛生及び医療	結核，精神障害者，ハンセン病，麻薬，感染症対策，上・下水道，廃棄物処理等
		老人保健	後期高齢者医療保険等
	恩　　給		文官恩給，旧軍人遺族恩給等
	戦争犠牲者援護		戦没者遺族年金等
関連制度	住宅対策		公営住宅建設等
	雇用対策		失業対策事業等

出所：総理府社会保障制度審議会事務局編「第2部 社会保障の体系と現状 第1節 社会保障の体系と現状」『社会保障統計年報（平成11年版）』法研，2000年，69頁を一部修正して作成。

「社会福祉」に大別することができるが，まず，先に挙げた数々の要因によって労働が困難となった場合，生活の糧を得るための「所得保障」が不可欠である。また，その要因が傷病である場合，治療によって傷病という要因を取り除くために「医療保障」も必要になる。

しかし，出産・離別・障害・老齢などの場合，これらの要因に起因する生活上の困難は，経済的困窮とは無関係に生じるものであり，所得保障だけでは解決できない。したがって，そのような生活上の困難に対応する非経済的なサービスが必要となる。さらにこのような場合，医療のように要因そのものを解消するのではなく，これらに起因する生活上の困難の軽減・緩和を図ることが必要なのであり，医療保障とも別の社会的サービスが保障されなければならない。したがって，社会保障の一機能としての社会福祉とは，「所得では対応が不可能もしくは困難であり，また医学的専門技術上の給付である医療保障にもなじまないような『生活障害』とそれに必要な社会的に組織された人的・物的サービスの領域」を意味し，社会保障の下位概念として位置づけられることになる。

そして，少子高齢化と世帯構造の変化に起因する高齢者の介護問題が，年金保険，医療保険，雇用保険，労災保険に続く5番目の社会保険である介護保険制度を誕生させるなど，社会の実態を反映し，社会的サービスとしての社会福祉の姿は時代とともに変容する。先の社会保障制度審議会の勧告は，「社会保障制度は，社会保険，国家扶助，公衆衛生及び社会福祉の各行政が，相互の関連を保ちつつ総合一元的に運営されてこそはじめてその究極の目的を達することができるであろう」と結論づけているが，社会福祉を始めとする社会保障の各構成要素は，社会の実態や国民のライフスタイルが変化する中でそれぞれに変容を遂げ，互いに影響を与え合いながら，国民の生活を生涯にわ

高齢者の介護問題
少子高齢化と核家族化が急速に進展する中で，家族が担ってきた介護を社会全体で支えるため，介護保険制度が誕生した。2003（平成15）年には，高齢者介護研究会が，戦後ベビーブーム世代が65歳以上になりきる2015年までに「高齢者の尊厳を支えるケア」を確立するためには，「介護予防・リハビリテーションの充実」「切れ目のない在宅サービスの提供」などが不可欠とする報告書『2015年の高齢者介護』を発表した。

表1-2 社会保障の機能および手段による分類

手段\機能	社会保険	社会扶助	
		公的扶助	公的サービス
所得保障	年金保険 雇用保険	生活保護（生活扶助） 恩給	保護施設
医療保障	医療保険 労災保険	公費医療 生活保護（医療扶助）	地域保健
社会福祉	介護保険	生活保護（介護扶助）	社会福祉事業

出所：京極高宣「第1章 社会福祉の基礎理論」福祉士養成講座編集委員会編『社会福祉原論 第3版』中央法規出版，2005年，19頁（表1-1 社会福祉，社会保障の概念整理）を一部修正して作成。

たって社会的に支えるべく機能しているのである。

なお表1-2は，機能別の分類である所得保障，医療保障，社会福祉を，さらに，①拠出制の社会保険方式と，②無拠出制の社会扶助方式とに二分したものである。

社会福祉の実施体制

社会福祉行政における国と地方公共団体の関係

行政とは，予算に基づいて法律その他の法規を執行する国または地方公共団体の作用である。社会福祉行政を実施するに当たってその根拠となる社会福祉法制の構造は，**図1-1**のとおりであり，すべての基盤となる社会福祉法を中心に，対象分野別に法制度が整備されている。

これらの社会福祉法制に基づき社会福祉行政を実施するに当たっては，従来，国が上級機関とされ，地方公共団体における都道府県知事および市町村長は，その事務を執行する「国の機関」と位置づけられていた。このように「国の機関」として執行することになる事務は「機関委任事務」と称され，そこには広範な国の指揮監督権が及んでいた。このような実施体制は，社会福祉行政が未整備であった時代には，全国的に一定水準のサービスを供給できるという意義を有してはいたが，同時に，地方公共団体の自主性・自立性を著しく損なうものであった。さらに，社会福祉の基調が施設サービス中心から在宅福祉サービス中心に移行し，地域の実情に即した社会福祉行政の推進が望まれるようになると，機関委任事務を中心とした社会福祉実施体制がもたらす「地方の独自性の喪失」という問題点は，一層顕著なものと

➡ **措置**
行政庁が行う行政処分のことであり，社会福祉では，利用者の申請を受けて行政庁が施設への入所・在宅サービスの利用などを審査・決定することを指す。社会福祉実施体制が未整備であった時代から長らく社会福祉制度の根幹をなしてきたが，利用者の権利性が希薄であることなどから，現在では，介護保険法・障害者自立支援法などで，サービスの利用は，利用者とサービス提供事業者との間の「契約」に基づいて行われている。

➡ **団体委任事務**
法律または政令によって国から地方公共団体に委任された事務。国家の機関としての地方公共団体に委任された事務（機関委任事務）ではなく，地方公共団体そのものに委任された事務であるため，「地方公共団体の事務」に位置づけられる。

➡ **自治事務**
地方公共団体の処理する事務のうち，法定受託事務を除いたもの

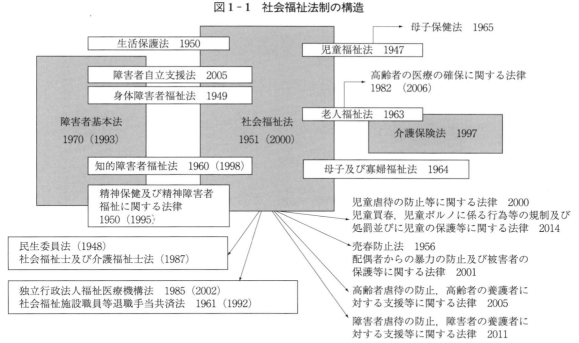

図1-1 社会福祉法制の構造

注：カッコ内は改題された年。
出所：平野方紹「第3章 社会福祉制度とその体系」改訂・保育士養成講座編纂委員会編『改定3版・保育士養成講座第1巻 社会福祉』全国社会福祉協議会，2007年，48頁（図3-2 社会福祉法制の構造）を一部修正・加筆して作成。

なった。

そこで，地方公共団体の自主性・自立性を増強するために，まず，1986（昭和61）年の「地方公共団体の執行機関が国の機関として行う事務の整理及び合理化に関する法律」（以下，整理合理化法）によって，機関委任事務のうち，老人福祉法・児童福祉法などに基づく措置が「団体委任事務」とされた。

さらに，1995（平成7）年の「地方分権推進法」に基づいて策定された「地方分権推進計画」を実施するため，1999（平成11）年に制定された「地方分権の推進を図るための関係法律の整備等に関する法律」（地方分権一括法）により，351に及ぶ関係法律が改正され，機関委任事務が廃止されるとともに，地方公共団体の事務は「自治事務」と「法定受託事務」に区分されることとなった。

「地方公共団体の自主性及び自立性が十分に発揮できるように」（地方自治法第1条の2第2項）することを目的としたこれらの法改正の結果，社会福祉行政に係る事務のほとんどが地方公共団体の自治事務と位置づけられることとなったのである（図2-1，35頁を参照）。

以上のような流れを踏まえて，以下に，社会福祉行政の実施機関としての国・都道府県・市町村それぞれの役割について概説する。

（地方自治法第2条第8項）。地方公共団体の裁量権は，個別の事務ごとに法令の規定によって定められる。法令違反や著しく不適正な事務処理がされた場合，国は是正の要求ができる。

◘ 法定受託事務
①国が本来果たすべき役割に係る事務であって，国においてその適正な処理を特に確保する必要があるものとして法律又はこれに基づく政令に特に定めるもの（地方自治法第2条第9項第1号＝第1号法定受託事務）および，②都道府県が本来果たすべき役割に係るものであって，都道府県においてその適正な処理を特に確保する必要があるものとして法律又はこれに基づく政令に特に定めるもの（同条項第2号＝第2号法定受託事務）。

図1-2 社会保障の種類と行政機構

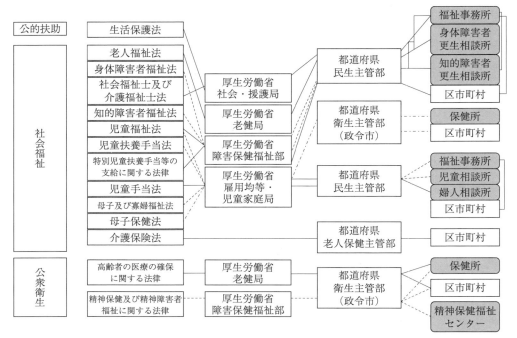

出所：社会保障入門編集委員会編「資料編Ⅱ統計等 4．社会保障の行政機構 ① 社会保障制度の種類と行政機構の概略」『社会保障入門（平成17年版）』中央法規出版，2005年，231頁（社会保障制度の種類と行政機構の概略）より抜粋・加筆して作成。

国の役割

わが国において社会福祉行政を実施しているのは厚生労働省であり，厚生労働省設置法が定める主たる目的は「国民生活の保障及び向上を図り，並びに経済の発展に寄与するため，社会福祉，社会保障及び公衆衛生の向上及び増進並びに労働条件その他の労働者の働く環境の整備及び職業の確保を図ること」（第3条第1項）である。この目的を実現するために，図1-2のとおり，「社会・援護局」「老健局」「雇用均等・児童家庭局」「障害保健福祉部」の3局1部が中心となって，①地域福祉，②生活保護制度，③社会福祉法人の指導及び監督，④児童福祉，⑤障害者福祉，⑥老人福祉および介護保険制度，⑦戦没者遺族等の援護のそれぞれを推進・運営している（社会保障分野に関する地方分権編集委員会編，11頁）。

先に述べたとおり，社会福祉に係る事務のほとんどは，地方公共団体の自治事務となっている。したがって国は，都道府県・市町村が社会福祉行政を実施するに当たっての全国統一的な基準・枠組みを構築してその指針を示すとともに，必要な場合には，都道府県・市町村に対して支援あるいは指導を行っていく必要がある。

すなわち国は，全国的な調査を実施して社会の実態・ニーズを捉え，

これを踏まえて1989（平成元）年の「ゴールドプラン（高齢者保健福祉推進十か年戦略）」，1994（平成6）年の「エンゼルプラン（今後の子育て支援のための施策の基本的方向について）」，2002（平成14）年の「障害者基本計画」などの全国的な計画を策定する。この計画で示された方向性を実現するために，国は，1987（昭和62）年の「社会福祉士及び介護福祉士法」，1997（平成9）年の「介護保険法」，2005（平成17）年の「障害者自立支援法」など，全国に適用される法律を制定・改正し，その実施に必要な財政的支援を行う。本章の冒頭でも触れたように，国民の最低限度の生活保障（ナショナルミニマム）は国家の責務であることから（日本国憲法第25条第2項），この法律の中では，生活保護法における保護基準，介護保険法における保険給付額など，「全国的に確保されるべき最低基準」が明らかにされていなければならないことになる。

🗍 都道府県の役割

都道府県は「市町村を包括する広域の地方公共団体」であるため，「広域にわたる事務」，「その規模又は性質において一般の市町村が処理することが適当でないと認められる事務」を処理するほか，「市町村に関する連絡調整事務」を担うことになる（地方自治法第2条第5項）。

「広域にわたる事務」としては，各市町村が策定した計画を積み上げ，これを元に「都道府県地域福祉支援計画」「都道府県老人保健福祉計画」「介護保険事業支援計画」などを策定し，広域的な調整を図ることが挙げられる。また，社会福祉施設の整備費負担や社会福祉法人の認可（社会福祉法第30条第1項）などは，「その規模又は性質において一般の市町村が処理することが適当でないと認められる事務」に当たることになる。

このほか都道府県は，市町村との関係で「相談・支援機能」を果たす必要があり，図1-2で示したとおり，都道府県福祉事務所を始めとして，身体障害者更生相談所・知的障害者更生相談所・児童相談所・婦人相談所・保健所・精神保健福祉センターの各専門相談機関を設置している。

🗍 市町村の役割

市町村は，地域住民にとって最も身近な地方公共団体であることから，社会福祉サービスの直接の実施主体と位置づけられている。すなわち，高齢者福祉，児童福祉，障害者福祉の実施主体であることから，

> **🗍 ナショナルミニマム（national minimun）**
> すべての国民に保障されるべき最低限度の生活。国家の責任で保障すべきものであるため，国家の経済状況などを踏まえ，国家の裁量によって全国一律の水準が決定される。これに対し，シビルミニマム（civil minimum）は，「市民の（civil）最低生活」を意味する造語であり，生活者としての一人の市民という観点から最低限度の概念を捉えようとするもので，地方公共団体の責任で保障すべきものとされている。

市町村福祉事務所（町村は任意設置）を中心として施設入所事務など必要な援助を行うほか，介護保険制度においては保険者と位置づけられ，介護保険条例に基づく保険料の算定・徴収事務や，介護認定審査会の設置運営事務などを担うことになる。

このほか市町村は，「地域福祉計画」「老人保健福祉計画」「介護保険事業計画」「障害福祉計画」「子育て支援計画」などの策定単位となっており，その策定を通じて地域住民の福祉の向上を図る責務を有している。

なお，政令指定都市，中核市は，都道府県と同様の役割を担うこととされている。

○ 注

(1) 古賀昭典「第1部 社会保障総論　第1章 社会保障の意義」『新版 社会保障論』ミネルヴァ書房，2001年。

○ 引用・参考文献

京極高宣「第1章 社会福祉の基礎理論」福祉士養成講座編集委員会編『社会福祉原論 第3版』中央法規出版，2005年。

社会保障入門編集委員会編「資料編Ⅱ統計等　4．社会保障の行政機構　① 社会保障制度の種類と行政機構の概略」『社会保障入門（平成17年版）』中央法規出版，2005年。

社会保障分野に関する地方分権編集委員会編『一目で分かる地方分権──社会保障分野の国と地方の役割』中央法規出版，2002年。

総理府社会保障制度審議会事務局編「第2部 社会保障の体系と現状　第1節 社会保障の体系と現状」『社会保障統計年報（平成11年版）』法研，2000年。

平野方紹「第4章 地域福祉と地方公共団体の法務」小林雅彦編『〔地域福祉を拓く⑤〕地域福祉の法務と行政』ぎょうせい，2002年。

平野方紹「第3章 社会福祉制度とその体系」改訂・保育士養成講座編纂委員会編『改定3版・保育士養成講座第1巻 社会福祉』社会福祉法人全国社会福祉協議会，2007年。

○ 参考図書

水野肇『医療・保険・福祉改革のヒント──社会保障存続の条件』中央公論社，1997年

──社会保障を整備するのは国の責務であるが，医療保険・介護保険などで保険者と位置付けられるのは市町村である。本書は，高齢者が社会保障の充実度で居住地を選択する動きを『老人の民族移動』と称し，社会保障の充実が市町村の生き残りを左右すると指摘する。

市民福祉情報オフィス・ハスカップ編『おかしいよ！改正介護保険』現代書館，2006年

──社会保障改革は，国民に対する負担増を回避するために財政論主導で行われる側面がある。本書は，介護者家族・現場職員の視点から，2005（平成17）年の介護保険法改正を，自立支援のためではなく給

◘ **介護認定審査会**
原則として介護保険の保険者である市町村に設置され，被保険者から介護保険の給付申請があった場合に審査・判定を行う機関。保健・医療・福祉に関する学識経験者のうちから市町村長が任命した委員によって構成され，その定数は条例で定められる。「コンピュータによる1次判定の結果」「認定調査時の特記事項」および「主治医の意見書」に基づいて審査が行われ，要介護状態区分等の判定がなされることになる。

◘ **政令指定都市**
政令による指定を受けた人口50万人以上の市（地方自治法第252条の19第1項）。下記の中核市に認められる広範な事務に加え，区域区分に関する都市計画の決定，指定区間外の国道・県道の管理などの都市計画等に関する事務のほか，福祉に関する事務として児童相談所の設置，教育に関する事務として県費負担教職員の任免および給与の決定を行う。

◘ **中核市**
政令による指定を受けた人口30万人以上の市（地方自治法第252条の22第1項）。一般市では都道府県の事務とされている保育所設置の認可・監督など福祉に関する事務，保健所の設置など保健衛生に関する事務のほか，都市計画や環境保全に関して広範な事務を行う。

　　　　　付抑制のために行われたものであると指摘する。
坂田期雄『地方分権　次へのシナリオ――新しい分権型社会をどうつくるか
　　（Q&A自治体最前線　問題解決への処方箋　第1巻）』ぎょうせい，2001年
　　　　――機関委任事務の廃止や国の関与の見直しなどを，Q&A形式でわか
　　　　りやすく解説している。さらに，「地方分権一括法の課題」として，
　　　　後に実際に行われることになる市町村合併，税源移譲などの必要性
　　　　を指摘している。

第2章
国と地方の政府間関係

1 国と地方自治体の関係の基本的枠組み

❏ 地方自治法における枠組み

日本国憲法第92条は、「地方公共団体の組織及び運営に関する事項は、地方自治の本旨に基いて、法律でこれを定める」としている。この規定に基づき、1947（昭和22）年に制定された地方自治法は、「この法律は、地方自治の本旨に基いて、（中略）国と地方公共団体との間の基本的関係を確立すること（後略）」（第1条）を目的にあげている。

ここでいう「地方自治の本旨」は、「団体自治」と「住民自治」の二つの要素を含むと一般に解されているが、この中でも団体自治の観点からすれば、国と地方公共団体（以下、地方自治体）との関係をいかにとらえるかはきわめて重要である。その検討は以下の3点に集約できよう。第一は、国と地方自治体の行政事務配分のあり方、第二は、地方自治体の事務執行に対する国の関与のあり方、第三は、事務執行のための国と地方自治体の負担のあり方である。

これについて、地方自治法第1条の2第1項は、「地方公共団体は、住民の福祉の増進を図ることを基本として、地域における行政を自主的かつ総合的に実施する役割を広く担う」と規定する。そして第2項で国が行うべき事務を示した上で、国は「地方公共団体に関する制度の策定及び施策の実施に当たって、地方公共団体の自主性及び自立性が十分に発揮されるようにしなければならない」と規定する。すなわち、地方自治法における国と地方自治体の関係の基本的枠組みは、地方自治体が広く福祉行政を担うものとし、国には地方自治体の自主的・自立的な施策策定や行政運営をバックアップする役割が求められている。

❏ 地方財政法における枠組み

福祉行政における地方自治体の役割と責任は拡大傾向にあり、社会福祉事業の多くは地方自治体が事業主体・実施主体となっているが、地方自治体だけに費用負担させるのは適当でないことから、国と地方自治体の負担区分について、1948（昭和23）年の地方財政法でその大綱を示している。

同法第9条によると、地方自治体やその機関の事務を行うために要

❏ **団体自治**
法人としての国から独立した法人格を有する団体の存在を認め、公共的な事務をその団体の事務とし、その団体自らの機関の手により、その責任において処理すること。これはヨーロッパ大陸において発達した観念で、わが国の現行憲法は地方自治体に種々の権能を付与し、団体自治を保障している。

❏ **住民自治**
地方における政治・行政を、国家の機関の手によってではなく、その地方の住民やその代表者の手によって自主的に処理するものとすること。これはイギリスを中心に発達した観念で、この趣旨を実現するためわが国の現行憲法は、住民監査請求等の直接民主制の手段も保障している。

❏ **国が行うべき事務**
地方自治法第1条の2第2項で、①国際社会における国家としての存立にかかわる事務、②全国的に統一して定めることが望ましい国民の諸活動もしくは地方自治に関する基本的な準則に関する事務、③全国的な規模でもしくは全国的な視点に立って行わなければならない施策および事業の実施、等を国が重点的に担うことと規定している。

する経費については，その自治体が全額これを負担するという原則をあげる一方，例外として次の4つを規定している。

①　地方自治体が法令に基づいて実施しなければならない事務であって，国と地方自治体相互の利害に関係がある事務のうち，その円滑な運営を期するためには，なお，国がすすんで経費を負担する必要があるものについては，国がその経費の全部または一部を負担する（後略）（同法第10条）。

②　地方自治体が国民経済に適合するように総合的に樹立された計画に従って実施しなければならない法律または政令で定める土木その他の建築事業に要する次に掲げる経費については，国がその経費の全部または一部を負担する（後略）（同法第10条の2）。

③　地方自治体が実施しなければならない法律または政令で定める災害に係る事務で，地方税法または地方交付税法によってはその財政需要に適合した財源を得ることが困難なものを行うために要する次に掲げる経費については，国がその経費の一部を負担する（後略）（同法第10条の3）。

④　専ら国の利害に関係のある事務を行うために要する次に掲げるような経費については，地方自治体は，その経費を負担する義務を負わない（後略）（同法第10条の4）。

このように，社会福祉関係の経費については，地方財政法に定める例外部分，とりわけ①の場合が多く，生活保護に関する経費（第10条第4号），介護保険の介護給付や予防給付などに要する経費（同条第13号），など多くが含まれる。また，社会福祉施設建設に要する経費は②に（第10条の2第5号），災害救助事業に要する経費や社会福祉施設の災害復旧に要する経費が③に（第10条の3第1号，第2号，第8号），特別児童扶養手当などに要する経費は④に（第10条の4第6号）該当するとされる。さらに自治体が全額負担する事業についても，国が認めた場合には自治体に対して補助金交付ができる旨の規定があり（同法第16条），予算補助などと呼ばれるこの種の補助金が，実際には比較的多く交付されている。

なお，財政の詳細については，本書第5章を参照していただきたい。

2 地方分権改革の展開（機関委任事務の時代）

❏ 戦後初期の地方自治の歩み

わが国の地方自治の骨格が形成されたのは，明治憲法（大日本帝国憲法）が公布された1889（明治22）年前後に制定された市制町村制（1888年），府県制・郡制（1890年）といえるが，いずれにしても戦前の地方自治制度は，最終的には戦時における中央集権体制の中に埋没する結果となっている。わが国の地方自治は，戦後，日本国憲法の制定・施行にともない第8章に規定された「地方自治」の諸規定，および，地方自治法，地方財政法，地方公務員法，地方税法などの個別法律により，地方自治が具体化され，確立・発展をみることになったといってよかろう。

戦後わが国の地方自治における国と地方自治体の関係については，1949（昭和24）年にシャウプ勧告，さらに翌年には，それを受けて設置された地方行政調査委員会議勧告（以下，神戸勧告）が注目される。

まずシャウプ勧告は，①行政責任明確化の原則，②能率の原則，③地方自治体とくに市町村優先の原則，という地方自治体の事務に関する三原則を提起した。これを受けた神戸勧告は，シャウプ勧告を前提として，①地方自治体の事務とされたものについて，国が後見的配慮や懸念をすべきでない，②国が著しい不均衡の調整，最低水準の確保を図る必要があっても，権力的な監督であってはならない，③事務の委任は必要最小限にとどめる，と提言している。[(1)]

このように，シャウプ勧告と神戸勧告は，地方自治体を国の監督から切り離そうとする注目すべき考え方であったが，実際には国は包括的な指揮監督権に基づき地方自治体の事務に介入することになる。

❏ 機関委任事務と「三割自治」

2000（平成12）年度に施行された「地方分権の推進を図るための関係法律の整備等に関する法律（以下，地方分権一括法）」および改正地方自治法により機関委任事務が全廃されるまで，地方自治体の事務執行に国の包括的指揮監督権は大きくのしかかっていた。実際，地方自治体の事務のうち都道府県では約7割，市町村では約4割が機関委任事務，逆にいうと，地方自治体が行う事務のうち本来地方自治体の事務は3割に過ぎないとされた。これを「三割自治」という。

機関委任事務とは，本来国の事務であるものを地方自治体の長に委任し，長はその事務の執行において国の出先機関として取り扱われる制度であり，国は，国—都道府県知事—市町村長という流れで通達などにより，地方自治体を包括的に指揮監督してきた（旧地方自治法第148条第1項，第150条）（旧地方自治法にみる機関委任事務）。そのため，機関委任事務については，地方議会は条例を制定することができず，監視権限も制限されていた。福祉行政においては，生活保護事務などが代表的な機関委任事務であった。機関委任事務は，市制町村制の制定の際に取り入れられ，戦後は都道府県に対しても導入され，シャウプ勧告や神戸勧告で否定されたにもかかわらず，実際にはその後も拡大していったのである。

> **旧地方自治法にみる機関委任事務**
> 第148条第1項は，「普通地方公共団体の長は，当該普通地方公共団体の事務及び法律又はこれに基づく政令によりその権限に属する国，他の地方公共団体その他公共団体の事務を管理し及びこれを執行する」と規定する。第150条は，「普通地方公共団体の長が国の機関として処理する行政事務については，普通地方公共団体の長は，都道府県にあっては主務大臣，市町村にあっては都道府県知事及び主務大臣の指揮監督を受ける」と規定する。

臨調答申と社会福祉改革

1981（昭和56）年，第2次臨時行政調査会（以下，臨調）が創設され，第一次から第五次答申とあわせて，1982（昭和57）年度から3か年にわたる行政改革の方針を打ち出した。

ことに1982年度の予算編成と絡まって，「行政改革の緊急課題」を審議してきた臨調の第一次答申（中間答申）は，「活力ある福祉社会の実現」を理念としつつ，抜本的な行財政改革のステップとして，行財政の惰性的運用の排除，その立て直しのために，福祉・文教関係行政の「縮減・効率化」をその対象にしたのである。

そして，臨調の第一次～第三次答申は，支出削減・支出合理化基準として，①国際，国内状況の変容により不要・不急化したものは，廃止，凍結，縮減を図る。②効率性の低いものを廃止または効率化を図る。③社会的公正の原則および自立・自助精神に照らして問題があるものは，所得制限，負担増，助成の縮減，受益者負担の適正化を図る。④民間の活力を活用することが可能なものは，極力民間の自主的運用に委ねる。⑤助成手段を補助から融資へ転換することが可能なものを，極力その転換を図ることを提言した。以上のような基準を設定して，社会保障・社会福祉制度の具体的な支出合理化に取り組む方針を打ち出した。

補助金削減

臨調答申に基づく行財政改革で見逃すことのできないものの一つは，社会福祉関係法の措置費などについての国庫負担率一括一律削減立法の制定・施行である。

すなわち，臨調答申が国庫補助の見直しをうたって，1985（昭和

60）年度を「地方行革元年」とすることを受けた「国の補助金等の整理及び合理化並びに臨時特例等に関する法律」（以下，補助金等整理特例法）によって，生活保護法，児童福祉法，老人福祉法，身体障害者福祉法，精神薄弱者福祉法（当時）などによるいわゆる保護費，措置費など，いずれもこれらの法律上で国庫負担が10分の8となっていたものが，一律に10分の7に引下げられたのである。翌1986（昭和61）年には「国の補助金等の臨時特例等に関する法律」（以下，「補助金等臨時特例法」という）が制定され，今後3年間にわたって生活保護費は引き続き10分の7，その他の社会福祉サービス関係法によるものについては，国庫負担は10分の5にまで引下げられたのである。

　この時限立法は，1989（平成元）年に国庫負担率5割で恒久立法化された（生活保護については，10分の7から10分の7.5に引き上げられている）。こうした国の負担割合をカバーするものとして，地方交付税交付金が増額されたが，それによっても地方自治体に財政負担が大きくのしかかり，財政基盤が脆弱な自治体においては深刻な問題となった。

❏ 委任事務の合理化

　こうした地方自治体の財政負担の深刻さに対して，財政的な配慮はもちろん必要であったが，国庫負担削減の一方で臨調答申に基づく行財政改革の一環として，1985（昭和60）年に「地方公共団体の事務に係る国の関与等の整理・合理化等に関する法律」（以下，「国の関与等整理合理化法」という）が成立した。これにより，地方自治体に対する国の関与の整理合理化として，市町村による保護施設の設置などは知事の認可ないし承認事項とされていたものが，知事への事前届出で足りることとなった。

　さらに，1986（昭和61）年には，機関委任事務とされていたものを団体委任事務とすることを内容とした「地方公共団体の執行機関が国の機関として行う事務の整理及び合理化に関する法律」（以下，機関委任事務整理合理化法）が制定された。団体委任事務とは，法律または政令により国から地方自治体そのものに委任された事務であり，機関委任事務とは異なり，地方自治体の事務として取り扱われ，地方議会の関与も認められるというように，地方自治体の固有事務とほぼ変わりないものであった。社会福祉関係法の多くが団体委任事務化され，そのうち社会福祉事業法（当時）における権限委譲，行旅病人及び行旅死亡人取扱法，身体障害者福祉法，老人福祉法，児童福祉法，精神薄弱者福祉法（当時）などの各措置事務の団体委任事務化などにかか

▶ 時限立法
有効期間を定めた法令を時限立法（時限法）という。これに対し有効期間を定めない法令を恒久立法（恒久法）という。時限立法は，その期限の到来により法の効力は当然に失効する。本文の補助金に関する法律は，最初は1年間，次に3年間の時限立法として制定され，期限を迎えた1989（平成元）年に恒久立法化された。

わるこれらの法律の規定は，保育所入所措置基準，養護老人ホーム入所の経済的要件内容，児童，老人，身体障害者および知的障害者の各短期・通所などの措置基準を定めた政令とともに，1987（昭和62）年より施行された。

❏「福祉八法」改正

　上記のように，1980年代以降，国庫負担の削減という地方自治体への責任の重圧の一方で，地方分権化の流れはその後も継続する。

　1989（平成元）年，中央社会福祉審議会，中央児童福祉審議会，身体障害者福祉審議会の合同企画分科会の意見具申「今後の社会福祉のあり方について」は，社会福祉の新たな展開を図るための基本的な考え方として，「国民の福祉需要に的確に応え，人生80年時代にふさわしい長寿・福祉社会を実現するためには，福祉サービスの一層の質的量的拡充を図るとともに，ノーマライゼーションの理念の浸透，福祉サービスの一般化・普遍化，施策の総合化・体系化の促進，サービス利用者の選択の幅の拡大等の観点に留意しつつ」，新たな社会福祉の展開を図っていく際の基本的考え方の一つとして，社会福祉の運営，実施について「市町村の役割重視」を提言した。

　ただし，この意見具申には国の財源措置が的確にされなかったうえ，その1週間後には，1985（昭和60）年から実施された社会福祉関係を中心とする国庫負担率の削減を恒久化する「国の補助金等の整理及び合理化並びに臨時特例等に関する法律」が可決されたことは，国と地方自治体との間における地方分権による権限委譲の一方で，財政負担の増加など責任付与の流れが一層明確になったといえるだろう。

　この意見具申を受けて，1990（平成2）年に「老人福祉法等の一部を改正する法律」が制定された。これは，高齢者等の福祉の一層の推進を図るため，在宅福祉サービスと施設福祉サービスとを地域の実情に応じて一元的かつ計画的に実施するものとし，そのために地方自治体の福祉の事務の再編などを行うために，老人福祉法や身体障害者福祉法など八つの法律を改正した（「八法改正」）。これにより，在宅福祉サービスと施設福祉サービスの市町村への一元化が図られ，住民にもっとも身近な行政レベルである市町村が，住民に適切な福祉サービスを提供できる体制が整えられた。

> ❏ 今後の社会福祉のあり方について
> 1989（平成元）年，福祉関係三審議会合同企画分科会（中央社会福祉審議会，中央児童福祉審議会，身体障害者福祉審議会）によって，当時の厚生大臣に提言された意見書のことをいう。この意見具申は，①市町村の役割重視，②社会福祉事業の範囲の見直し，③多様な福祉サービス供給主体の育成，④福祉・保健・医療の有機的連携などを提示した。この意見具申と「ゴールドプラン（高齢者保健福祉推進十か年戦略）」を受けて，いわゆる「福祉八法改正」が行われた。

新たな国と地方自治体との関係（地方分権一括法以降）

❑ 地方分権推進法

　地方分権が進んできたとはいえ，国と地方自治体に上下関係を維持してきた機関委任事務は，多くの事務が団体委任事務化されてからも，なお600弱の事務でそのまま残っていた。福祉行政においても，生活保護法や特別児童扶養手当等の支給に関する法律（以下，特別障害者手当法）などが機関委任事務とされていた。機関委任事務の全廃は2000（平成12）年4月の改正地方自治法の施行まで待つことになるが，それまでの地方分権化の歩みを概観する。

　1993（平成5）年，細川内閣当時の衆参両院の決議による「地方分権の推進」，翌年には，内閣行政改革推進本部による「行政改革大綱」が決定された。また，1995（平成7）年に改正市町村合併特例法が成立し，市町村合併を進めるとともに，この年には地方分権推進法が成立した。同法は，国と地方自治体とが相互に協力する関係にあるとしつつ，国と地方自治体が分担すべき役割を明確にし，地方自治体の自主性・自立性を高めることを基本理念とした。

　この法律に基づいて設置された地方分権推進委員会は第一次勧告において，「国と地方の役割分担の原則」で，国の役割として，後に改正地方自治法第1条の2第2項に規定された内容を指摘し，地方自治体は，地域における行政を自主的・総合的に広く担うものとした。さらに，地方自治体の事務に関する国の役割について，国は地方自治に関する基本的準則にかかわる法律を定め，個別の行政分野については，地方自治体の施策にかかわる情報提供，奨励・誘導を行うほか，個別の法律により地方自治体の法的権限を定め，事務の性質に応じて最小限度の基準の設定等事務の管理執行に当たってのしくみを設け，法律の適正な執行を確保するために必要な解釈を示し，法律の認める範囲内で地方自治体の事務の処理について所要の調整を行うとした。

❑ 地方分権一括法

　地方分権推進法は，1997（平成9）年施行後3年間の時限立法であったが，この考え方は，その後の地方分権一括法および改正地方自治法において，機関委任事務の廃止と自治事務・法定受託事務の創設に結びつくことになる。

1999（平成11）年，「地方分権の推進を図るための関係法律の整備等に関する法律」（以下，地方分権一括法）が制定され，翌2000年度から施行された。この法律は，地方自治法をはじめとした475の関係法律を一括して改正したものであり，かつ，国と地方自治体の関係を，従来の「上下・主従関係」から今後は「対等・協力関係」に変化させるという，量的にも質的にも注目されるものであった。改正地方自治法も地方分権一括法により改正された関係法の一つであり，2000（平成12）年度からの施行にともない，地方分権化は新たな時代に入ったといえる。

　まず，第一に，国と地方自治体との役割分担が明確化されたことである。地方自治体が担う役割は，「住民の福祉の増進を図ることを基本として，地域における行政を自主的かつ総合的に実施する役割を広く担う」（地方自治法第1条の2第1項）一方，国が担う役割は，「国が本来果たすべき役割を重点的に担い，住民に身近な行政はできる限り地方公共団体にゆだねることを基本とし」，地方自治体と適切に役割分担する（同法第1条の2第2項）。さらに，地方自治体の事務に関する国の役割に関して，適切な役割分担を踏まえて法令を制定し，解釈・運用しなければならないという「立法原則」，「解釈・運用原則」が示された（同法第2条第11項，第12項）。第二は，機関委任事務の廃止とそれにともなう事務区分の再編成が行われ，地方自治体の行う事務は，「自治事務」と「法定受託事務」に分類されたことである。第三は，国の関与が見直されたことであるが，第二，第三の内容についてはこのあとで述べる。

　こうした見直し以外にも，この二つの法律は，権限移譲の推進（個別法改正による権限移譲，特例市制度の創設など），必置規制の見直し，地方事務官制度の廃止など，国と地方自治体の関係を，新しい時代の要請に応えるパートナーシップとして位置づけようとするものであったといえよう。

❑ 機関委任事務の廃止と事務区分の再編成

　前述した通り，機関委任事務は，国などの事務を法律や政令により知事や市町村長に委任した事務であり，事務執行に際して国などに包括的な指揮監督権を認めたものであった。その弊害として，国による関与の大きさ，知事や市町村長への二重の役割，行政責任の所在の不明確さなどが指摘されていたが，機関委任事務の団体委任事務化の後も，生活保護事務など600弱の事務が機関委任事務のまま残されてきた。これに対して，1996（平成8）年，地方分権推進委員会第一次勧

告が「国と地方公共団体との関係を上下・主従の関係から対等・協力の新しい関係に転換させるため，機関委任事務制度の廃止を決断すべき」と提言し，地方分権一括法および改正地方自治法の制定・施行により機関委任事務を廃止されることとなった。機関委任事務廃止後の事務については，一部は事務そのものが廃止されたり国の直接執行事務となったが，存続する事務については「自治事務」と「法定受託事務」に再編成された。

❏ 自治事務と法定受託事務

自治事務は，地方自治体が処理する事務のうち法定受託事務以外のものをいうが（地方自治法第2条第8項），この自治事務こそ分権自治体の地方自治行政である。自治事務でも国の法律で全国的基準の定めがされている場合も多いが，その場合国は，地方自治体が地域の特性に応じて当該事務を処理することができるよう特に配慮しなければならない（同法第2条第13項）。

法定受託事務は，法律により地方自治体が処理することとされる事務のうち，国が本来果たすべき役割に係るものであって，国においてその適正な処理を特に確保する必要があるものとして法律に特に定めるものであり（地方自治法第2条第9項），これには国からの法定受託事務（第1号法定受託事務）と都道府県から市町村への法定受託事務（第2号法定受託事務）とがある。法定受託事務は，国などが対等の立場で地方自治体に事務の執行を委託するものであり，事務執行に対する国からの関与は，法律を根拠に必要最小限でなければならず，これにより地方自治体の自主・自立性を担保することとなる（同法第245条の2および3の第1項）。ただし，法定受託事務はあくまでも国の事務であり，国などが地方自治体が事務執行をするに当たっての処理基準を法令の具体化として定めることができる（同法第245条の9）。

このように再編された自治事務も法定受託事務もいずれも地方自治体の事務であり，これらの事務に関しては，地方自治体は条例の制定が可能となり，地方議会がいずれの事務にも関与できるなど，機関委任事務とは大きな様変わりを見せている。

こうした地方分権の流れにおいて，社会福祉の事務の多くが機関委任事務であった時代から，生活保護事務や社会福祉法人の設立認可，児童扶養手当の支給などを除いて，ほとんどの社会福祉に関する事務が自治事務となり（図2-1），地方自治体中心の社会福祉行政へと変化してきたことが注目される。

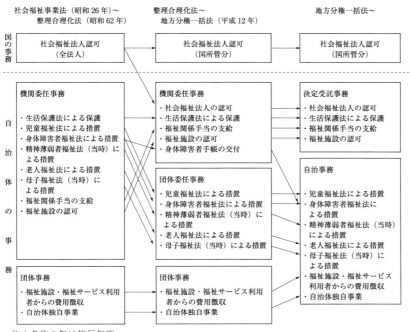

図2-1　地方自治体における社会福祉行政事務の推移

注：各法の年は施行年度。
出所：平野方紹「地方分権改革と自治体福祉施策」小林雅彦編著『地域福祉の法務と行政』ぎょうせい，2002年，242頁。

❏ 国の関与の見直し

　地方分権一括法は国の関与の見直しも行った。機関委任事務においては，包括的な指揮監督権が認められており，これによる国の関与が地方自治体の自主性・自立性を損ねたり，責任の所在が不明確になるなどの問題を引き起こしていた。これに対して，地方分権一括法と改正地方自治法は，第一に包括的な指揮監督権を廃止した。なお，法定受託事務については，国が必要最小限度の処理基準を定めることを認め，処理基準に違反する事務処理を違法としている。第二に国による関与の法定主義の明文化を図った。これにより地方自治体は，法律や政令によらなければ国などの関与を受けることはなくなった。第三に関与の基本原則が明文化された。そこでは，関与は目的達成のための必要最小限のものとされ，地方自治体の自主性・自立性に配慮しなければならないとされたのである。関与の手続きとしては，書面主義を原則として，許認可等の審査基準，標準処理期間の設定・公表といった「公正・透明の原則」が導入された。

　さらには，国の関与について，国と地方自治体との間に争いが生じることに備えて，国地方係争処理委員会が新設された（地方自治法第250条の7）。地方自治体は国の関与のうち，「公権力の行使に当たる

もの」,「不作為」,「協議の不調」があった場合に審査の申出ができる（同法第250条の13）。そして，たとえば，自治事務に対する国の関与について違法または地方自治体の自主性・自立性を尊重する観点から不当と認めるときは，必要な措置を勧告し，また，法定受託事務に対する国の関与について違法と認めるときも必要な措置を勧告できる（同法第250条の14）。

このように，地方分権の流れにおいて「対等・協力関係」の国・地方自治体間で起きた紛争解決システムとして，国地方係争処理委員会の役割が期待されるのである。

❏ 地方分権改革推進法

地方分権一括法と地方自治法を中心とした関連法規の一括改正により地方分権化は大きく前進したが，その歩みはさらに続き2006（平成18）年に地方分権改革推進法が制定され，翌2007（平成19）年度からの3年間の時限立法として施行された。この法律は，地方分権一括法による地方分権改革をさらに推進させようとするもので，国と地方自治体が分担すべき役割を明確にすること，地方自治体の自主性・自立性を高めることによって，地方自治体が自らの判断と責任において行政を運営することを促進することを基本理念とするものであった。そのために，国は地方自治体への権限移譲を推進し，その役割分担に応じた地方税財源の充実確保に向けて検討することなどが基本方針とされるとともに，地方分権改革推進計画を政府が策定することが閣議決定され，それに向けた指針を新たに設置する地方分権改革推進委員会が勧告することが規定された。

しかし，この分権改革は委員会の4回にわたる勧告が行われたものの，政権交代のために失効という結果を迎えている。

❏ 三位一体の改革

この間に，地方分権を財政面から支援するため，国は2004（平成16）年度から国と地方自治体の財政関係を見直す三位一体の改革を実施した。それまでの地方財政は，地方税収入が3分の1程度で残りは国からの国庫補助負担金や地方交付税交付金に頼らざるを得ないうえに，国と地方自治体の歳出規模がおよそ4：6であるのに，税金は逆に6：4と国税が上回るという歳出と税収のアンバランスが生じていた。その結果，住民からすれば受益と負担の関係が不明確となり，さらに補助金は使途が限定され，地方自治体に裁量権がないという問題点が指摘されていた。

そこで,「地方にできることは地方に」という理念の下,国の関与を縮小し,地方自治体の権限・責任を拡大して,地方分権を一層推進するために,国庫補助負担金改革,税源移譲,地方交付税の見直しという三位一体の改革が行われた。しかし,3年かけて実施された三位一体の改革で,4兆円以上の補助金改革と3兆円規模の税源移譲は一応達成されたが,補助金改革は地方自治体の裁量権拡大に結びつかず,逆に地方交付税は5兆円も削減されるなど,地方自治体としては,生活保護費の削減は行われなかったが,地方分権という視点からすればこの財政改革はけっして地方自治体の財政再建には至らなかったといえよう。

❏ 最近の地方分権改革

地方分権改革推進法や三位一体の改革の結果はともかく,民主党への政権交代の中で,同党が掲げてきた「地域主権」を推進する「地域の自主性及び自立性を高めるための改革の推進を図るための関係法律の整備に関する法律」(「地域主権第1次一括法」と略称)が,2011(平成23)年に成立した。これは,地方分権改革推進計画(2009年12月15日閣議決定)を踏まえ,関係法律(42法律)の整備を図ったもので,義務付け・枠付けの見直しと条例制定権の拡大を内容とした。その中で,たとえば,児童福祉施設の設備および運営に関する基準の条例委任というように,児童福祉施設などの最低基準の設定が厚生労働大臣から都道府県知事に権限が委譲されるなど,地方自治体の裁量権が拡大されることになった。また,第1次一括法成立の4か月後には第2次一括法が成立し,ここでも地域主権戦略大綱(2010年6月22日閣議決定)を踏まえ,関係法律(188法律,うち重複19法律)の整備が図られた結果,「基礎的自治体への権限移譲(都道府県から市町村へ)」,「義務付け・枠付けの見直しと条例制定権の拡大」も再度行われた。そこでは,社会福祉法人の認可・指導の事務が都道府県知事から市長へ委譲されたりするなどの改正が行われ,今後,市町村との関係を重視した法人運営への転換の可能性などが指摘されている。(4)

❏ 今後の課題

以上,本章では,「国と地方の政府間関係」について,戦後の国と地方自治体の役割分担が長い間機関委任事務の存在により,国と地方自治体との間に「上下・主従関係」をつくってきた。しかし,地方分権の流れの中で,特に,地方分権一括法と改正地方自治法により従来の関係に大きな転換を生み出し,新たな「対等・協力関係」を構築す

る方向性を歩みだしたことは大いに評価されるものである。しかし，その関係性はまだ成熟したとはいえず，国と地方自治体間に多くの課題が残っていることも事実である。最後にその一つの例を指摘しておきたい。

　特養（特別養護老人ホーム・介護老人福祉施設）は長年相部屋中心だったが，厚労省は入居者の尊厳を守るため，2003（平成15）年度に個室を原則とし，2014（平成26）年度までに定員の7割以上を個室化する目標を立てたが，2010（平成22）年で個室型の特養は全定員の4分の1にとどまっているとの報道がなされた[5]。2011（平成23）年に1部屋の定員を地方自治体が条例で独自に決められるようになり，2013（平成25）年4月に全国の条例が出そろった結果をみると，相部屋容認の動きが広がっており，都道府県・政令指定都市67自治体で厚労省令と同じ基準だったのは4自治体（6％）にとどまっている。厚労省の原則個室化の方針は変わらないが，地方自治体からすれば個室の居住費負担の重さが指摘されている。

　すなわち，地方分権化が進む中，権限移譲に基づく新たな権限行使が費用負担・財源確保とのはざまの中で，地域住民の権利擁護に課題を抱える実態がみられる。地方分権を効果的なものとするためには，財源確保等とのバランスある政策策定が望まれる。そのためにも，国と地方自治体との役割分担の明確化が一層進められるべきである。

◯注

(1) 高橋洋「国と地方公共団体の関係」中川義朗編『これからの地方自治を考える』法律文化社，2010年，50頁。
(2) 同前書，55頁。
(3) 金子和夫「地方分権化と障害者福祉改革」『地域ベースの障害者雇用支援システムに関する研究』（調査研究報告書 No.25），日本障害者雇用促進協会障害者職業総合センター，1998年，35～44頁参照。
(4) 平野方紹「福祉行政の実施体制」社会福祉学習双書編集委員会編『社会福祉概論II』全国社会福祉協議会，2013年，27頁。
(5) 『朝日新聞』2013年5月13日朝刊（東京本社13版）1面・2面。

◯引用・参考文献

磯部文雄・府川哲夫編『概説福祉行財政と福祉計画』ミネルヴァ書房，2012年。
稲継裕昭『地方自治入門』有斐閣，2011年。
社会福祉学習双書編集委員会編『社会福祉概論II』全国社会福祉協議会，2013年。
中川義朗編『これからの地方自治を考える――法と政策の視点から』法律文化社，2010年。
平谷英明『一番やさしい地方自治の本〈第1次改訂版〉』学陽書房，2012年。

○ **参考図書**

今井照『図解よくわかる地方自治のしくみ〈第4次改訂版〉』学陽書房，2011年
　　　――毎年のように何らかの改正が行われる地方自治関係の制度をイラスト入りで概説している。「自治ってなんだろう」から94項目にわたって，地方自治の内容が財政を含めてわかりやすく解説されている。

稲継裕昭『地方自治入門』有斐閣，2011年
　　　――私たちの日常生活に密接なかかわりを持つ地方自治について，その要点をイラストやコラムを交えながらコンパクトに説明している地方自治の入門書である。

第3章
福祉行政の組織運営システム

社会福祉は，福祉ニーズのある人々に対してその充足のために金銭や物品などを支給するだけでなく，相談援助や介護などの福祉実践が重要な役割や機能を担っていることから，その組織や運営は社会福祉管理運営（social adminisutration）として議論されており，社会福祉管理運営の中心となる社会福祉行政（以下，福祉行政）においてはこうした福祉の特性を踏まえた福祉独特の組織や運営システムをどのように設計して制度化して，運用するかが現実的課題となる。

そこで本章では，福祉行政の運営についての基本的な考え方を整理した上で，わが国の福祉行政におけるそれぞれの組織について解説することとする。

> ◘ 社会福祉行政
> （福祉行政）
> 日本における社会福祉行政は，狭義には，社会福祉関係法の制定・改廃，各法の施行，そのための行政機関の運用を意味し，国や地方自治体の社会福祉関係の業務を意味する。広義には，前述の協議の意味に加えて，地方自治体独自の福祉施策の制定・改廃・施行なども包含した概念を意味し，その実施主体は，国・地方自治体などの公的部門だけでなく，民間委託された地域包括支援センターなども含まれる。

1 福祉行政における公的責任

福祉行政は，日本国憲法第25条に規定された生存権保障の公的義務をはじめとする社会福祉における公的責任を遂行するためのものであるという性格を持つ。

そこでまず社会福祉における公的責任とは何かを探ることとする。

社会福祉の公的責任を概括的に整理すると次の通りとなる。[1]

① 事務取扱責任

ある事務・事業が行政庁の事務に含まれているという意味であり，厳密には責任と言うよりも行政庁内部の事務取扱方針的性格を有する。

② 政策責任

国や地方公共団体は，その所掌する事務・事業について必要な政策を立案し，実施に移さなければならないという責任。国民の生存権保障については，憲法第25条により国家の最高規範にまで高められている。なお，法律で受給要件等を明記するかどうか，生活保護受給権のようにこれに権利性を賦与するかどうかも政策責任の範疇に属する。

③ 管理運営責任

ある制度について，その事務・事業が適切に運営されるよう，その組織体制やサービスの実施方法，その財政措置を含めた制度全体の管理運営を行うべき国や地方公共団体の責任。これはさらに「組織管理責任」「財政責任」「実施責任」に分けられる。

「組織管理責任」…管理運営責任のうち，財政責任及び実施責任以外のもの。具体的にはある制度を維持，運営するための組織の管理が中心となる。

「財政責任」…事務・事業の実施に必要な財源措置を講じなければならないという責任。国と地方の間でその割合が問題となることが多い。

「実施責任」…ある制度について，その事務・事業が適切かつ円滑に実施されるようにすべき責任。一般的には当該事業目的達成のために，どのような方法が可能かという選択可能性を前提に，手段としての適切性，合理性，実施可能性等を勘案して実施方法が決定されるが，社会福祉行政の場合には，当該事務・事業は国・地方公共団体以外の者には行わせてはならないという「公的実施責任」が当然の前提になる。

福祉行政における公的責任が論じられる場合，上記の「政策責任」を主として，その政策をどのように具体化するのかということから「管理運営責任」が取り上げられることが少なくなく，一方福祉援助の現場では「管理運営責任」の中でも「実施責任」が注目されることとなる。

福祉援助を行政の決定（行政処分）として提供する措置制度は，まさにこの「実施責任」を根拠に行われていたが，1990年代後半から，行政主導ではなく利用者主体を指向して「措置から契約」へという福祉援助の提供方法の再編の流れの中で，公的責任の位置づけも変わることとなり，契約方式による福祉援助提供へと福祉システムの基調を転換した社会福祉基礎構造改革による2000（平成12）年の社会福祉法改正では，社会福祉における国や地方公共団体の責務は同法第6条において規定され，そこでは公的責任が「実施責任」重視から「組織管理責任」重視へシフトされた。

　　社会福祉法第6条（福祉サービスの提供体制の確保等に関する国及び地方公共団体の責務）
　　　国及び地方公共団体は，社会福祉を目的とする事業を経営する者と協力して，社会福祉を目的とする事業の広範かつ計画的な実施が図られるよう，福祉サービスを提供する体制の確保に関する施策，福祉サービスの適切な利用の推進に関する施策その他の必要な各般の措置を講じなければならない。

こうした動向は，わが国だけではなく先進国に多くみられる傾向であり，イギリスでは1990年の「国民保健サービス及びコミュニティケア法」成立から本格化するコミュニティ改革の主要な柱として「地方自治体の条件整備主体（enabler）への転換とサービス供給主体の多元化」[2]を掲げており，福祉援助を担う地方自治体を「実施主体（provider）」として直接的援護を行うものから，利用者が福祉サービスを

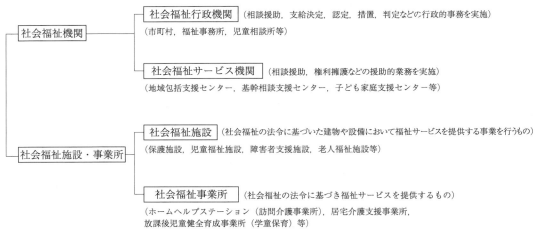

図3-1　社会福祉の機関と施設・事業所

出所：筆者作成。

適切に選択・決定し，利用するために利用の補助やメニューの確保，利用できる社会資源の確保を図る「条件整備主体」とすることで利用者本位の福祉援助提供と推進する公的責任へと転換することが提唱されている。

このように福祉行政のバックボーンとも言える公的責任は社会やシステムの変化と共に変位しており，今日の「措置から契約」という福祉援助のあり方の変化を踏まえて理解することが求められる。

2　社会福祉の機関と施設・事業所

福祉行政の担い手としては，国（中央政府），地方公共団体（都道府県，市町村）となるが，福祉ニーズを抱えた利用者に対応するための福祉援助のためにさまざまな組織が必要とされ，社会福祉各法により制度化されている。これらの福祉援助組織をその役割や機能で区分すると図3-1のように「社会福祉機関」と「社会福祉施設・事業所」に大別される。

社会福祉機関とは社会福祉各法に規定された制度運用の基幹となる組織であり，対象者への相談援助といった直接的支援や，利用者支援のためのさまざまな機関・施設等との連絡調整といった間接的支援活動を行う組織で，これに加えて，社会福祉行政機関では，社会福祉各法に基づく支給決定，認定，判定，措置などの行政的事務を行うこととされている。

一方の社会福祉施設や社会福祉事業所は、社会福祉各法に基づいて実際に対人援助サービスやケアを提供する組織である。役割分担としては社会福祉機関は制度の運用や適用に、社会福祉施設・事業所は具体的なサービス・ケアの提供にと区分されてはいるが、現実には社会福祉行政機関である児童相談所が一時保護施設という社会福祉施設機能が併設されていたり、社会福祉施設・事業所の多くで相談援助や連絡調整の業務が行われている事実があり、この区分は必ずしも厳密ではない。措置制度を基調とする従来の公的責任論では、社会福祉行政機関による実施責任が主眼とされ、福祉行政の実施体制とは「社会福祉行政機関の体制」を意味していた。

　しかし、契約方式が福祉援助提供の基調として各福祉制度に敷衍している中では、社会福祉サービス機関の役割も制度運用上大きくなっていることから、本章では、社会福祉行政機関と社会福祉サービス機関について述べることとする。

市町村と福祉事務所
——住民援護の第一線機関

　市町村（東京23区の特別区を含む。以下同じ）と福祉事務所は、福祉ニーズのある対象者に接する福祉行政の第一線機関である。しかし、市町村が自治体として総合的・自治的に福祉援助に取り組むこととされているのに対し、福祉事務所は福祉の専門性を基調にして対応することとされている。

❏ 市町村

　市町村は、地方自治法第1条の2は「地方公共団体は、住民の福祉の増進を図ることを基本と」すると規定されており、住民に身近な基礎的な自治体として、福祉制度の運用や福祉サービス・ケアの提供、児童虐待・高齢者虐待・障害者虐待の通告を受理しての初動対応など広範な福祉行政の担い手として位置づけられている。

　福祉行政における市町村の機能は、福祉に関する条例等の制度の創設・改廃、制度の運営・実施等の行政的事務と相談援助や対人援助サービス・ケアの提供といった住民サービス的（現業的）業務に大別される。政令指定都市（以下、政令市）では、行政的機能は市役所（本庁）が担い、現業的業務は区役所や地域の福祉センター等の出先機関が担うという分担が行われているが、政令市以外の市町村の福祉部門

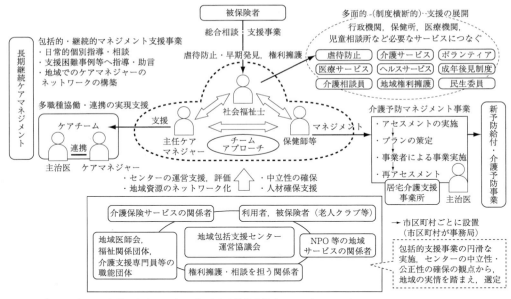

図3-2 地域包括支援センター（地域包括ケアシステム）のイメージ

出所：『国民の福祉と介護の動向2012/2013』厚生労働統計協会，2012年，145頁。

の組織では両者の機能を同一の部署（福祉部）で担っているのが一般的であり，こうした事務・業務を行うために，福祉課（保護課，生活福祉課），高齢者福祉課，障害者福祉課（障害支援課），子ども家庭課などの名称の組織が市町村の役所・役場に設けられている。

また，市町村には地域における福祉行政の担い手として次のような機関を設置（または委託による設置）することが求められている。

① 地域包括支援センター

介護保険法第115条の45の規定により市町村が「地域住民の心身の健康の保持及び生活の安定のために必要な援助を行うことにより，その保健医療の向上及び福祉の増進を包括的に支援することを目的とする施設」（介護保険法第115条の46第1項）として包括的支援事業等を地域において一体的に実施する役割を担う中核的機関として設置または委託して設置するものである。第1号被保険者3000～6000人を目途として配置され，設置は，市町村の任意とされているが事実上義務設置となっている。また，この業務を遂行するために，保健師・社会福祉士・主任介護専門員を配置することが原則とされている。地域包括支援センターは**図3-2**のとおり地域包括ケアシステムの中軸的役割が期待されている。

② 市町村障害者虐待防止センター

障害者虐待の防止，障害者の養護者に対する支援等に関する法律（以下「障害者虐待防止法」という）第32条の規定により，障害者虐待

■地域包括ケアシステム
2011（平成23）年介護保険法改正で打ち出された，団塊の世代が後期高齢者となる2025年頃を想定した要介護高齢者への地域支援のあり方。自助・互助・共助・公助の連携を図りながら，高齢者が尊厳を保持して，可能な限り住み慣れた地域で，自立した生活を人生の最後まで続けてゆけるように，すまい，医療・介護，生活支援などが日常生活圏域で包括的に提供することをめざす支援体制のこと。

の通報の受理，障害者虐待を受けた障害者及び養護者への相談・指導・助言，障害者虐待防止の啓発や養護者支援の広報などの業務を行うこととされ，市町村はその障害者担当部局や施設にその機能をもったセクションを設置するか業務を委託して設置することが義務づけられている。

③　基幹相談支援センター

障害者の日常生活及び社会生活を総合的に支援するための法律（以下，障害者総合支援法）第77条の2の規定により，障害者への理解を高めるための研修および啓発に取り組み，障害者やその家族等からの相談に応じ，必要な情報の提供や助言などを行うとともに，虐待防止やその早期発見，成年後見制度の利用促進などの活動を行う「地域における相談支援の中核的な役割を担う機関」（同法第77条の2第1項）として市町村が設置（または委託により設置）することができるとされている。

このように市町村には基礎自治体として住民福祉に関わる基本的な業務を担うこととされているが，その業務の中には，より効率的運用を図るためには個々に市町村が事業運営に当たるのではなく，地方自治法に規定される一部事務組合や広域連合を用いた制度運用も進められている。介護保険ではいくつかの市町村が広域連合を設立して共同で事務処理を行っており，2006（平成18）年度から施行された後期高齢者医療制度では，法律上は市町村が実施主体とされているが，都道府県とその圏域内の市町村とで広域連合を設立し，事実上都道府県を単位とした事業運営をしているものもある。

また，障害児の児童発達支援センターの設置も，人口30万人程度の複数の市町村で構成される障害保健福祉圏域での整備や事業運営を想定しており，それぞれの市町村がその担い手としての役割を果たすとともに，市町村間での連携をどう進めるのかが課題となっている。

❏ 福祉事務所

福祉事務所は，福祉六法の施行を主な目的として「公的扶助と社会福祉の総合センターとして一元的に運営される」ことにより地域の福祉向上を図るために1951（昭和26）年社会福祉事業法（当時）により創設された。

福祉事務所は，社会福祉法第14条に規定される「福祉に関する事務所」の通称であり，このため「保健福祉センター」などさまざまな名称の福祉事務所が存在する。また1999（平成11）年成立の地方分権の推進を図るための関係法律の整備等に関する法律（以下，地方分権一

表3-1 設置者別の福祉事務所担当地域・業務内容

設置者	設置	担当地域	業務内容
都道府県	義務	町村	生活保護法・児童福祉法・母子及び父子並びに寡婦福祉法の現業と老人福祉・障害福祉の連絡調整
市（政令市・23区を含む）	義務	市区域	生活保護法・児童福祉法・母子及び父子並びに寡婦福祉法・身体障害者福祉法・知的障害者福祉法・老人福祉法の現業
町村	任意	町村域	生活保護法・児童福祉法・母子及び父子並びに寡婦福祉法・身体障害者福祉法・知的障害者福祉法・老人福祉法の現業

出所：筆者作成。

括法）を受けて福祉事務所としての職務の遂行に支障がない場合は，福祉事務所所員に「他の社会福祉または保健医療に関する事務を行うことを妨げない」（社会福祉法第17条）と規制緩和されたこともあり，福祉事務所の業務や組織形態はそれぞれの自治体によって運営は異なっている。

福祉事務所は，**表3-1**のとおり都道府県と市に義務設置，町村は任意設置となっている。市と町村が設置する福祉事務所はその市町村域を担当し，都道府県の設置する福祉事務所は，福祉事務所の設置されていない町村域（郡部）を担当する。このため市町村が設置する福祉事務所を「市部福祉事務所」，都道府県が設置する福祉事務所を「郡部福祉事務所」と呼ぶことが多い。

市部福祉事務所のうち，政令市・特別区・市の福祉事務所は複数の区や市での共同設置は認められず，各市・区に1つ以上の福祉事務所を設置しなければならないが，町村が福祉事務所を設置する場合は，複数の町村での共同設置が認められるなどの違いがある。なお，都道府県が設置する福祉事務所では，複数の町村を担当することが少なくない。

市部福祉事務所と郡部福祉事務所では，福祉事務所制度が創設された1951（昭和26）年度から1990（平成2）年の福祉八法改正により老人福祉法・身体障害者福祉法の施行事務が町村に事務移譲された1993（平成5）年度までは基本的に担当する業務は同じであった。さらに，2000年度から知的障害者福祉法の施行事務が町村に事務移譲されて，現在では，**図3-3**のとおり，市部福祉事務所は福祉六法の所掌する現業機関とされているが，郡部事務所は，生活保護法，児童福祉法，母子及び父子並びに寡婦福祉法の三法を所掌する現業機関でありながら，老人福祉法，身体障害者福祉法，知的障害者福祉法の三法については市町村の広域連絡調整機関という行政機関となっている。

第3章 福祉行政の組織運営システム

図3-3 福祉事務所の活動

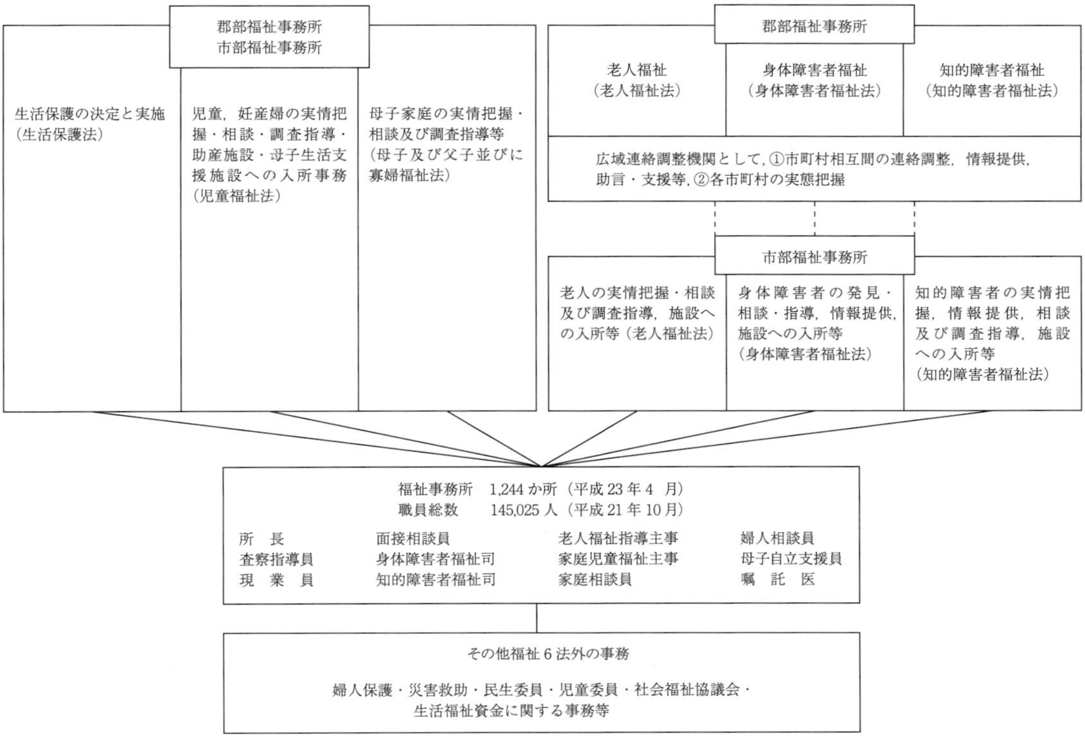

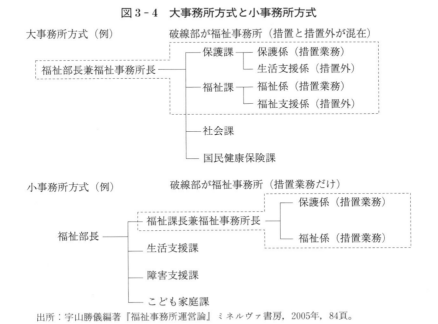

出所：社会福祉の動向編集委員会編『社会福祉の動向2012』中央法規出版，2012年，21頁，一部修正。

図3-4 大事務所方式と小事務所方式

出所：宇山勝儀編著『福祉事務所運営論』ミネルヴァ書房，2005年，84頁。

なお，市部福祉事務所では，市町村の行政組織と福祉事務所の組織を重複させることが認められているが，その方法には，図3-4のとおり行政組織が持つ福祉六法以外の業務も含めて重複させる「大事務所方式」と福祉事務所機能を一か所に集中して重複させる「小事務所方式」がある。

　福祉事務所には現業活動を行うために社会福祉主事を配置することとされ，社会福祉主事は「所の長の指揮監督を受けて，援護，育成又は更生の措置を要する者等の家庭を訪問し，又は訪問しないで，これらの者に面接し，本人の資産，環境等を調査し，保護その他の措置の必要の有無及びその種類を判断し，本人に対し生活指導を行う等の事務をつかさどる」（社会福祉法第15条第4項）とされている。

　こうした専門的職員を福祉事務所に配置する背景としては，福祉事務所の業務に，「①迅速性，②直接性，③技術性」(5)という特殊性があるためであったが今日では，福祉事務所現業員のうちで，社会福祉主事資格を有する者は，約3分の2程度まで低下しており，福祉事務所の現業機能の低下と行政機関化が指摘されている。

4　都道府県と専門福祉機関

　市町村や福祉事務所は第一線機関として住民の身近なところでの福祉援助を行うが，その市町村での福祉援助を支援するための専門的援助や専門機能を提供するものとして位置づけられるのが児童相談所などの都道府県の専門福祉機関である。

　また，都道府県は広域的自治体として，郡部福祉事務所や専門福祉機関などの業務で市町村を支援するだけではなく，制度の適正運営を図るために，市町村への情報提供，助言，連絡調整や監査指導等の業務を行うだけでなく，市町村の決定等についての審査請求などの業務も行うこととされている。

❏ 都道府県

　福祉行政における都道府県の役割は，市町村への情報提供や助言，指導監査等により適正な行政的事務の執行を促進することであるが，そうした行政的事務だけではなく，不服申し立ての審査請求を行うほか，福祉専門機関の他にも別に都道府県独自の役割から設置することとされている機関がある。

① 不服申し立ての審査機関

生活保護法第64条では，福祉事務所による生活保護に関する決定に不服のある場合は都道府県知事に審査請求することができるとしている。また介護保険法第183条でも市町村による保険給付等に関して不服がある場合は都道府県が設置する介護保険審査会に審査請求することとができるとしており，障害者総合支援法第97条でも市町村の介護給付等の決定に不服がある場合は都道府県知事に審査請求を行うことができ，この審査請求があった場合には都道府県知事は不服審査会による審査を踏まえて裁定することとされている。

行政処分に関する不服申し立てを扱う行政不服審査法では，行政処分に不服があるときは，その行政処分を行った処分庁（決定した行政機関）に上級庁（処分庁の上位の行政機関）があれば，その上級庁に審査請求を行い，地方公共団体の首長名での行政処分のように上級庁がない場合には，最上級行政庁（この場合は首長だが，行政処分の内容により，教育委員会委員長や人事委員会委員長などがなることもある）に審査請求を行うこととされている（行政不服審査法第5条）。市町村の事務については基本的に市町村の中で対応することとされているが，これに生活保護法などの例外を設けたのは，制度運用についての専門的判断を迅速に行う上で都道府県に役割を持たせたものである。

② 都道府県障害者権利擁護センター

障害者虐待防止法第36条の規定により，都道府県が設置又は委託により設置することが義務づけられている。その業務は，使用者による虐待に関する通報の受理，市町村間の連絡調整，情報提供や助言などの市町村支援，虐待を受けた障害者等への相談支援や情報提供などの市町村での虐待防止の取り組みを補完することとされている。

③ 児童家庭支援センター

児童福祉法第44条の2の規定により，児童に関する家庭その他からの専門的相談に応じるとともに，市町村からの求めに応じて児童福祉に関する技術的助言等の支援を行うこととされており，あわせて児童相談所，児童福祉施設等との連絡調整等児童相談所のブランチ的役割を期待されている。

児童家庭支援センターは，相談援助の専門性と夜間・緊急時の対応が求められることもあるため施設機能の活用の観点から，乳児院・児童養護施設，母子生活支援施設等の入所型の児童福祉施設に設置されることが多い（政令市，児童相談所設置市も設立可）。

> **行政処分**
> 行政庁が，その権限により決定した処分で，これにより処分の対象者に公法上の地位や身分，権利が発生したり，制限されたりする。生活保護における福祉事務所長の保護開始決定がこれにあたり，この処分により被保護者となり保護を受給し，被保護者の権利や義務が発生することが例としてあげられる。措置制度は，この行政処分を根拠として生活支援やサービス提供を行うシステムである。

表3-2 福祉専門機関の主な職種

種　別	職　員　構　成
児童相談所	所長，児童福祉司，児童心理司，医師，保護指導員／保育士
身体障害者更生相談所	所長，身体障害者福祉司，心理判定員，医師，関係専門職
知的障害者更生相談所	所長，知的障害者福祉司，心理判定員，医師
婦人相談所	所長，相談指導員，心理判定員，保護所職員
精神保健福祉センター	所長，医師，精神保健福祉相談員（法定），看護師（保健師）

注：各相談所とも事務員が共通（この他，巡回等があるため，運転手が必要となる）。医師や関係専門職（理学療法士，作業療法士，言語聴覚士，視能訓練士等）は嘱託である場合が多い。心理判定員は，判定だけではなく心理療法も担当する。

❑ 専門福祉機関

　専門的知識や技術をもって市町村や福祉事務所の支援を行ったり，市町村や福祉事務所では対応困難な事例を担当するのが児童相談所，身体障害者更生相談所，知的障害者更生相談所，婦人相談所，精神保健福祉センターなどの福祉専門機関であり，原則として都道府県に設置が義務付けられている。

　これらの専門福祉機関に配属される職員の主な職種をあげたものが**表3-2**である。

　各専門福祉機関に配置される職種のうち，児童福祉司・身体障害者福祉司・知的障害者福祉司・婦人相談所相談指導員は社会福祉士が任用資格として設定されている。

　また，精神保健福祉相談員は精神保健福祉士が任用資格として設定されている。

　なお，児童相談所長については児童福祉法第12条の3第2項で以下の資格要件が定められており，①精神科医，②大学で心理学を専修した者，③社会福祉士，④児童福祉司有資格者で資格取得後2年以上児童相談所で従事した者，⑤その他厚生労働省令で定める者，とされており，ここでも社会福祉士が任用資格として設定されている。

　これら専門福祉機関の設置は都道府県が原則であるが，政令市や中核市は都道府県と同格とされていることから，**表3-3**のとおり都道府県と政令市はこれら専門福祉機関の設置の義務は同じである。身体障害者更生相談所及び知的障害者更生相談所（以下，障害者更生相談所）については，政令市もこれを設置してその業務を行うことが義務付けられているものの，組織として障害者更生相談所を設置するかは任意となっており，障害者更生相談所の業務を都道府県や他の政令市の障害者更生相談所に委託して実施するなどの対応が想定されている。また中核市については児童相談所を任意設置できるが，他の専門福祉

表3-3　専門福祉機関の設置

区　分	根　拠　法	都道府県	政令市	中核市	児童相談所設置市
児童相談所[1)2)]	児童福祉法第12条	義務	義務	任意	任意
身体障害者更生相談所	身体障害者福祉法第11条	義務	義務[3)]	—	
知的障害者更生相談所	知的障害者福祉法第12条	義務	義務[3)]	—	
精神保健福祉センター	精神保健及び精神障害者福祉に関する法律第6条	義務	義務	—	
婦人相談所	売春防止法第34条	義務	任意	—	

注：1)　人口10万人に1か所が目安だった。
　　2)　児童相談所のうち，一か所を「中央児童相談所」としてセンター的機能を持たせることができる。
　　3)　政令市には障害者更生相談所の業務を行うことは義務付けられているが設置は任意である。
出所：筆者作成。

表3-4　専門福祉機関の機能

種　別	判　定	措　置	一時保護所	市町村指導	市町村間調整
児童相談所	○	○	○	○	×
身体障害者更生相談所	○	×	×	○	○
知的障害者更生相談所	○	×	×	○	○
精神保健福祉センター	△	×	×	○	×
婦人相談所	○	○	○	○	×

注：○は機能を有している。×は機能を有していない。△はセンターとしては機能は有していないが，業務を行うことはできる。
出所：筆者作成。

機関を設置することは想定されていない。

　次にそれぞれの専門福祉機関の機能を比較したものが表3-4である。この比較からもわかるとおり，判定や市町村指導といった市町村・福祉事務所での福祉援助を支援する機能はほぼ専門福祉機関には共通であるが，児童相談所や婦人相談所は措置機能を持ち，一時保護所などのサービス提供機能も持っているのに対し，障害者更生相談所や精神保健福祉センターは具体的な福祉援助機能はなく，市町村への支援や調整が主な機能となっている。

①　児童相談所

　児童相談所は児童福祉の第一線行政機関として，要援護児童に必要な措置を行うこととされている。図3-5は児童相談所における相談援助活動の体系をしめしたものであるが，他の専門福祉機関や市町村・福祉事務所と異なり，調査や診断を行う判定機関としての面と具体的な措置を決定する措置機関としての面を有していることと，社会福祉行政機関でありながら一時保護所という福祉サービス施設を持っている点があげられる。

　また，児童福祉の全体図とそこでの児童相談所の役割を図示したも

図3-5 児童相談所における相談援助活動の体系・展開

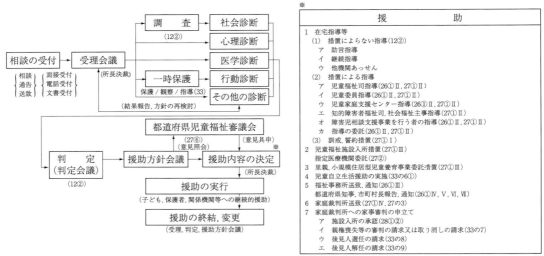

資料：厚生労働省雇用均等・児童家庭局「児童相談所運営指針」
出所：『国民の福祉と介護の動向2012/2013』厚生労働統計協会，2012年，216頁。

図3-6 児童相談所における相談援助活動系統図

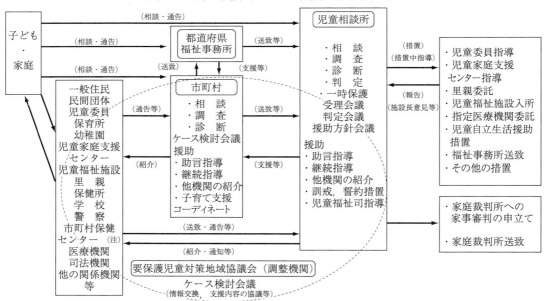

注：市町村保健センターについては，市町村の児童家庭相談の窓口として，一般住民等からの通告等を受け，相談援助業務を実施する場合も想定される。
出所：『社会保障の手引（平成21年1月改訂）』中央法規出版，2009年，197頁。

のが図3-6であるが，ここからも児童相談所が，市町・福祉事務所や関係施設・機関との連携を図りながら児童福祉の中核的な役割を担っていることがわかる。

② 障害者更生相談所

身体障害者更生相談所は身体障害者福祉法により，知的障害者更生相談所は知的障害者福祉法により設置される。障害者更生相談所の主たる業務は市町村・福祉事務所での福祉援助を円滑に進められるように，障害についての判定を行い，市町村への専門的助言や指導を行うなどの支援を行うことである。

③ 精神保健福祉センター

精神保健及び精神障害者福祉に関する法律（第6条）により設置される。精神保健福祉センターでは，精神保健及び精神障害者福祉に関する知識の普及や調査研究を行い，困難な事例についての相談指導，市町村での障害者総合支援法施行事務に対する援助などの市町村支援の他に精神医療審査会の事務を行っている。

④ 婦人相談所

本来は売春防止法（第34条）に基づき，売春を行うおそれのある女子（要保護女子）への相談援助や調査・判定を行い，必要に応じて一時保護を行う福祉行政機関であるが，2001（平成13）年の配偶者からの暴力の防止及び被害者の保護に関する法律（以下，DV防止法）成立後は，このDV防止法（第3条）により，暴力被害者に対する相談や援助を行い，必要な場合には一時保護を行う配偶者暴力相談支援センターとしての役割が期待されている。

○注

(1) 江口隆裕『社会保障の基本原理を考える』有斐閣，1996年，56頁。
(2) 阿部志郎・井岡勉編『社会福祉の国際比較――研究の視点・方法と検証』有斐閣，2000年，156頁。
(3) 小規模市町村には例外基準が設定されている。
(4) 厚生省社会局庶務課監修『新福祉事務所運営指針』全国社会福祉協議会，1971年，4頁。
(5) 同前書，5頁。

○引用・参考文献

『国民の福祉と介護の動向2012/2013』厚生労働統計協会，2012年。
社会福祉の動向編集委員会編『社会福祉の動向2013』中央法規出版，2013年。
『社会保障の手引（平成25年1月改訂）』中央法規出版，2013年。

○ 参考図書────────

山本隆『福祉行財政論──国と地方からみた福祉の制度・政策』中央法規出版，2002年
　　────イギリスの福祉行政理論をリーディングケースとしてわが国の福祉行政における国と地方の関係について分析を行ったもので，特に福祉の財政構造についての国と地方の関係がわかりやすい。

宇山勝儀・船水浩行編著『社会福祉行政論──行政・財政・福祉計画』ミネルヴァ書房，2010年
　　────社会福祉の法制度を中心とした社会福祉行政の大枠を捉えるのに便利です。社会福祉行政を俯瞰して全体図を理解したいという方にはお勧め。

神野直彦・山本隆・山本恵子編著『社会福祉行財政計画論』法律文化社，2011年
　　────社会福祉行財政について，ローカルガバナンスの視点から切り込んだ研究が軸となっており，社会福祉における地方分権など新たな課題にチャレンジしている。

第4章
福祉行政における専門職の役割

社会福祉行政における専門職の展開

❏ 社会福祉行政における専門職の発展

わが国の社会福祉の萌芽期，福祉専門職を養成するために最初に取り組まれたのが1925（大正14）年の「社会事業主事・主事補」制度である。これは，社会事業の運営・管理を一般事務職でなく専門職を充てるために取り組まれた制度であり，各地の道府県の社会課，職業課や住宅課に配置された。

第2次世界大戦後，（旧）生活保護法が1946（昭和21）年に施行に際して，保護の実施を第一線機関に配置された専門的ケースワーカーが行うことを検討されたが養成機関が確保できずに戦前の方面委員制度を修正し，民生委員制度に改組して援護の実施機関としている。しかし，児童福祉法，身体障害者福祉法，（新）生活保護法の成立により援護・保護の実施機関についても再検討されることになった。1950（昭和25）年「社会福祉主事の設置に関する法律」により社会福祉主事が創設され，福祉三法を担当する専門技術をもった有給専任職員として都道府県や市町村に配置された。その翌年制定された「社会福祉事業法（現在の社会福祉法）」に吸収され，現在に至っている。

わが国の福祉専門職にとってこの社会福祉主事は，行政機関職員の任用資格のみならず，社会福祉施設の職員要件として明記されるなど長らく社会福祉職員の基礎的資格としての役割を果たしてきた。

❏ 社会福祉主事の任用資格の要件

社会福祉主事は先に述べたように任用資格で，地方自治体の職員で，年齢20歳以上の者で「人格が高潔で，思慮が円熟し，社会福祉の増進に熱意があり，かつ，次の各号のいずれかに該当するもののうちから任用しなければならない」（社会福祉法第19条）とされており，その要件は次の通りである。

1 大学（短期大学を含む）等において，厚生労働大臣の指定する社会福祉に関する科目（**資料4-1**）を修めて卒業した者

2 厚生労働大臣の指定する養成機関又は講習会の課程を修了した者

3 社会福祉士

4 厚生労働大臣の指定する社会福祉事業従事者試験に合格した者

❏ 社会事業主事・主事補制度
中央社会事業協会において1年間，社会事業に関する科学的な知識や実務を研究習得させ，中堅的指導者として養成していた。また，養成期間中は，研究生に対して，研修手当も支給されていた。この制度により1944（昭和19）年までに200人を修了させ，地方の社会事業行政の第一線に送り出している。

❏ 方面委員制度
1918（大正7）年に大阪府において創設された組織的な救済制度。中産階級から選ばれた委員が一定の地区に配置され，生活困窮者の実態調査や保護の実施を行った。その後全国に普及し，第2次世界大戦後には，民生委員制度へと展開した。

資料4－1　社会福祉主事の資格に関する科目指定（昭和25年　厚告226号）

> 社会福祉概論，社会福祉事業史，社会福祉援助技術論，社会福祉調査論，社会福祉施設経営論，社会福祉行政論，社会保障論，公的扶助論，児童福祉論，家庭福祉論，保育理論，身体障害者福祉論，知的障害者福祉論，精神障害者保健福祉論，老人福祉論，医療社会事業論，地域福祉論，法学，民法，行政法，経済学，社会政策，経済政策，心理学，社会学，教育学，倫理学，公衆衛生学，医学一般，リハビリテーション論，看護学，介護概論，栄養学及び家政学のうち3科目以上

　5　上記と同等以上の能力を有すると認められる者として厚生労働省令で定めるもの（具体的には精神保健福祉士）

❏ **社会福祉行政機関の専門職**

　社会福祉行政機関に働く福祉専門職は，福祉事務所をはじめ各種の相談機関において，利用者に発生する多種多様な問題を他職種とともに問題解決に当たっている。

　発足当初は，主に生活保護法の実施事務を担うことを期待されていた社会福祉主事であるが，福祉三法による援護の実施や，さらには福祉六法体制へと福祉事務所の業務が拡大するとその担当する業務の範囲も拡大した。社会福祉主事は，**表4－1**のように社会福祉関係法に規定される専門職の任用資格として位置付けられている。今日では社会福祉士や精神保健福祉士にも任用資格の範囲が少しずつではあるが拡大している。もちろん社会福祉主事の任用要件には社会福祉士・精神保健福祉士も含まれている。

　本章では，社会福祉行政機関において相談援助（ソーシャルワーク）を主な業務としている福祉専門職をとり上げ，解説している。

2　福祉事務所の専門職の役割

　先の章で学習したように福祉事務所は，社会福祉法第14条により，「福祉に関する事務所」として都道府県及び市に設置が義務付けられている社会福祉行政の第一線の行政機関である。その職種は，**表4－2**のようになっている。

❏ **現業員**

　社会福祉法の規定に基づきすべての福祉事務所に配置されている専門職員で，福祉事務所が所掌する対象者の相談支援などの現業活動を担うのが現業員である。その業務内容は「所の長の指揮監督を受けて，

表4-1 社会福祉行政の主な専門職

職　名	所属機関	社会福祉主事任用要件	社会福祉士任用要件	精神保健福祉士任用要件	根拠法等
現業員	福祉事務所	○			社会福祉法第15条
査察指導員	福祉事務所	○			社会福祉法第15条
老人福祉指導主事	福祉事務所	○			老人福祉法第6条・7条
家庭児童福祉主事	福祉事務所	○			昭和39年厚生省発児92号[1]
家庭相談員	福祉事務所	○[2]			昭和39年厚生省発児92号[1]
母子・父子自立支援員	福祉事務所				母子及び父子並びに寡婦福祉法第8条
身体障害者福祉司	福祉事務所 身体障害者更生相談所	○[2]	○		身体障害者福祉法第11条の2・第12条
知的障害者福祉司	福祉事務所 知的障害者更生相談所	○[2]	○		知的障害者福祉法第13条・第14条
児童福祉司	児童相談所	○[2]	○	○	児童福祉法第13条
婦人相談員	福祉事務所 婦人相談所				売春防止法第35条
相談指導員	婦人相談所	○			婦人相談所に関する政令2条
精神保健福祉相談員	精神保健福祉センター[3]			○	精神保健福祉法第48条

注：1) 厚生事務次官通知「家庭児童相談室の設置運営について」（昭和39年厚生省発児92号）。
　　2) 社会福祉主事として当該分野に2年以上従事していること。
　　3) その他保健所やこれらに準ずる施設。

表4-2 福祉事務所職員配置状況（2008（平成21）年10月1日現在）

職　名	人　員
所　長	1258
査察指導員	3221
現業員	18838
生活保護担当面接相談員	
専　任	493
兼　任	2516
非常勤	343

資料：厚生労働省「福祉事務所現況調査」。
出所：社会福祉の動向編集委員会編（2014）『社会福祉の動向2014』中央法規出版，38頁（一部加筆）。

援護，育成又は更生の措置を要する者等の家庭を訪問し，又は訪問しないで，これらの者に面接し，本人の資産，環境等を調査し，保護その他の措置の必要の有無及びその種類を判断し，本人に対し生活指導を行う等の事務をつかさどる」（社会福祉法第15条第4項）とされている。

直接対象者等と接し，そのニーズを分析・考察して，具体的な社会福祉サービスを提供する事務や，それらの関係で地域の社会資源との連携等対象者の自立支援と社会統合の実践を行う社会福祉行政の専門職員である。その主な業務は，面接，相談，調査，実情の確認，対象者に対する自立意識の誘発や自立のための支援資源の活用，サービス給付のための事務処理，地域社会との日常的な連携の維持等となっている。現業員は「ケースワーカー」とも呼ばれているが単にケースを処理するだけでなく，対象者の自立支援とともに地域社会との統合を図る「ソーシャルワーカー」としての役割が期待されている。

❏ 査察指導員

社会福祉法の規定に基づき福祉事務所に配置されている現業員の指導監督を行う職員を行政実務上，査察指導員と呼んでいる。査察指導員の業務内容は，「所の長の指揮監督を受けて，現業事務の指導監督をつかさどる」（社会福祉法第15条第3項）とされている。

査察指導員は，現業員の業務執行についての監督と業務執行上必要な助言や教示等を行うことのできる職位とされている。査察指導員が実務上「スーパーバイザー」となっている。

なお，査察指導員及び現業員は，それぞれ社会福祉法で定められた職務のみに従事することとされている（社会福祉法第17条）。このように査察指導員と現業員の専任規定を設けたのはその業務の専門性を担保するためである。その後，1999（平成11）年の地方分権推進法により同条が改正され，今日では，他の社会福祉や保健医療に関する事務を兼務させることができるようになり，地方自治体の現状や意向に沿った組織運営が可能となった。

❏ 老人福祉指導主事

老人福祉指導主事とは，老人福祉法第6条・第7条の規定に基づいて設置されている専門職である。福祉事務所において老人福祉に関する専門的技術を必要とする業務や，現業員に対する技術的指導を行う社会福祉主事のことである。市町村の福祉事務所は必置，都道府県の福祉事務所は任意設置である。

業務内容は以下である。市町村の老人福祉指導主事は，福祉事務所の長の指導監督を受けて，福祉事務所の所員に対し，老人の福祉に関する技術的な指導を行うこと。老人の福祉に関し，必要な調査及び指導を行い，並びにこれらに付随する業務のうち，専門的技術を必要とする業務を行う。

　都道府県の老人福祉指導主事は，福祉の措置の実施に関し，市町村相互間の連絡調整，市町村に対する情報の提供その他必要な援助を行うこと及びこれらに付随する業務のうち専門的技術を必要とする業務を行うとなっている。

❑ 家庭児童福祉主事・家庭相談員

　家庭児童福祉主事・家庭相談員が配置されている家庭児童相談室は，厚生事務次官通知「家庭児童相談室の設置運営について」（昭和39年厚生省発児92号）を受けて福祉事務所に設置されている。家庭児童相談室の目的は「家庭における適正な児童養育，その他家庭児童福祉の向上を図るため，福祉事務所の家庭児童福祉に関する相談指導業務を充実強化するために設けるものである」としている。そのため，家庭児童福祉に関する専門的技術を必要とする業務を行う職員として「家庭児童福祉の業務に従事する社会福祉主事」（家庭児童福祉主事）と「家庭児童福祉に関する相談指導業務に従事する職員」（家庭相談員）が配置されている。

　家庭児童福祉主事の職務は，福祉事務所の所員に対する家庭児童福祉に関する技術的指導及び家庭児童福祉に関する福祉事務所の業務のうち，専門的技術を必要とする業務を行うものとなっている。

　家庭相談員の職務は，家庭児童福祉に関する専門的技術を必要とする相談指導業務を行うものとなっている。

　具体的な業務は，子育て，地域の生活環境，子どもの発達，幼児や学童の行動上の問題に関する相談を来所による面談相談や電話相談，必要な場合には訪問相談を行っている。

　2004（平成16）年の児童福祉法の改正に伴い，以下のように市町村の児童家庭相談体制の充実を図ることとされた。

　① 児童家庭相談に応じることを市町村の業務として法律上明確にし，住民に身近な市町村に積極的な取組みを求める。

　② 都道府県（児童相談所）の役割を，専門性の高い困難なケースへの対応や市町村の後方支援に重点化する。

　このため，市が設置する福祉事務所は，市における児童家庭相談体制の一翼を担うよう考えられ，一方で都道府県が設置する福祉事務所

は，町村の後方支援や都道府県の担う専門的な相談を児童相談所とともに担うこととなった。

❏ 母子・父子自立支援員

母子・父子自立支援員は，母子及び父子並びに寡婦福祉法第8条の規定により福祉事務所に配置されている。その業務は，以下のようになっている。

1　配偶者のない者で現に児童を扶養しているもの及び寡婦に対し，相談に応じ，その自立に必要な情報提供及び指導を行うこと。

2　配偶者のない者で現に児童を扶養しているもの及び寡婦に対し，職業能力の向上及び求職活動に関する支援を行うこと。

具体的な職務内容としては，母子・父子世帯の面接，調査，訪問，指導等となっている。その相談・指導の内容は，母子・父子家庭の全般にわたり，主なものとして就職，子どもの教育，母子福祉資金・父子福祉資金の貸付けとなっている。

そして，任用資格に関する規定は特になく「社会的信望」「職務を行うに必要な熱意と識見」を条件としている。また，身分を非常勤としているが，相当の知識経験を有する者については，常勤とすることができるとしている。

 母子福祉資金・父子福祉資金
母子・父子家庭に対する福祉措置の一つで都道府県，指定都市等が実施主体となる。経済的自立の助成と生活意欲の助長を図り，扶養している児童の福祉の増進が目的である。12種類の資金を無利子または低利子で貸し付ける。受けたい場合には福祉事務所に申請することになる。

3　各種相談機関の専門職

❏ 身体障害者福祉司

身体障害者福祉司は，身体障害者福祉法第11条の2・第12条に基づき，身体障害者の更生援護などの業務を担当する専門職員である。都道府県は必置であり，身体障害者更生相談所に配置することになっている。市町村が設置する福祉事務所においては任意配置とされている。

身体障害者更生相談所に配置される身体障害者福祉司の業務は以下のように整理できる。

1　市町村相互間の連絡調整，市町村に対する情報提供，その他市町村に対する必要な援助。

2　身体障害者に関する相談及び指導。
これらのうち専門的な知識及び技術を必要とするものを行うこととされている。

市町村の身体障害者福祉司の業務は，①福祉事務所の所員に対する

技術的指導，②福祉事務所における相談・指導業務のうち専門的な知識及び技術を必要とするものとされている。

身体障害者福祉司は，いずれかに該当する者から任用することとされている（身体障害者福祉法第12条）

　1　社会福祉主事有資格者であって，身体障害者福祉に2年以上従事した経験を有するもの
　2　大学等で厚生労働大臣の指定する社会福祉に関する指定科目を修めて卒業した者
　3　医師
　4　社会福祉士
　5　厚生労働大臣の指定する身体障害者福祉に従事する職員を養成する学校等を卒業した者
　6　上記に準じる者で，身体障害者福祉司として必要な学識経験を有するもの

❏ 知的障害者福祉司

知的障害者福祉司は，知的障害者福祉法第13条・第14条に基づき，知的障害者の更生援護などの業務を担当する専門職員である。身体障害者福祉司と同様に，都道府県は必置であり，知的障害者更生相談所に配置することになっている。市町村が設置する福祉事務所においては任意配置とされている。

業務内容は，身体障害者福祉司と同様に市町村への支援や，専門的知識や技術を必要とするものを担当することとされている。

知的障害者福祉司は，いずれかに該当する者から任用することとされている（知的障害者福祉法第14条）

　1　社会福祉主事有資格者であって，知的障害者福祉に2年以上従事した経験を有するもの
　2　大学等で厚生労働大臣の指定する社会福祉に関する指定科目を修めて卒業した者[(5)]
　3　医師
　4　社会福祉士
　5　厚生労働大臣の指定する知的障害者福祉に従事する職員を養成する学校等を卒業した者
　6　上記に準じる者で，知的障害者福祉司として必要な学識経験を有するもの

□ 児童福祉司

児童福祉司は児童福祉法第13条に基づき，児童福祉の第一線機関である児童相談所に配置されている専門職である。児童福祉司は，管轄する地域の児童の福祉にかかわる相談に応じ，必要な調査や社会診断，家族間の調整等さまざまな問題解決を図るため活動している。

2007（平成19）年の「児童相談所運営指針」の改正に伴い，児童福祉司の業務はさらに複雑化・煩雑化し，児童虐待における48時間ルールの適応等により業務量は増えるばかりである。図4-1はある児童福祉司の1週間のモデル的業務スケジュールである。

児童福祉司は，人口4万～7万人に1人の基準で配置されている。

児童福祉司の任用については，2004（平成16）年の児童福祉法改正により講習会の受講条件等により看護師や保育士にも拡充している。図4-2のいずれかに該当するものであることとされている。

□ 婦人相談員

婦人相談員は売春防止法第35条に基づき配置される専門職である。都道府県の婦人相談所には設置義務があり，市が設置する福祉事務所は任意設置となっている。なお，自治体によっては母子自立支援員と婦人相談員を兼ねているケースも多く，その場合は「女性相談員」といった立場で業務にあたっている。

業務内容は，「要保護女子につき，その発見に努め，相談に応じ，必要な指導を行い，及びこれらに附随する業務を行う」（売春防止法第35条第3項）とされている。現状では，家庭不和や経済問題，夫等の暴力の問題も多く扱っている。また，婦人相談所においては，「配偶者からの暴力の防止及び被害者の保護等に関する法律」（以下，DV防止法）に基づく「配偶者暴力相談支援センター」を兼ねているので，婦人相談員が被害者の相談に応じ必要な指導を行っている。さらには，「人身取引対策行動計画」に基づき人身取引被害者の保護等の多様な問題にも対応することも求められている。

婦人相談員は非常勤とされており，任用資格に関する規定も特になく「社会的信望」「職務を行うに必要な熱意と識見」を条件としている。

婦人相談所にはその他にも社会福祉主事有資格者が任用要件の「相談指導員」（婦人相談所に関する政令第2条）が相談援助及び調査を司る職員として配置することとされている。

□ **児童相談所運営指針**
児童相談所の運営及び活動の要領を示した局長通知のことである。児童相談所の業務の全国的な統一性を保つためのガイドラインとなっている。

□ **48時間ルール**
児童相談所等が対応する児童虐待において，直接目視による安全確認を行うこと，この安全確認をする時間を虐待の通告を受けてから48時間以内とするルールのことである。このルールは1999（平成11）年に埼玉県で始められたものであるが，児童相談所運営指針の改定により全国的に標準化されることになった。

□ **配偶者暴力相談支援センター**
婦人相談所はじめその他適切な施設において，被害者の相談やカウンセリング，本人や家族の一時保護，各種の情報提供を行っている。婦人相談所を含めて全国に178か所（平成20年時点）設置されている。

□ **人身取引対策行動計画**
政府が2004（平成16）年12月に外国人女性等の人身取引の防止・撲滅と被害者の保護に向け，関係省庁間の緊密な連携を図り，早急な対策を講じるために策定した行動計画。婦人相談所においては，こうした過酷な状況に置かれた女性に対し，相談・一時保護等，適切な支援の措置を講ずることとしている。

図4-1　児童福祉司の1週間の業務モデル

	月	火	水	木	金	土	日
9:00 登庁	事務整理	援助方針会議	（移動）家庭訪問	一時保護児との面接	保護者面接	（休日）	勤務日
12:00	（移動）施設入所措置事務	受理会議	（移動）	虐待通告受理来所面接対応	一時保護児との面接		
	施設での相談対応（移動）	判定会議	医学診断	緊急受理会議	事務整理 電話連絡調査		
15:00	事務整理	児童福祉司指導ケース来所面接	事務整理	（移動）一時保護	ケースカンファレンス		
18:00	会議資料作成		警察通告事案の呼出面接	家庭訪問（移動）	記録業務		
	記録業務	記録業務			通告受理対応		

出所：西村武士「児童相談所の仕事とスタッフ／児童福祉司の一日と一週間」『里親と子ども』第3巻，明石書房，2008年，16頁。

図4-2　児童福祉司の任用資格要件について

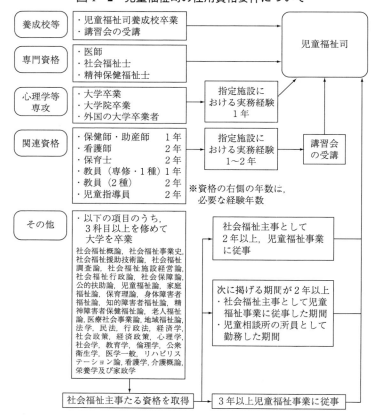

資料：厚生労働省雇用均等・児童家庭局。

❏ 精神保健福祉相談員

　精神保健福祉相談員は，精神保健及び精神障害者福祉法第48条に基づき精神保健福祉センターや保健所等に配置されている。

　その職務は，「精神保健及び精神障害者の福祉に関する相談に応じ，並びに精神障害者及びその家族等を訪問して必要な指導を行う」とされている。

　任用要件としては，精神保健福祉士その他政令で定める者となっている。

 4　福祉専門職の課題と展望

❏ 福祉専門職の資格取得

　社会福祉行政の専門職の課題の一つとして，専門性をどのように高めるかということがあげられる。たとえば福祉事務所の現業員はその職務の専門性から社会福祉主事を充てることとされているが，福祉事務所現況調査（平成21年時点）では社会福祉主事有資格者の割合は，現業員67.5％，査察指導員69.4％にとどまっている。また，有資格者においてもいわゆる「三科目主事」(6)では専門性を担保することが難しいという課題もあった。(7)そのため，2007（平成19）年の社会福祉士及び介護福祉士法の改正では，「児童福祉司・身体障害者福祉司・知的障害者福祉司・査察指導員・老人福祉指導主事」のいわゆる行政職ルートは4年間の実務経験に加えて6か月以上（600時間程度）の養成施設を経た上で受験することになった。また，あらたに社会福祉主事養成課程を修了後2年以上の実務経験を有し6か月以上の養成施設を経たものに対して社会福祉士の受験資格を付与するようになった。福祉専門職が社会福祉士資格の取得を通じて専門性を高める機会となることが期待される。

　福祉事務所現況調査（平成21年時点）では社会福祉士の有資格者の割合は，査察指導員3.2％，現業員4.9％，精神保健福祉士有資格者の割合は，査察指導員0.4％，現業員1.0％にとどまっているのが現状である。

　2007（平成19）年の改正では，身体障害者福祉司と知的障害者福祉司を社会福祉士の任用資格として位置付け，両職種において社会福祉士のソーシャルワークの実力が期待されることになった。今後は，社会福祉士を専門職として採用し，専門性を向上させることも望まれる

のである。

❑ 福祉専門職の展望

今日，社会福祉行政の福祉専門職は，福祉事務所をはじめ各種の相談機関においてさまざまな取り組みを行っている。2015（平成27）年度から全面実施される生活困窮者自立支援法では，経済的に困った人などを対象とした相談窓口を自治体に設置することが柱となる。支援を行う人材には「主任相談支援員」「相談支援員」「就労支援員」の3種類を設定している。業務のマネジメントや社会資源の開拓等を行う主任相談支援員には，社会福祉士などの資格保持者や相談援助業務経験者が想定され，あらたな活躍の場として期待されている。[8]

今後も国民生活において福祉専門職のソーシャルワークに対する需要がさらに増えることが予想されるのである。これは，あらたな福祉行政の動きとして福祉専門職が現業職員としてだけでなく，福祉計画作成にかかわっている福祉のまちづくりを推進するための行政部門に配置する地方自治体も現れている。

また，社会福祉領域以外にも，社会福祉の専門的な知識や技術が求められる分野が拡大している。たとえば，教育現場に対しては深刻ないじめや不登校の問題を解決する取り組みとして「スクールソーシャルワーカー」を学校に配置する自治体が相次いでいる。さらに法務省では福祉的な援助を必要とする受刑者の処遇や更生保護のため社会福祉士等の福祉専門職を採用する動きも始まっている。

今後とも，社会福祉行政機関における福祉専門職は，利用者の生活を守るセーフティネットとして業務を適切に行い，生活者の立場になった業務の遂行が望まれるのである。福祉専門職が単にケースを処理するだけの「ケースワーカー」に終わるのではなく，利用者の自立支援とともに地域社会との統合を図る「ソーシャルフーカー」としての役割が期待されている。

◆ スクールソーシャルワーカー
社会福祉士や精神保健福祉士等のソーシャルワーカーが，いじめや不登校等さまざまな問題に直面している子どもに対して，その問題を解決するために学校などの教育現場に配置されている。ワーカーは，問題解決のため，子どもの家庭を訪問したり，教師や保護者に助言をしたりする他，学校と児童相談所や病院等の専門機関の調整役も務めている。身分として教育委員会に所属する非常勤職員の場合が多い。

〇 注

(1) 日本社会事業大学五十年史刊行企画委員会編『日本社会事業大学五十年史』日本社会事業大学，1996年，10〜22頁。
(2) 社会福祉法令研究会編『社会福祉法の解説』中央法規出版，2001年，138〜139頁。
(3) 任用されてはじめて効力を発する資格のこと。
(4) 必要性が乏しいため現在まで実施されていない。
(5) 現在まで科目の告示がないため，該当者はいない。
(6) 大学，短大で社会福祉主事の資格に関する科目指定（昭和25年　厚告226号）から3科目を履修し，卒業をした社会福祉主事のこと。専門性が低いと

指摘されている。
(7)　平野方紹「福祉事務所の業務と組織」宇山勝儀・船水浩行編著『福祉事務所運営論』ミネルヴァ書房，2007年，88～89頁。
(8)　「福祉新聞」2013年12月16日。

◯ 参考図書

結城康博・嘉山隆司編著『新・よくわかる福祉事務所のしごと』ぎょうせい，2013年
　　　——現役の福祉事務所のワーカーを中心に執筆した本著は，各種の福祉事務所の業務をわかりやすく解説している。「社会福祉士」の国家資格を目指す学生にとって，福祉事務所の実習に行く前に一読すべき本である。
林千代編著『「婦人保護事業」の五十年』ドメス出版，2008年
　　　——あまり知る機会の少ない婦人保護事業を婦人相談員の活動を始め，さまざまな活動の原点から現状の分析・考察を行っている。特に巻末の婦人保護事業に関する著書・資料リストは女性福祉に関心のある学生には必読となるだろう。

第5章
自治体の福祉財政と財源確保
(国・都道府県・市町村)

1 財政の全体像

社会福祉の財源は，大きく分けると，国・都道府県・市町村の税金を主体とする公的財源と，共同募金や民間助成団体等の民間財源に分けることができる。公的財源は，社会福祉各法に基づく国庫支出金と都道府県支出金や，市町村の単独事業として条例・要綱に基づく補助金の制度的福祉事業がある。民間財源には，公的性格をもつ地域福祉基金や長寿・子育て・障害者基金と公的資金を含まない共同募金，公益法人・財団法人等の民間資金がある。

国と地方公共団体の行政事務に関する最終歳出の主体に着目して2012（平成24）年度をみると，国が68兆2810億円（全体の41.7％），地方が95兆4877億円（同58.3％）である。歳出純計額163兆7687億円の目的別歳出をさらに詳細に国と地方に区分して項目をみると，国は年金関係，防衛費は100％であり，地方は，し尿・ごみなど一般廃棄物の収集・処理の衛生費は98％，幼稚園・小中学校・高等学校などの学校教育費は87％，犯罪の防止や・交通安全の確保など地域の安心安全の地域の秩序維持等の司法警察消防費は79％，地域のつながりを育成する社会教育費は75％，子ども・高齢者・障害者のための社会福祉の充実の民生費は74％など住民に身近な仕事は地方公共団体が担っていることが読み取れる。

> **➡ 国庫支出金**
> 国と地方公共団体の経費負担に基づき，国が地方公共団体に対して支出する，負担金，委託金費，特定の施策の奨励または財政援助のための補助金等である。(1)
>
> **➡ 都道府県支出金**
> 都道府県の市町村に対する支出金である。都道府県が自らの施策として単独で市町村に交付する支出金と都道府県が国庫支出金を経費の全部または一部として市町村に交付する支出金とがある。(2)
>
> **➡ 歳出純計額**
> 国・地方を通じた財政支出について，国（一般会計と交付税及び譲与税配付金，公共事業関係等の6特別会計の純計）と地方（普通会計）の財政支出の合計額から重複分を除いたものをいう。(4)

市町村の社会福祉財源

国と地方公共団体の経費負担については，地方財政法に細かく規定されている。国の社会保障関係費は，生活保護，保育所の入所に係る運営・管理，障害者の入所・通所措置費などとして運用される性格が強い。国庫支出金（負担金，補助金，委託金）として，大半は都道府県を経由して地方自治体に交付される。また，地域福祉権利擁護事業のように，国の予算から都道府県を経由して都道府県社会福祉協議会・市区町村社会福祉協議会に補助されるものもある。そのほかに，都道府県には，自らの施策として，単独事業を市町村へ交付する支出金がある。

第5章■自治体の福祉財政と財源確保（国・都道府県・市町村）

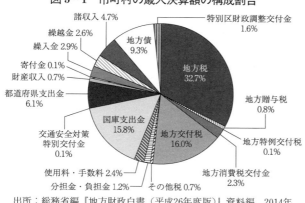

図5-1 市町村の歳入決算額の構成割合

出所：総務省編『地方財政白書（平成26年度版）』資料編，2014年，22頁。

　国家予算は，地方公共団体予算として計上・執行される。では，地方公共団体の予算科目がどのように組まれているかを歳出・歳入に区分してみてみる。市町村は，社会福祉の充実を図るため，児童，高齢者，障害者等のための福祉施設の整備及び運営，生活保護の実施，災害救助等の施策を行っている。

❏ 市町村の歳入決算額

　市町村の歳入決算額（56兆1454億円）の構成割合を図5-1でみると，地方税32.7％，地方交付税16.0％，国庫支出金15.8％，地方債9.3％，諸収入4.7％，地方消費税交付金2.3％，その他に地方贈与税，地方特例交付金，寄付金，財産収入，分担金・負担金等からなっている。

　市町村歳入の地方税と地方交付税は，都市の規模によって大きな違いがある。団体規模別歳入決算の状況（人口一人当たりの決算額）から歳入総額の割合をみると地方税は政令指定都市39.1％，中核市39.5％，中都市38.1％，小都市25.9％，人口1万人未満の町村13.2％である。小さい町村になるほど自主財源である地方税が少なく，指定都市や中核市と人口1万人未満の町村と比較すると約3倍の開きがある。

　国から交付される地方交付税は，政令指定都市5.8％，中核市12.4％，中都市13.8％，小都市26.3％，人口1万人未満の町村42.1％である。人口1万人未満の町村と比較すると指定都市では7.3倍，中核市では約4倍も多い。これは，地方自治体の基準財政需要額に対して基準財政収入額を比較して，地方税などの自主財源が少ない場合は地方交付税を交付することにより歳入の不足分を補って市民生活を維持する機能を果たしている。

❏ 基準財政需要額
地方公共団体が，合理的かつ妥当な水準における行政を行い，又は施設を維持するための財政需要額を算定したものである。

❏ 基準財政収入額
地方公共団体の財政力を合理的に測定するために，標準的な状態において徴収が見込まれる税収入を一定の方法によって算定するものである。

❏ 地方交付税
地方公共団体の自主性を損なわずに，地方財源の均衡化を図り，かつ地方行政の計画的な運営を保障するために，国税のうち，所得税（32％），法人税（35.8％），酒税（32％），消費税（29.5％）及びたばこ税（25.0％）のそれぞれ一定割合の額を，国が地方公共団体に対して交付する税である。各税の％は平成25年度の率を筆者が加えた。地方交付税には，普通交付税と災害等特別の事情に応じて交付する特別交付税がある。普通交付税は，基準財政需要額が基準財政収入額を超える地方公共団体に対して，その差額（財源不足額）を基本として交付される。

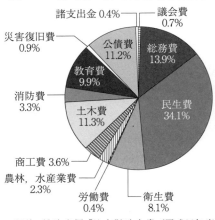

図5-2 市町村の目的別歳出決算割合

出所：総務省編『地方財政白書（平成26年度版）』資料編，2014年，52頁。

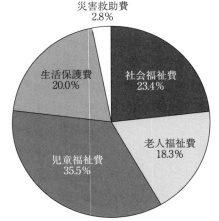

図5-3 市町村目的別歳出の民生費内訳

出所：総務省編『地方財政白書（平成26年度版）』資料編，2014年，57頁。

□ 市町村の歳出決算

市町村の歳出はどのような項目に支出しているかを，図5-2でみると，民生費が最も大きく34.1％を占め，次いで総務費13.9％，土木費11.3％，公債費11.2％，教育費9.9％，衛生費8.1％，商工費3.6％，消防費3.3％，農林水産業費2.3％，議会費0.7％，諸支出金0.4％となっている。(10)

さらに，市町村の民生費はどのような社会福祉分野に使途されているかを図5-3でみると，児童福祉行政に要する経費である児童福祉費が最も大きな割合35.5％を占めている。障害者等の福祉対策や他の福祉に分類できない総合的な福祉対策に要する経費である社会福祉費23.4％，生活保護費20.0％，老人福祉費18.3％，非常災害によるり災者に対して行われる応急救助，緊急措置に要する経費等の災害救助費2.8％となっている。(11)

また，決算額を団体種類別にみると，市町村の民生費の支出は都道府県の約2.52倍となっている。これは，保育所運営・建設費などの児童福祉，社会福祉施設の整備・運営費，生活保護に関する事務など身近な住民福祉として行われている費目である。

民生費の性質別の内訳をみると，扶助費が57.9％を占め，次いで繰出金21.0％となっている。各費目でみると社会福祉費は扶助費が53.6％，繰出金が27.6％，児童福祉費は扶助費が71.3％，生活保護は扶助費が94.7％，老人福祉費は扶助費6.1％と小さく，国民健康保険事業会計（事業勘定），介護保険事業会計（事業勘定）等に対する繰出金が79.7％と多く占めている。また，人件費は最も多いのが児童福祉費の14.9％である。(12)

◘ 民生費
目的別歳出の一分類の地方公共団体は，社会福祉の充実を図るため，児童，高齢者，障害者等のための福祉施設の整備運営，生活保護の実施等の施策を行っており，これらの諸施策に要する経費をいう。(13)

第5章 自治体の福祉財政と財源確保（国・都道府県・市町村）

図5-4 市町村民生費の財源内訳

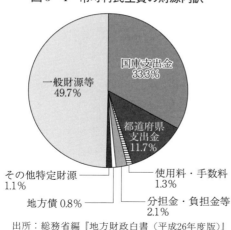

出所：総務省編『地方財政白書（平成26年度版）』資料編，2014年，57頁。

　民生費は，国からの国庫支出金や都道府県支出金が主な社会福祉財源である。社会福祉費のどのような事業に国や都道府県がどのような割合で補助しているかについてみたのが図5-4である。一般財源等49.7％，国庫支出金33.3％，都道府県支出金11.7％，使用料・手数料1.3％，その他特定財源1.1％，地方債0.8％となっている。
　1980（昭和55）年度は一般財源等と国庫支出金の割合がほぼ同じであったが，民生費における単独施策の充実，民生費に係る国庫補助負担率の引下げ等を背景に，民生費の増加分の多くを一般財源等の充当で対応してきた結果，一般財源等の割合が増加し，2012（平成24）年度決算においては国庫支出金の約1.4倍の割合となっている。
　市町村の社会福祉は，①最低生活の保障である生活保護，②高齢者が安心して暮らせるための医療や在宅福祉サービス，③障害者の生活の質を高める自立生活支援，④働く女性の育児支援としての保育所や学童保育所の充実，⑤ひとり親家庭の自立支援施策など，地域に密着した施策や事業が行われている。その意味で国や都道府県の歳出決算と歳入決算を明らかにすることによって，社会福祉がどのように展開されているかをみることができる。そこで，歳入予算にかかわる国庫支出金や県支出金の状況をみてみる。
　表5-1でみるように国庫支出金および都道府県の補助は，社会福祉費，老人福祉費，児童福祉費，生活保護費，災害救助費の各々の事業に対して負担金，補助金，委託金に区分して補助率が決まっている。たとえば，障害者の日常生活及び社会生活を総合的に支援するための法律（以下，障害者総合支援法）の自立支援給付費は国庫支出金の国庫負担金であり，その負担割合は国が2分の1，都道府県が4分の1

表5-1 市町村歳入予算の国庫支出金・県支出金状況（平成25年度当初予算）

種　別	支出金の種類	補助の種類	事　業　名	補助率
国庫支出金	国庫負担金	社会福祉費	保険基盤安定 障害者自立支援給付負担金 経過的福祉手当給付費負担金 特別障害者手当給付費負担金 障害児福祉手当給付費負担金 未熟児養育医療給付費負担金	2分の1 2分の1 4分の3 4分の3 4分の3 2分の1
		老人福祉費	老人医療給付費負担金	2分の1
		児童福祉費	児童手当交付金 児童扶養手当給付費負担金 母子生活支援施設措置費負担金 障害児通所給付費負担金 保育所運営費負担金	1) 3分の1 2分の1 2分の1 2分の1
		生活保護費	生活保護費負担金（扶助費）	4分の3
	国庫補助金	社会福祉費	障害者自立支援事務費等補助金 地域生活支援事業費補助金	2分の1 2分の1
		老人福祉費	老人クラブ運営費補助金	3分の1
		児童福祉費	母子家庭自立支援給付金事業費補助金 児童福祉総務費子育て支援交付金 児童措置費子育て支援交付金 保育園費子育て支援交付金	4分の3 2分の1 2分の1 2分の1
		生活保護費	セーフティネット支援対策費等事業費補助金	2分の1
	国庫委託金	社会福祉費	基礎年金等事務委託金 児童・特別児童扶養手当事務費交付金	2分の1 2分の1
		生活保護費	中国残留邦人等生活支援事業委託金	2分の1
県支出金	県負担金	社会福祉費	国民健康保険基盤安定負担金（軽減分） 国民健康保険基盤安定負担金（支援分） 障害者自立支援給付負担金 未熟児養育医療給付費負担金	4分の3 2分の1 4分の1 4分の1
		老人福祉費	老人医療給付費負担金 後期高齢者医療費保険基盤安定負担金（軽減分）	12分の1 4分の3
		児童福祉費	障害児通所給付費負担金 児童手当負担金 母子生活支援施設措置費負担金 保育園費運営費負担金	4分の1 1) 4分の1 4分の1
		生活保護費	生活保護費負担金（扶助費）	4分の1
		社会福祉費	経過的福祉手当給付費負担金 特別障害者手当給付費負担金 障害児福祉手当給付費負担金 共同生活介護等支援事業費補助金 重症心身障害者短期入所利用支援事業補助金 地域生活支援事業費補助金 福祉医療費補助金 福祉医療事務費補助金	10分の10 10分の10 10分の10 2分の1 2分の1 4分の1 2分の1 2) 2分の1 2)

	県補助金	老人福祉費	在宅福祉事業補助金（老人）	3分の2
			ホームヘルパー利用対策補助金（老人）	4分の3
			社会福祉法人等軽減制度事業費補助金（老人）	4分の3
			介護基盤緊急整備等臨時特例基金事業費補助金	10分の10
		児童福祉費	ひとり親家庭情報交換事業費補助金	4分の3
			母子家庭等日常生活支援事業費補助金	4分の3
			産休代替え職員給与費補助金	定額
			民間保育所運営費補助金	2分の1
			1歳児保育事業費補助金	2分の1
			第3子保育料無料化事業費補助金	2分の1
			保育対策等促進事業費補助金	3分の2
			低年齢児中途入所円滑化事業費補助金	2分の1
			放課後児童健全育成事業費補助金	3分の2
			児童厚生施設等整備費補助金	3分の2
			子育て支援交付金	3分の2
		生活保護費	緊急雇用創出事業基金事業費補助金	10分の10
	県委託金	児童福祉費	母子寡婦福祉資金事務費委託金	10分の10

注：1） 3歳に満たない被用者分は，国庫補助16／46，都道府県及び市町村が4／45を負担し，3歳以上中学校修了前の児童は国が2／3，都道府県及び市町村が1／6をそれぞれ負担。被用者でない者は，国が2／3，都道府県及び市町村1／3を負担。
　　2） 県と市町村が負担する単独事業。障害，母子家庭，子ども，後期高齢者の医療に係る自己負担分を補助する。
　　　都道府県補助は，非被用者4／46，被用者及び非被用者の中学校第3学年修了前は1／6。
出所：筆者が各自治体の平成25年度予算書を参考にして作成。

の負担になっている。保育所運営費は，国庫負担金で国が2分の1，都道府県が4分の1の負担になっている。生活保護費は，国庫負担金で国が4分の3を負担し，福祉事務所を設置する都道府県及び市町村が4分の1を負担する。

都道府県と市町村の単独事業もある。**表5-1**内の県支出金・県補助金・社会福祉費に「福祉医療費補助金」の項目がある。これは，障害，ひとり親家庭，子ども，後期高齢者の医療に係る自己負担分を補助する事業を独自に実施しているものもある。

都道府県の社会福祉財源

都道府県の歳入決算額は50兆9372億円，目的別歳出決算額は49兆4818億円に達する。都道府県の役割は，国と市町村の中間に位置する行政組織である。国からの国庫支出金は都道府県を通じて市町村に総務費や民生費といった項目別に配分される。政策経費である社会福祉費財源は，国から国庫支出金や地方交付税の交付，地方税，地方債が収入の柱となって賄われている。

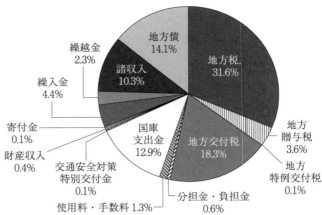

図5-5　都道府県の歳入決算構成比

出所：総務省編『地方財政白書（平成26年度版）』資料編，22頁から作成。

❏ 都道府県の歳入

　歳入決算を2012（平成24）年度の構成割合の図5-5でみると，地方税31.6％，地方交付税18.3％，国庫支出金12.9％，地方債14.1％，諸収入10.3％，繰入金4.4％，地方贈与税3.6％，使用料・手数料，分担金・負担金などから構成される。

　そのうち，歳入の大きな割合を占めている税収額を図5-6で内訳をみると，道府県民税39.8％，事業税17.9％，地方消費税18.0％，が主なものである。2008（平成20）年のリーマンショックによって景気が後退し，法人税収入が30.2％台から16.6％と約半分に激減し，財政運営を難しくしている。

❏ 都道府県の目的別歳出

　都道府県の2012（平成24）年度決算の目的別歳出決算額の推移を図5-7でみると，市町村立義務教育諸学校教職員の人件費を負担していること等により教育費が最も大きな割合22.0％を占め，次いで民生費14.8％，公債費14.2％，土木費10.7％，商工費8.7％，総務費6.2％，警察費6.4％，その他市町村への各種租税交付金5.3％の順となっている。

　2002（平成14）年度との比較で歳出をみると，農林水産業費，土木費，教育費が減少し，労働費は2.7倍，民生費が36％，商工費が25％伸びている。

❏ 民生費の歳出内訳とその財源

　都道府県の民生費の総額は7兆3024億円で歳出内訳についてみると，

図5-6 道府県税収額の推移

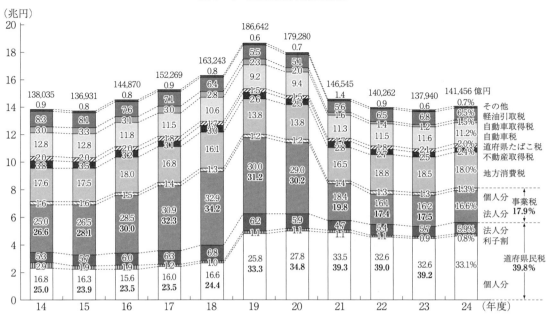

注：太字の数値は，事業税及び道府県民税の構成比である。
出所：総務省編『地方財政白書（平成26年度版）』2014年，46頁。

図5-7 都道府県目的別歳出決算の構成割合

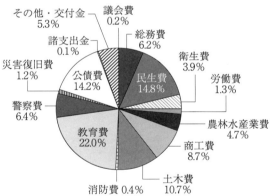

出所：総務省編『地方財政白書（平成26年度版）』資料編，2014年，52頁。

表5-2 平成26年度一般会計予算

歳入の内訳		（億円，%）
項　目	金額	割合
所得税	147,900	15.4
法人税	100,180	10.4
消費税	153,390	16.0
その他（揮発油税等）	98,540	10.3
その他収入	46,313	4.8
建設公債	60,020	6.3
特例公債	352,480	36.8

歳出の内訳		（億円，%）
項　目	金額	割合
社会保障	305,175	31.8
地方交付税交付金等	161,424	16.8
文教及び科学振興	54,421	5.7
公共事業	59,685	6.2
防衛	48,840	5.1
その他	96,568	10.1
債務償還費	131,382	13.7
利払費等	101,319	10.6

出所：財務省編『日本の財政関係資料』（平成26年2月），1～2頁。

最も多いのが老人福祉費41.0%である。次いで社会福祉費30.6%，児童福祉費19.9%，生活保護費3.7%，災害救助費4.7%となっている。災害救助費が2009（平成21）年度は0.1%であったものが東日本大震災により4.7%と大きく伸びている。

民生費の性質別内訳をみると補助費等73.4%，扶助費10.2%が多くを占めている。

民生費の財源は，大半は一般財源等（地方税，地方贈与税，地方特例交付金等，地方交付税，寄付金，財産収入等からなる）62.4%であり，国庫支出金29.9%，その他7.7%（地方債，分担金・負担金，使用料・手数料）からなっている。

▶ 一般財源等
一般財源のほか，一般財源と同様に財源の使途が特定されず，どのような経費にも使用できる財源を合わせたもの。目的が特定されていない寄附金や売却目的が具体的事業に特定される一財産収入等のほか，臨時財政対策債(17)等が含まれる。

4 国家予算と社会福祉関係費

☐ 国家予算の概要

国の2014（平成26）年度一般会計予算（当初）は，表5-2でみると，歳入総額95兆8823億円で前年度より3.5%増となっている。その割合は租税収入および印紙収入52.1%（内訳：所得税15.4%，法人税10.4%，消費税16.0%，その他税10.3%），その他収入4.8%，特例公債36.8%，建設公債6.3%である。歳出は，社会保障31.8%，地方交付税交付金等16.8%，文教及び科学振興5.7%，公共事業6.2%，防衛5.1%，その他10.1%，債務償還費13.7%，利払費等10.6%となっている。社会保障費は前年比4.8%の伸びで30兆5175億円である。

第5章 自治体の福祉財政と財源確保（国・都道府県・市町村）

表5-3　国の予算における社会保障関係費の推移

(億円，％)

区　分	1980（昭和55）	85（60）	90（平成2）	95（7）	2000（12）	05（17）
社会保障関係費	82,124(100.0)	95,740(100.0)	116,154(100.0)	139,244(100.0)	167,666(100.0)	203,808(100.0)
生活保護費	9,559 (11.6)	10,816 (11.3)	11,087 (9.5)	10,532 (7.6)	12,306 (7.3)	19,230 (9.4)
社会福祉費	13,698 (16.7)	20,042 (20.9)	24,056 (20.7)	34,728 (24.9)	36,580 (21.8)	16,443 (8.1)
社会保険費	51,095 (62.2)	56,587 (59.1)	71,953 (61.9)	84,700 (60.8)	109,551 (65.3)	158,638 (77.8)
保健衛生対策費	3,981 (4.8)	4,621 (4.8)	5,587 (4.8)	6,348 (4.6)	5,434 (3.2)	4,832 (2.4)
失業対策費	3,791 (4.6)	3,674 (3.8)	3,471 (3.0)	2,936 (2.1)	3,795 (2.3)	4,664 (2.3)
厚生労働省予算	86,416 (7.5)	99,920 (2.6)	120,521 (6.4)	144,766 (2.9)	174,251 (3.9)	208,178 (3.1)
一般歳出	307,322 (10.3)	325,854 (△0.0)	353,731 (3.8)	421,417 (3.1)	480,914 (2.6)	472,829 (△0.7)

区　分	09（21）	10（22）	11（23）	12（24）	13（25）	14（26）
社会保障関係費	248,344(100.0)	272,686(100.0)	287,079(100.0)	263,901(100.0)	291,224(100.0)	305,175(100.0)
年金医療介護保険給付費	196,004 (78.9)	203,363 (74.6)	210,366 (73.3)	190,845 (72.3)	218,475 (75.0)	225,557 (73.9)
生活保護費	20,969 (8.4)	22,388 (8.2)	26,065 (9.1)	28,319 (10.7)	28,614 (9.8)	29,222 (9.6)
社会福祉費	25,091 (10.1)	39,305 (14.4)	44,194 (15.4)	38,746 (14.7)	38,610 (13.3)	44,480 (14.6)
保健衛生対策費	4,346 (1.8)	4,262 (1.6)	3,905 (1.4)	3,788 (1.4)	3,539 (1.2)	4,093 (1.3)
雇用労災対策費	1,934 (0.8)	3,367 (1.2)	2,549 (0.9)	2,204 (0.8)	1,986 (0.7)	1,824 (0.6)
厚生労働省予算	251,568 (13.7)	275,561 (9.5)	289,638 (5.1)	266,873 (△7.9)(※)	294,316 (10.3)	307,430 (4.5)
一般歳出	517,310 (9.4)	534,542 (3.3)	540,780 (1.2)	512,450 (△5.2)	539,774 (5.3)	564,697 (4.6)

注：1）　四捨五入のため内訳の合計が予算総額に合わない場合がある。
　　2）　（ ）内は構成比。ただし，厚生労働省予算及び一般歳出欄は対前年伸び率。△は減。
　　3）　平成13年度以前の厚生労働省予算は，厚生省予算と労働省予算の合計である。
　　4）　平成21年度において，社会保障関係費の区分の見直しを行っている。
　　5）　平成24年度の年金差額分（基礎年金国庫負担割合1／2と36.5％分との差額（※））については，当初は年金交付国債により確保することとしていたが，その後，つなぎ公債（年金特例公債）により確保することになり，平成24年度補正予算において増額されている。
資料：厚生労働省大臣官房会計課調べ。
出所：厚生労働省編『厚生労働白書（平成26年度版）資料編』2014年，15頁。

❏ 社会保障財源

　社会保障関係予算の一般歳出を，2014（平成26）年度の一般会計予算を，**表5-3**でみると次のようになる。

　2014（平成26）年度の社会保障関係費は，30兆5175億円で歳出予算総額の31.8％，一般歳出予算の54.0％（2000年度と比較して1.5倍）である。その構成は，年金医療介護保険給付費73.9％，生活保護費9.6％，社会福祉費14.6％，保健衛生対策費1.3％，雇用労災対策費0.6％となっている。2000年度と構成割合を比較すると，社会福祉費は老人福祉費が介護保険制度に移行したことに伴い21.8％から14.6％に大幅に減少し，その分が年金医療介護保険給付費（旧社会保険費）の65.3

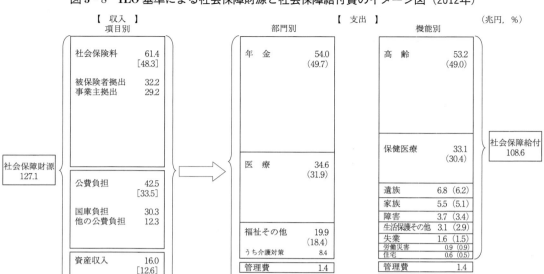

図5-8 ILO基準による社会保障財源と社会保障給付費のイメージ図（2012年）

　％から73.9％と大きな伸びを示している。特に支出額の伸びが著しいのは生活保護費であり，1兆2306億円から2.38倍の2兆9222億円と上昇している。リーマンショック後の雇用の不安定化や非正規労働者の拡大からくる国民生活の不安定化によって生活保護受給者の大きな上昇を示している。

　次に国立社会保障・人口問題研究所が2014（平成26）年11月に公表した図5-8からILO基準に従い日本国内の社会保障各制度の給付費について1年間の決算等をもとに高齢，遺族，障害，労働災害，保健医療，家族，失業，住宅，生活保護その他として国民に支払われた社会保障給付費の推計をみてみる。

　社会保障給付費総額は，108兆6000億円で対前年増加額は1兆6507億円，伸び率は1.0％である。部門別では，年金54.0％，医療34.6％，福祉その他19.9％である。機能別では，「高齢」が全体の53.2％で最も大きく，ついで「保健医療」が33.1％であり，この二つの機能で86.3％を占めている。その他は遺族6.8％，家族5.5％，障害3.7％，生活保護その他3.1％，労働災害0.9％，住宅0.6％となっており，年金や高齢者に占める割合が一段と高くなっている。

　社会保障財源（他制度からの移転を除く）からみると総額127兆1千

億円であり，収入構成割合は社会保険料が61.4％（被保険者拠出32.2％，事業主拠出29.2％），公費負担42.5％（国庫負担30.3％，その他公費負担12.3％），資産収入16.0％，その他7.1％となって保険料負担が6割を占めている。

　国と地方公共団体の社会福祉に係る財源は，2000（平成12）年の介護保険制度導入，2003（平成15）年の障害者（児）の支援費制度および2003（平成18）年の障害者自立支援法施行など，従来の社会福祉サービスが社会保険化するなかで福祉財源が大きく変貌を遂げている。

　分権改革が進められる中で，国庫補助負担金等の整理合理化の考え方が整理され，近年，多くの国庫補助負担金等の廃止・縮減が行われてきた。三位一体の財政改革をうけて，国から地方公共団体への国庫補助金改革は，①税源委譲，②補助負担金のスリム化（統合補助金化），③交付金化の3点の改革が進められて，市町村に大きな影響も出ている。

　具体的には，2006（平成18）年からは，国庫補助負担金が地方交付税の算定計算に組み込まれる一般財源化がなされたことにより財源が豊かな地方自治体では地方交付税が不交付となる問題点も指摘されている。具体的には，市町村が設立し運営している保育所運営費については財政力指数1以上の地方公共団体には交付しないなどの措置がなされている。

　今日では，2014（平成26）年度の「社会保障・税一体改革における社会保障の充実・安定化」（厚生労働省）をみると，「消費税率3％引き上げによる増収分は，すべて社会保障の充実・安定化に向ける」として，平成26年度の増収額5兆円について，①基礎年金国庫負担割合2分の1（2.9兆円），②社会保障の充実として（子ども・子育て支援，医療・介護の充実，年金制度の改善）などにあてる，③消費税率引き上げに伴う社会保障4経費の増（診療報酬，介護報酬，子育て支援等），など国民生活の充実・安定化に関する厚生施策がすすめられている。

〇注
(1) 総務省編『地方財政白書（平成26年度版）』用語解説，2014年，3頁。
(2) 同前書，用語解説，3頁。
(3) 同前書，用語解説，3頁。
(4) 同前書，用語解説，3頁。
(5) 総務省編『地方財政白書（平成26年度版）』資料編，2014年，22頁。
(6) 同前書，資料編，144頁。
(7) 同前書，用語解説，6頁。
(8) 同前書，用語解説，7頁。
(9) 同前書，用語解説，3頁。

⑽　同前書，資料編，52頁。
⑾　同前書，資料編，57頁。
⑿　同前書，資料編，58-59頁。
⒀　同前書，用語解説。
⒁　同前書，資料編，57頁。
⒂　同前書，用語解説，5頁。
⒃　同前書，資料編，22頁。
⒄　同前書，資料編，57頁。

○引用・参考文献

総務省編『地方財政白書（平成26年度版）』2014年。
厚生労働省編『厚生労働白書（平成26年度版）資料編』2014年。
国立社会保障・人口問題研究所編『平成26年度社会保障費用統計』2014年。
厚生労働省編『平成26年度における社会保障・税一体改革における社会保障の充実・安定化』2014年。
財務省編『日本の財政関係資料』2014年。

第6章
ローカル・ガバナンスと福祉行財政

1 「課題先進国」としての日本社会

◻ 社会構造に関わる3つの危機

　未曾有の複合災害（大地震，大津波，原発汚染）の復旧・復興をめぐる議論が始まったが，いまだ優先すべきは被災者の救援であり，原発事故の早期の収束である。いま日本では，社会構造にかかわる3つの危機が襲っている。第1は，主として先進国で共通に生じている超高齢社会と少子化・人口減少社会という人口構造の危機。第2は，デフレ不況，円高，株安による経済と財政と社会保障の危機。そして第3には，高齢者介護・孤立化，ドメスティック・バイオレンス，自殺，犯罪，ストレス等福祉問題が多発する社会システムや家族・コミュニティの持続可能性の危機である。そこに未曾有の大震災と原発事故が襲った。まさに，日本は，「課題先進国」（小宮山宏）であり，これらの危機を克服することは，日本のみならず世界人類のフロンティアとしての期待もかけられている。

　いま日本では，超高齢少子人口減少社会，雇用情勢の悪化による雇用不安やホームレス問題，自殺者の継続的な増加，外国人の雇用問題や生活問題が社会問題化し，高齢者虐待や若者の犯罪等も増加し続けており，あらゆる面で安全網（セーフティネット）の綻びが顕著になっている。リーマン・ショック（2008年）以後の政権政党は，従来からの年金，雇用，医療，福祉，少子高齢化，貧富の格差，地方の衰退，環境問題など包括的に解決する政治政策課題の対応に苦慮している。

◻ 人口ボーナス期から人口オーナス期への変化

　日本では，1947年から1949年に年間約270万人が出生し，団塊の世代を形成した。その次世代である第2次ベビーブーム（1971〜1974年）では，年間200万人以上の団塊ジュニア世代が生産年齢人口に加わったのが1980年代から1995年で，この時期がまさに日本経済の黄金期であった。つまり，「人口ボーナス」現象の恩恵であった。この大型世代は，大量生産・大量消費型の高度成長をけん引し，社会活性化の原動力となった。しかし，やがて膨張した生産年齢層が老年人口になっていき，さらに少子化が進行し，今度は人口に占める働く人（生産年齢人口）の割合が下がってくる。これが「人口オーナス（重荷）」である。

　人口減少が地域の経済社会にもたらす影響に注視する必要がある。

▸ **セーフティネット**
本来，サーカスの安全網という意味で用いられ，不幸な出来事（死亡，病気，交通事故，火災，地震，失業，貧困，倒産など）に備えるための政策を指す。近年では，個人や家計の予想できないリスクへの対応のための社会政策プログラムとして社会保険型の運用（雇用者や被雇用者によって支払われる）と生活保護などの救貧プログラム，高齢化リスクにかかわる年金プログラムやケアプログラムといった社会福祉政策の代表的なプログラムの再構築が求められている。

つまり，人口減少社会は人口に占める働く人の割合の低下を意味し，それは，1人当たり所得の減少，人手不足，社会保障費負担の高まりをもたらすことになる。日本社会全体が人口減少社会に突入した今日では，政府や地方自治体は，正統的な経済政策（1次産業と2次産業・3次産業の融合による6次産業の育成）と社会保障・社会福祉政策（セーフティネットの充実）で対応すべきである。まず，就業率の引き上げ，労働生産性の向上，より成長力の高い分野に人を振り向けるなど，人口減少社会ではより真剣に取り組むことが重要である（図6-1）。

❑ 現代家族と地域社会の変化

　戦後日本の経済社会は，高度消費社会の実現を目指して，欲望（そのもの）の極限化社会を作り出してしまった（日本の伝統文化や価値観の否定，私的個人主義人への埋没，社会的個人の不明確さ）。特に，1990年代後半より，情報化が進み，人間関係や社会関係のネットワーク化が手段化した。一人ひとりが，何のために生きるのか，その理念と目標がしだいに喪失してしまい，それは，現代の家族形態に大きな変化をもたらした。

　①　カネには換えられない価値感が変化したことである。資本主義・市場経済では多くの仕事は民間に任せられる。しかし，多くの仕事というのは，すべての仕事ということではない。ある種の仕事は，カネ儲けの対象とはならないけれども，社会全体・国全体から見れば非常に重要かもしれない。

　②　家族の大きな変化は，単身家族や高齢者世帯の増加，共働き世帯の一般化が介護ニーズの深刻化（老人虐待），子育て・保育ニーズの多様化を引き起こした。社会の基礎構造の変化は，決して市場原理にだけ任せておけないものであり，公的責任や相互扶助，営利と非営利のミックスなど福祉・介護サービスのデリバリー（供給）・システムの包括性を要請した。

　③　児童問題をめぐっての課題は，少年非行の粗暴化，凶悪化，児童虐待などの事件が新聞やメディアに頻繁に掲載されるようになった。社会全体において非人間化の進行，子どもの自己実現，自らのアイデンティティ形成が危ぶまれている。家庭・学校・地域・教育・福祉・保健・医療等あらゆる社会のセクターで真剣に取り組むべき重要課題である。

　④　近代家族の特徴は，親密性・情緒性・閉鎖性・排他的・性別役割分業・近代家父長制などに示されるが，ポストモダン家族は，生活

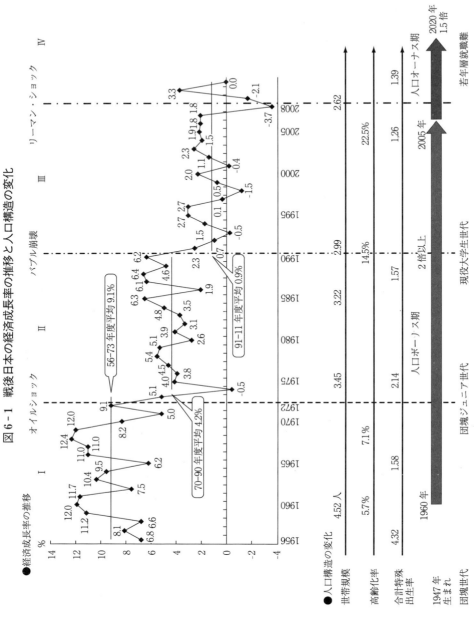

図6-1 戦後日本の経済成長率の推移と人口構造の変化

注：上段資料は、年度ベース。93SNA連鎖方式推計。平均は各年度数値の単純平均。1980年度以前は「平成12年版国民経済計算年報」(63SNAベース)、1981～94年度は年報 (平成21年度確報) による。2012年4～6月期1次速報値〈2012年8月13日公表〉。下段の人口構造の変化は、筆者作成。
出所：内閣府SNAサイト。

単位としての個人の重要性，流動性，資源供給をめぐる家族としての変容が著しい。

⑤「子育てのしにくさ」も指摘されることが多い。たとえば，スピード重視，生産性の奨励，管理強化，画一化推進，他人に迷惑をかけない，なんでも自分でやる，といった人間関係の希薄さ，いわば「ビー玉人間」（感情の起伏がなく，無感動で感性がなくなった，つるつるの人間）の増殖が目立ってきていることを暗示している。

また，地域社会での居住の仕方に大きな変化が見られる。たとえば，①隣の人に意地悪される：近隣意識の疎外，この住まい方は災害（地震や火災，急病など）に極めて弱い，どんな人が何人住んでいるかわからないのでは，いざというときに対処のしようがない。②建物自体の狭さ，高さ，日照の悪さが子どもの「精神発達」「在宅治療」にどんな影響を与えるか：狭さからくる看護，介護のやりにくさも問題化している。③新しく建てられる建物は，縁側を失い，玄関の扉で他者を拒み，かつての他者との談話の場でもあった居間は，密室化し，子ども部屋と家族共用空間の分離，家族団欒の場の喪失，住み分けが進化し，近隣や親族からの応援部隊も入り込めなくなる。④子どもの社会的存在化の遅れ，人間力の劣化などがあげられる。地域生活の近代化は，人間と自然を切り離し，人間と人間の関係を切り離し，何よりも家族を切り離した24時間型社会化，効率至上主義の高速度社会化をもたらした。その結果，近隣を消失させ，子どもが脆弱化する基盤をつくった。

2 ガバメントからガバナンスへ

❏ 福祉国家の再編

いまや日本の財政や社会保障・社会福祉制度がその運営において危機的状況にあることは誰の目にも明らかである。筆者は，この状況を「ガバメントとガバナンス」の相対軸において解き明かしたいと思っている。従来のガバメントの展開基盤である福祉国家の行政運用面でいくつかの問題点が指摘される。①タテ割り行政や硬直化をともなう官僚主義，②利用者の権利ないし選択権の否定，③生活の質に対応できない，最低水準を越えないナショナルミニマム（「生活の質」に対応できない），④福祉サービス利用にともなうスティグマ等があげられる。ガバナンスは，このようなガバメントの運営手続き面の欠陥を克

服する概念として主張される側面もある。

　福祉国家の再編や福祉社会の形成など福祉政策の環境変化の中で，現代の福祉問題の多くがローカリティで生起する公共的諸問題の解決の「場」としての地域コミュニティに熱い視線が注がれている。本項では，福祉国家からソーシャル・ガバナンスへ，そしてローカル・ガバナンスの流れを社会福祉・地域福祉の経営や運営，財源調達，住民参加や協働関係等とのかかわりで言及する。

　福祉国家とは，市場経済を前提として，それに「事後的な所得再分配」を加えるという社会システムのことを指す。さらに付け加えれば，「個人の自由な競争」としての市場経済の仕組みを前提とし，そこで生じる経済格差や富の分配の不平等等といった問題を社会保障などによっていわば補足的に是正するという考え方である。その福祉国家をめぐって，現代では2つの問題が存在している。

　①福祉国家が発展することによっておこる社会保障（事後的な再分配）の規模の拡大の問題である。そのための財源は個人や企業から差し引かれ，経済活動のインセンティブ（誘因）を損なうことになり，結果として福祉国家の基盤事体を揺るがすことになる。もう一つは，②人々の間の資産面などでの格差が次第に拡大し，個人の「機会の平等」が揺らぎ，福祉国家が想定している「均等な個人の自由な競争」という前提が崩れることである。これからの福祉国家再編の方向は，これまでの市場経済に対する「事後的な所得再分配・サービス提供」という社会保障や社会福祉の基本的性格を堅持しつつ，新たに「事前的な分配・サービス提供」という積極的な社会保障・社会福祉の開発が求められている。

　ところで，ソーシャル・ガバナンスには，良き政府という意味のほかに，公共的諸問題の解決に政府のみならず民間セクターや市民（住民）セクターがかかわっていることを意味する場合がある。後者のガバナンスは，政府や市場と並ぶ社会的諸関係を媒介し，調整するメカニズムを意味する。そのためには，従来の行政運営方式の官僚制的性格を改めて，より敏感に民意を反映し，市民・住民への負担を軽減しながら，急速に変動する現代社会に対応して，他のセクターと連携しながら着実に社会的ニーズを充足し，新しい公共の価値を創造していくことが期待される。従来の公共性には，社会の上にある国家が社会に向かって救いの手を差し伸べるという印象があったが，現代では国家と社会は水平的関係にあり，むしろ社会を構成する人々が政府を媒介として自ら公共的諸問題を解決していく主体として登場している傾向が見られる。したがって，新しい公共では，公セクター（政策），

◘ **ローカリティ**
国際的なネットワーク社会の特徴を表すのがグローバリティである。その対極がローカリティであり，自然環境と地域コミュニティに根づいた，小さい集団の社会的相互作用の集まりを意味する。

◘ **ソーシャル・ガバナンス**
社会福祉や地域福祉のソーシャル・ガバナンス（新しい公共と言い換えてもよい）に求められるのは，地域社会の希少資源を有効に活用しながら新しい価値（公共）を創造して，公共性の構成要件である「公平」と「効率」を積極的に両立させることにある。

◘ **ローカル・ガバナンス**
市場によるガバナンスも政府によるガバナンスも，どちらも現実には単独で良いガバナンスの理想を実現できず，市場によるガバナンスには市場の失敗，政府によるガバナンスには政府の失敗が，例外でなく原則としてつきまとうことが明確に認識されるようになった。そこで注目されてきたのがローカル・ガバナンスである。市場や地方自治体に依存するのではなく，家族，近隣，職場などの日常生活において結びつきの相互作用を重視する。

民間セクター（資源），市民・住民セクター（情報）の三者の協働によって，公共的諸問題を解決していく政治・経済・社会システムを地方自治体が中心となって構築していくことになる。これを推進していくための方法として，現在注目されている理論がソーシャル・ガバナンス論である。

しかし，市場によるガバナンスも政府によるガバナンスも，どちらも現実には単独で良いガバナンスの理想を実現できず，市場によるガバナンスには市場の失敗，政府によるガバナンスには政府の失敗が，例外でなく原則としてつきまとうことが明確に認識されるようになった。そこで，登場したのが，ローカル・ガバナンスである。

ローカル・ガバナンスにおける個人の行動動機は，市場が前提とする経済人の利己主義によっても，国家が前提とする無条件の利他主義のいずれによってもとらえられないものであり，良い制度設計のためには，コミュニティおよび市場や国家は代替的でなく補完的なものとして扱われなければならない。コミュニティは，単独で行動する個人にとっても，あるいは市場や政府によっても対処することができないような問題に取り組むことができるがゆえに，良いガバナンスの一環となりうるのである。

❏ 新しい公共運営論

これまで福祉国家の福祉サービス提供部門として公共的諸問題の解決を独占してきた中央政府や自治体の行政諸機関および社会福祉施設では，措置制度下の福祉行政サービスや施設サービスを「社会福祉運営・管理論」（ソーシャル・アドミニストレーション）という名称で展開されてきた。しかし，現在の地域における多元的な福祉サービス供給体のあり様を踏まえるならば，従来の社会福祉運営の方式を改めて，より開かれたものとなると同時に，民間セクターや市民・住民セクターと同じように協働的経営や運営を行い，公平と効率を両立させるようにして「新たな公共」の追求を図らなければならない。新たな公共は，こうした措置制度下における社会福祉サービスの運営手続き面の欠陥を克服する概念として主張される側面もある。

これまでに地域福祉の運営においては住民参加の意義や手法が述べられているが，地域福祉を推進していく主体間（住民，当事者，NPO，社協，施設等の事業者，企業，行政等）の協働の必要性やその方法論を論じたものは少ない。地域福祉の運営において住民参加が必要条件とするならば，協働が十分条件であるということができよう。地域福祉における協働とは，その推進主体間のパートナーシップと言い換える

❏ コミュニティ
ヒラリー卿（Hillery, G.A.）は，コミュニティの類型化を試み，その結果，94通りの規定を整理して，"地域性"（area）と"共同性"（common ties and social interaction）が最低限の共通項であることを発見している。コミュニティの解釈は，一定の地域で，住民が共通のきずなをもち，社会的共同活動をしている単位というのが一般的な理解となっている。

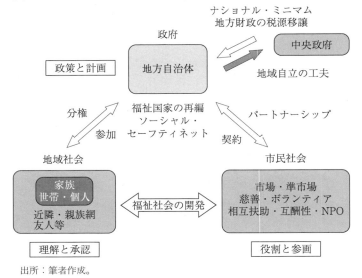

図 6-2 ローカル・ガバナンス（地域福祉の経営・運営）の構図

出所：筆者作成。

こともできる。すなわち、政府部門が統治する社会サービス等の資源供給システムから市民セクターを中核とする多元的な資源供給システムへの移行の中で必要とされる資源供給主体間の主体的協力関係を意味する。これからの地域福祉には、政府セクターと市民セクターによる資源供給主体に加え、住民による地縁・血縁ネットワークの主体的参加システムの再構築が必要とされる。地域福祉の運営において、3つのセクター間の主体的協働関係に基づく、推進主体間のパートナーシップが形成されることを期待する。

コミュニティでは、信頼・協力・互恵・結びつきなど共同性に基づく住民の諸活動を調整するために用いられるインセンティブを、より効果的に育み、かつ利用することができる。このコミュニティの有用性を体現しようとするのがローカル・ガバナンスである。「ローカル・ガバナンス」という概念は、地方自治体や市民社会、そして地域社会の比較的小さい集団の社会的相互作用（パートナーシップ・参加・契約・協働）の集まりである、と考える（図 6-2）。

❏ 地域コミュニティの生活機能

今日のような高齢化社会には、大量生産・大量消費の生活様式になじまない高齢者等社会的弱者の生活ニーズの充足やサービスへのアクセスの方法が求められる。たとえば、御用聞きとか、消費者の好みや消費行動といった個人情報を集め、個人の嗜好に合わせた販売方法などである（ソフト面）。そのソフト面を活かすには、従来のコミュニティが生活機能として保有していた諸資源（たとえば、鉄道の駅舎、

商店街,寺社,郵便局,銭湯,街並み,朝市,骨董市等)を再活用し,高齢者等が住み続けられるコミュニティ空間を形成するための居住環境が基盤になければならない。住民が集まれる住まいやまちの空間づくり,よろず相談所,世代間の交流施設,高齢者・障害者・子どもの交流空間をコミュニティの中に生活機能ストックとして蓄積していくことである(ハード面)。

そこで,ハードとソフトを媒介する財政が必要となる。地方にとって三位一体改革は,国への依存体質から脱却するチャンスとなる。だが,カネを手にすると同時に責任も負うことになる。自治体がいかに創意工夫して,住民本位の行政を実現するのか。住民を含めた新しい公共の担い手による創造力が求められ,その協働によって,公平性と効率性の両立が問われることになる。いわば,地域コミュニティを人間の生活の「場」として再生させるシナリオをどう描くか,その理念と方法,アイデアが求められている。地域コミュニティの維持は,人間の生活の持続可能性を追及することである(財政面)。

地方分権改革とは,民主主義の活性化の具現化にある。市場経済を活性化するだけでなく,地方分権を進めて民主主義も活性化し,市場経済が求める効率性と,民主主義の要求する公平性とのバランスをとらなければ,地域社会は解体しかねない。

地域コミュニティの生活機能を完結することができなければ,その地域社会から生活機能が流出して過疎化してしまう。たとえば,日々の生活に必要な消費財を遠くの都市まで買いに行かなければならないとすると,その地域社会は必ず過疎化していく。人間の生活機能が地域社会に包括的に準備されていなければ過疎化が生じてしまうのである。これは,大都市部にも生じる過疎化の典型的な現象である。子どもを生み育て老いていくための包括的機能が備えられていなければ,人口は流出していってしまうのである。

地方自治体の福祉行財政

❏ 新たな社会的リスクに向き合う福祉行政

今日の福祉施策のトレンドの一つに「分権化」がある。これまで中央集権的に実施されてきた福祉政策の実施体制が地方自治体主体に転換されようとしているが,現実をみるといまだに厚生労働省/都道府県/市町村という縦軸での実施体制となっている。1990年代前半のバ

ブル経済の破綻から始まる「失われた20年」の間で，地方産業の衰退や財政の危機が目立ちはじめた。そのためにも，地域ごとに個性的なまちづくりをすることが大切で，また少子高齢社会に対応した保健・医療・福祉の総合化を中核にすえた総合的政策が地方自治体に迫られている。いままでのような中央集権的な画一的・統一的手法では限界があり，できるだけ分権化を進める必要がある。反面，地方自治体の独自性は一面では「自治体間格差」を生じ，それを是認することにも留意しなければならない。

今日，社会福祉の領域では，現実の問題解決を迫っている課題が山積している。現代の社会が抱える福祉問題の事象は，従来からの不安定な生活や介護，子育て，障害ある人の悩みといった福祉問題に加えて，新たにホームレス問題，外国人の生活問題や地域の人間関係，閉じこもりや引きこもり，DVや虐待等々である。日本では，1990年代からの「失われた10年」による若年層や高齢者世代内の所得格差のほかに，2006年までの小泉構造改革とその後のデフレ不況による「失われた10年」は日本の地域間格差，世代間の格差，所得格差を拡大した。地方経済や住民生活にとって，この「失われた20年」は，デフレがデフレを呼ぶ連鎖の仕組み（景気が悪くて物が売れない→企業は売値を下げる→売値を下げればコストを下げなければならない→企業は賃金をカットし，リストラを進める→賃金をカットされた人々，リストラの憂き目に遭った人々は物を買わない→企業はますます売値を下げねばならない→ますます売値を下げれば，ますます賃下げとリストラが必要）を固定化させた。そして「骨太の方針2007」では，国際競争力，生産性向上，技術革新，イノベーションという，ひたすら経済成長力を底上げするようなキーワードが並んでいる。国際競争力の強化は，グローバル競争時代の市場にとって当然の死活的課題であり，そのために生産性向上が不可欠となる。しかし，この「市場の合理的選択」が地域社会の不安定化（フリーターの固定化をもたらす→ワーキングプアを生み出す→格差社会につながっていく→社会不安をかき立てる→犯罪が増加する→地域社会の共同体が崩れていく）を引き起こす要因ともなっている。グローバル化の進行で拡大する「新自由主義の相対的優位」や「市場の合理的選択」とは別の選択が政府の社会政策に求められている。とりわけ地方政府の果たすべき役割は，「市場の合理的選択」によって引き起こされた地域経済の衰退による自治体の財政危機の建て直しであり，崩壊寸前の地域社会の安定を回復することである。これを地域福祉の政策と実践で成し遂げようという着実な取り組みが重要である。

リーマン・ショック以降，大量に正規雇用から非正規雇用への転換

◘ グローバル化
グローバリゼーション。今日のグローバル化は，①世界の市場を高速に流通する資本や金融の量的規模の拡大，②開発途上国から先進国への労働力の移動，③情報の瞬時の移動，④生活資源の流動化等が特徴的である。そのことは，日常生活の場である地域社会（地場産業の海外移転による地方経済の衰退，外国籍住民の増加による地域住民とのトラブル等）に影響を及ぼしている。

が加速化した。この現象は，企業側からみれば，企業の賃金コストと社会保障負担を減らし，企業収益の回復に大きく貢献する手段でもあった。この結果，雇用者側に生じた事実は，いつ解雇されるかわからないという不安，低い賃金，将来の生活設計も立てられない，努力を重ねても正規に転換できない絶望感，精神面も含め極端に不安定な状況であった。また，辛うじて正規雇用に残った人々も猛烈な残業，名ばかり管理職など厳しい労働環境の中で孤立感を深めている。一家の柱が非正規に追い込まれる事態や若者の雇用不安は，家計の不安定，給食費・授業料の不払い，多重債務者の増加，母親への過剰負担，子どもたちの成長の不安，など国家の最重要の構成要因の一つである家計の崩壊を助長した。家計の崩壊は，結果としてコミュニティの荒廃や犯罪の増加にも関係している。

❏ 地方自治体の安全網施策

今日，低所得者や貧困者に対する福祉政策（主として所得再分配）の重要性はいささかも薄れていないが，福祉の対象として経済的には必ずしも困窮していなくとも，社会的にさまざまな障害や生活の諸困難を抱える人々の存在が重要性を増してきている。すなわち，貧困─心身の障害・不安にかかわる福祉問題である。このことから，障害を負った人々への配慮が特別なことではなく，あたりまえの社会が「福祉社会」であることが認識されるようになってきた。いわばノーマライゼーションの実現へむけて，地域の生活者である住民の福祉ニーズに包括的に対応するため，福祉行政だけでなく，行政の各分野はもちろんのこと，住民の活動や参加をえながら，バリアフリーのまちづくりが強調されるようになってきたのである。福祉政策の考え方でいうと，所得の再分配（貧困・低所得）とノーマライゼーション（人身の障害・不安）による対応ということになる（図6-3）。

そして，1990年代後半からの介護保険制度の導入や社会福祉法成立期にみる福祉問題，つまり，社会的排除・差別─社会的孤立・孤独の問題群の登場である。たとえば，大量の失業者や中高年のリストラと結びつきやすいホームレス問題，在日外国人の社会的排除・差別の問題，また，精神障害，薬物依存，暴力・虐待などにみられる社会的孤立・孤独の問題が地球規模（グローバリゼーション）で，さらに，地域（ローカリティ）レベルで，複合的に現れてきているのが特徴であるといえる。これらの問題群に対応する福祉政策の考え方でいうと，ソーシャル・インクルージョン（すべての人を包み込む社会）とソーシャル・エクスクルージョン（マイノリティの人を排除する社会）への対

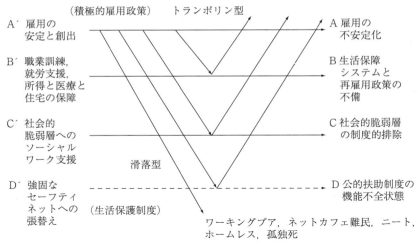

図6-3 地域生活保障システムとセーフティネットの張替え

出所：筆者作成。

応ということになる。

◻ 転換期の社会福祉行政と地方自治体

2000（平成12）年4月に施行された介護保険制度や同年6月に成立をみた社会福祉法によって、いち早く介護福祉関係施設は、措置型から契約型へ、そして選ばれる施設への転換が始まった。これら契約型施設には、社会的使命と社会福祉実践、施設サービスの質とその費用対効果等、施設経営の理念と実践の統一的運営が求められている。

いま、わが国の社会福祉は、介護保険制度の導入や社会福祉法成立等一連の社会福祉基礎構造改革の動きを基軸に、大きな転換期をむかえている。転換の内容として、近年の地方分権や三位一体改革を背景に、改正介護保険事業や障害者自立支援法（2013（平成25）年4月1日より障害者総合支援法に改正）では、自治体の裁量範囲が拡大しつつある。たとえば、改正介護保険事業では、介護給付における地域密着型サービス、そして新予防給付の地域密着型介護予防サービスが自治体の指定事業者に移管された。その他、一般の高齢者や虚弱高齢者等（要介護認定非該当者）を対象とした地域支援事業も自治体の高齢者保健福祉計画の実施事業に組み込まれた。また障害者総合支援法では、障害者の日常生活及び社会生活を総合的に支援するための自立支援給付と地域生活支援事業の自治体裁量が拡大した。

これからの改正介護保険事業や障害者総合支援法に対応する社会福祉行政の任務は、限られた財源や資源をいかに適切な比率で配分・供給するかを決定し、それを地域福祉計画として遂行し、さらに新たな社会サービスを不断に確保し、それを総合的に、効率的に運用してい

くという社会サービスのマネジメントを行っていかなければならない。そのためには，地域社会に潜在している資源の発掘や新しい行政サービスの開発は必須の努力事項である。常にその努力のうえにたって，多元的な供給システムを導入することは，地域的な多様性を反映し，実験的試みを行いやすく，創造的かつ実効性を保有することができ，住民の主体的な社会参加を可能にする契機をもつことになるのである。したがって，その評価においては，サービス供給の効率や効果を測定するだけでなく，さらに福祉政策への意思決定の場面に住民参加の機会を創りだしていけるかどうかが，決定的なポイントとなる。

❑ 地方自治体の福祉財政

　地方の社会福祉運営費用の財源は，公的財源と民間財源に大きく分かれる。公的財源の予算科目は，概ね高齢者福祉，児童福祉，障害者福祉，生活保護，国民健康保険会計支出金，介護保険会計支出金に分類されるが，それぞれの自治体の人口構造や問題事象の現われ方，施策の方針などによって，その配分比重は異なる。民間サイドでは，共同募金や福祉基金がすぐ念頭にうかぶが，必ずしも寄付行為が習慣になっていない日本の現状を鑑みると，NPOの育成や設立によるコミュニティビジネス，地域通貨（エコマネー）を通じた地域福祉活動と地域経済を結びつけた財源調達活動も注目される。また，近年，民間財源の新たな動きとしては，介護や障害者福祉，子育て，教育などの担い手として活発化しているNPO活動に対して融資を行うNPOバンク（あるいはコミュニティ・ファンド）の設立が注目されている。NPOバンクは，行政からの出資や補助金を原資として行政がNPOに地域活性化のための事業を委託し，その活動資金を住民からの出資金が支えるという仕組みである。

　地方財政の再建は住民との対話なしでは実現しない。住民からの信用を得るために改革を行うのでなければならないからである。住民から信認を得るには財政の窮状を訴えるだけでは足りない。たとえば，歳出削減として不必要な事業費の削減，自治体施策や人件費の歳出カットなどが財政再建に寄与することを住民へのシグナルとして提示することが必要である。したがって財政再建には，増税（住民は同意するか）と歳出削減（公共事業，人件費など）の両方が不可欠であり，住民にとって「良い行政」の信認を得るためには，歳出削減を先行させ，それにコミット（確約）することが「良い行政」だというシグナルを送る必要がある。

　アベノミクス効果によって一部の都市部では景気回復の兆しが見え

てきたが，地方には，そのゆとりと豊かさは実感できていない。そのような状況の中で，国と自治体の役割を抜本的に見直すと同時に，国民が身近に感じる自治体を主体的に運営し，その自治体主導で国の政策を決定するような仕組みづくりが必要となる。

4　ローカル・ガバナンスと地域福祉計画

❏ 福祉行財政の再編と地域福祉計画の策定

　地方自治体にとって地域福祉計画の策定が求められている理由は3つあると考える。第1には，自治体の財政危機状況のなかで従来のような社会資本基盤整備型の施策積み上げ方式では，担当者や当事者の利害が絡んで政策や施策に優先性がつけられないことがあげられる。第2の理由は，中山間地の集落の約2割が消滅の危機（2005年国土交通省調査）にあり，まさに中山間地にとっては待ったなしの状況におかれているからである。第3には，政府が「日本21世紀ビジョン」（内閣府経済財政諮問会議）の最終報告書を発表したことによる。この2030（平成42）年の日本像が示すビジョンの中で，地方自治体の将来像にかかわる重要な内容が提案されている。つまり，これまで「国是」としてきた「国土の均衡ある発展」を否定し，「特定地域への人口集約化」を促進するという内容である。

　話は遡るが，1993（平成5）年の国会に上程された「地方分権の推進に関する決議」を要約すると，次の3点であった。①目的：ゆとりと豊かさを実感できる社会，②目標：成長優先の政策から生活重視の政策へ，③役割：生活に身近な地方公共団体の役割を高める，となっている。つまり，国政は，こまごまとした事務から解放され，グローバルな課題に対応し，国際関係の調整・貢献業務などに専念するために，地方分権化を促進することが決議されたのである。それに対して地方政府は，住民の身近な存在である自治体レベルで，住民のニーズがより良く反映できるようにするべく，地方分権改革を進めようという意図である。その場合の地方財政改革の要が，三位一体改革である。三位一体改革とは，国が地方に渡す補助金の削減，国から地方への税源の移譲，国が地方に支給する地方交付税の削減3つを同時に実施する国と地方の税財政改革のことを指す。

　国が配分額から使い道まで決める補助金をできるだけ減らし，その分，税源移譲して地方が自由に使えるお金を増やそうという趣旨の改

革である。全国一律ではなく，地方の事情にあった使い道を選ぶことができ，国と地方を合わせた政府部門全体で歳出削減により無駄が省け，より効果的な予算を組むことができる。三位一体改革は，いまのところ未完の改革といえる。日本社会は，特に中山間地域をはじめとする地方では，住民がゆとりと豊かさを実感できる社会よりも「格差」と「不平等」と「不安」を実感する社会へのおそれが強まっている。それは，何よりも地方分権が進まないために，依然として「成長優先の政策」が追求され，「生活重視の政策」への転換が図られないからである。

　地方分権改革を未完の改革で終わらせてはならない。そのためには，2つのシナリオを示しておこう。第1には，三位一体改革を進め，地方自治体の財政を安定化させるための国と地方の役割分担である。たとえば，①国や地方自治体がまず率先して歳出削減を実行し，国民や住民からの信認を得た上で，消費税等の増税を実施する，という国民と住民との対話。②また，地方財政をめぐる課題は，消費増税時の地方配分率，子ども向け手当などの負担割合，地方公務員の給与下げなどを通した国と地方自治体の対話が求められる。第2は，地方自治体の役割を増加させて自立させる「上から下へ」の改革だけでなく，「団体自治」から「住民自治」へと踏み込み，「下から上へ」の流れを作り出す改革に着手することである。地方分権改革は，市場経済を活性化するだけでなく，地方分権を進めて民主主義も活性化し，市場経済が求める効率性と，民主主義の要求する公平性とのバランスをとらなければ，社会は解体しかねない。

　地域福祉計画とは，住民生活に身近な地方自治体が住民参加に基づいて運営され，そうした地方自治体が打ち出す住民参加の「生活重視の政策」によって，地域社会内部での「格差」や「不安」を解消するだけでなく，多様な団体の参加民主主義による「良き政府」のローカル・ガバナンスと住民自治のもとに地域社会問題の格差やあつれき（コンフリクト）を解消して，地域社会の連帯と統合を図っていくためのプロセス・ツールである。

❏ 地域活性化のための地域福祉計画

　地方自治体にとって地域福祉計画は，人口流出をくいとめ，人口減少に見合った社会システムを構築するための戦略である。第1の戦略は，人口減少への対応である。それには，ここに住み続けたという住民の意思を尊重し，在宅の生活機能を維持する社会基盤整備が必要である。しかし人口減少による公共サービスへの影響は大きく，一人当

たりの費用負担増となる。公共サービス水準の維持や生活基盤整備には，「公平性」と「税の分配」への合意が必要である。また，集落の生活を持続可能にするためには，①コミュニティバスの運行，②家・田・墓の保全，③福祉・医療・教育へのアクセス，④介護・子育て等生活の支えあい活動が不可欠である。これらは，「地方政府と準市場」の新たな関係を創出することである。

第2の戦略は，人口流出への対応である。社会的弱者がその地域に住み続けるには，住居と街を含めた公共空間の整備が必要である。社会的弱者を含めた地域住民の安定した生活基盤の公共空間には，地域福祉の「資源」（駅舎，商店街，市，郵便局，公衆トイレ等）と「空間」（住民が集まれる住まいや街の空間づくり，よろず相談所，世代間の交流施設，高齢者・障害者・子どもの交流空間等）の再形成が求められる。

それには，他方で，①高齢者や障害者等が生き生きと暮らせるまちづくり，②社会的弱者に優しい地場産業の活性化，③自然と伝統文化と農業による地域ブランドの創造と流通，④それらの総合によって社会的弱者を含めた地域雇用を創出することが求められる。そのためには，地域経済を活性化させるため，ある面「効率性」が求められる。これらは，「政府（中央・地方）と市場と準市場」を結びつけた新たな公共を作り出す必要がある。そして，これらの2つの戦略を同時に進行し，従来までの「公平と効率」の二項対立関係を，社会的弱者を排除せず，一定の地域の範囲において「公平と効率」の両立を可能にするのが地域福祉計画である。

❏ ローカル・ガバナンスの実践事例

ローカル・ガバナンスという考え方を地域福祉の協働経営や運営に応用した場合，どのような政策と実践に焦点を当てることが妥当なのか。筆者が地域福祉計画にかかわっている山形県最上町では，「全集落に毎日1本コミュニティバスを走らす」という具体的な政策目標を掲げ，集落住民のニーズや必要のデータをローカル・ガバナンス（ここでは地域福祉の協働経営・運営）の論拠でもって，それを実際に運行させるための方策として「NPO法人によるコミュニティバス運営協議体」の設置を提案した。現在，段階的に集落のコミュニティバス運行の本数を増やしている（図6-4）。

集落に居住する，車を運転できない高齢者や障害者等の社会的弱者が，そこに住み続けるための生活機能の基盤整備にかかわって，従来まで町営で運行していたが大幅な赤字をもたらしていた。いわば政府の失敗である。さらに町はその運営をタクシー会社に委託したが，タ

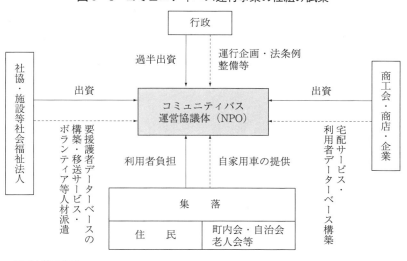

図6-4 コミュニティバス運行事業の仕組み試案

出所：筆者作成。

クシー会社は採算の取れる路線しか走らせず，また大幅な赤字に対し政府が補助金で賄っている。市場の失敗である。すなわち，政府による「公平の論理」と市場による「効率の論理」では，いずれもコミュニティバス運行の財源的障壁から逃れることができない，という事実である。では，交通の僻地に住まう人々の，そこに住み続けたいという意志と政府・市場の論理がぶつかる矛盾を克服する方策はないものだろうか。そこで登場したのが，ローカル・ガバナンスの論理である。それは，一般市場で交換されにくい地域内の相互扶助的なサービスの交換形態を，行政・企業・社会福祉法人・ボランティア・住民が協働してNPOを設立し，伝統的な互酬慣行の再活用によって，現代社会に適応可能な形で制度化し，一定の範囲の地域社会に準（疑似）市場を形成し，より強固で安定したローカル・ガバナンスをそれぞれの地域社会で形成することにある。従来までの「政府」対「市場」，「公平」対「効率」という二項対立の構図では，走らすことができない住民の「生活の足」をローカル・ガバナンスで可能にしようとする試みである。

　お互いの利害がぶつかりあう従来の政策決定のやり方では限界があり，それぞれの利害を超えたところに新たな方法論を発見するしかない。行政・企業・社会福祉法人・ボランティア・住民それぞれが適正に出資し，それぞれが事業運営へのアイデアと知恵を出し合い，それをもって地域福祉計画のテーブル（課題共有の空間）で実現していくことが可能になる。また，国土交通省は，特定非営利活動法人などによる自家用車での有料送迎を解禁する法律改正や「福祉有償輸送特

区」によって，地方のローカル・ガバナンスの実践を後押ししている。

○ **引用・参考文献**

永田祐『ローカル・ガバナンスと参加――イギリスにおける市民主体の地域再生』中央法規出版，2011年。
山本隆『ローカル・ガバナンス――福祉政策と協治の戦略』ミネルヴァ書房，2009年。
野口定久『地域福祉論――政策・実践・技術の体系』ミネルヴァ書房，2008年。
武川正吾・野口定久・牧里毎治・和気康太編著『自治体の地域福祉戦略』学陽書房，2007年。
宮川公男・大守隆編『ソーシャル・キャピタル――現代経済社会のガバナンスの基礎』東洋経済新報社，2004年。

第7章
経済・社会計画から社会福祉計画そして地域福祉計画へ

経済計画と社会計画

❏ 成長の30年，衰退の20年（1960-2010年）

　戦後日本の経済は，大きく「30年成長，20年衰退」の時期区分ができる。1960（昭和35）年6月の岸信介内閣による日米安保条約の改正，同年12月の池田隼人政権での「所得倍増計画」に基づいて輸出立国へと歩み出し，驚くスピードで成長の階段を駆け上がった。その間，2度の石油危機を乗り越えて競争力を向上させてきた。

　この日経平均株価が史上最高値を付けた1989（平成元）年までの30年を成長期と呼ぶことができる。その要因は，①繊維，鉄鋼，電気，自動車といった基幹産業の技術革新，②政治の安定，③金融システムの安定，④官主導の計画的な産業育成を挙げることができる。そして，1990年以降のバブル崩壊から20年が衰退期にあたる。この「失われた20年」の特徴は，①市場主義とグローバリゼーションという世界の大潮流のなかで，②少子高齢社会が急速に進行し，③生産年齢人口の減少に伴う内需の縮小，デフレ不況と円高による輸出産業の停滞，④この円高・デフレ不況から脱出する新たな国家ビジョンや成長メカニズムをつかみ切れなかったことによるところが大である。この「30年成長，20年衰退」の50年程度の景気循環の流れを「コンドラチュラの波」(1)と呼ぶ。

　このおよそ50年の景気循環のなかで，経済計画から地域福祉計画までの位相を示したのが，**表7-1**である。1960（昭和35）年から1989（平成元）年までが「成長の30年」で，この時期が経済計画と社会計画が主流の時期にあたり，1990（平成2）年から2010（平成22）年までが「衰退の20年」で，この時期は，いみじくも社会福祉計画および地域福祉計画と相対している。この表を少し解説すると，経済計画は，経済開発にかかわるさまざまな課題をもっているが，経済成長のマイナス面を補完するものとして，社会開発がとりあげられた。社会計画は，非経済領域の社会政策（教育，住宅，保健医療，少子高齢化，ジェンダー，社会保障，雇用等の範囲）から社会福祉へと接近していくことになる。社会政策からの要請を受けた社会福祉は，生活関連領域の質的向上，福祉国家の再編，社会サービスの基盤整備という1990年代における社会保障・社会福祉の課題を解決するために，2000年以降，特に地域を基盤にした社会福祉へと大きく舵を切っていくことになる。

➡ **経済計画**
旧ソ連などの社会主義国にみられる計画経済（中央集権的な政治体制のもと，政府の策定した計画に従い資源配分を行う経済体制）に対抗する概念として資本主義体制で使用される。戦後日本の経済計画は，①占領初期の計画（目標：生活水準の復興・1948年まで），②アメリカの対日政策転換から日米経済協力開始期（目標：自立経済達成・1954年まで），③国家独占資本主義再構築による高度経済成長期の計画（目標：経済自立，完全雇用・1955年以降）に分けることができる。

表 7-1　経済計画から地域福祉計画への位相

	成長の30年		衰退の20年	
1960 →		1990 →	2000 →	
	経済計画	社会計画	社会福祉計画	地域福祉計画
課題・領域	経済開発 　経済全体の領域 　経済政策 　　経済の安定的成長 　　物価の安定 　　国際協調 　　生活水準の向上 　　完全雇用	→社会開発 　非経済領域 　社会政策 　　教育 　　住宅 　　保健医療 　　ジェンダー 　　社会保障 　　雇用 　　日本型福祉社会論	→社会福祉 　社会生活の領域 　社会福祉政策 　　福祉国家の再編 　　社会サービスの基盤整備 　　公共的諸問題の解決 　　地方分権 　　地域ケア 　　福祉社会の開発	→地域福祉 　地域生活の領域 　地域福祉政策 　　ローカルガバナンス 　　地域主権 　　社会サービスの開発 　　セーフティネットの張り替え 　　ソーシャルキャピタルの蓄積 　　地域包括ケアシステム 　　新しい公共の拡充 　　新しい共同の創造 　　地域居住資源の発見
	社会開発	社会福祉	地域福祉	居住福祉

出所：高田真治「社会福祉の計画技術」『社会福祉援助技術各論Ⅱ』中央法規出版，1992年をベースにしながら，近年の社会福祉や地域福祉計画の動向を踏まえ，筆者が再編集した。

　一方，地方分権下において福祉サービスの地域間格差や地域共同体の崩壊によって生起する社会的排除や相対的剝奪といった公共的諸問題は，主として地方自治体が担うべき地域福祉サービス，施設ケアと在宅ケアを内在化した地域包括ケアを内容とする地域福祉計画の策定とともに住民参加を得て，その解決をいやおうなしに迫っている。

❏ 経済計画から社会計画へ（1950-1970年代）

　それでは，経済計画が始まる1950年代から時代を追ってみてみよう。国家的な経済に関する計画は，戦争遂行のための物資の需給統制を中心とする物動計画が戦前にあったが，今日のような経済計画がつくられるようになったのは戦後である。戦後数多くの経済計画がつくられてきたが，計画の目的からみれば，①占領初期の計画（目標：生活水準の復興・1948年まで），②アメリカの対日政策転換から日米経済協力開始期（目標：自立経済達成・1954年まで），③国家独占資本主義再構築による高度経済成長期の計画（目標：経済自立，完全雇用・1955年以降）に分けることができる。

　戦後日本資本主義は，1955（昭和30）年から高度経済成長に突入した。鉱工業生産が戦前水準に達したことで，「もはや戦後ではない」（『経済白書』1955年度）といわれ，政府が公式に発表した最初の計画が「経済自立5か年計画」（1955年）で，続いて2年後には，「新長期経済計画」を発表し，資本の世界的自由化のなかで経済的進出をはかるため，金融・財政機構をつうじ，重厚長大型の産業基盤の整備を軸

にした高度成長の実現が中心課題となった。「国民所得倍増計画」（1960年）は，その典型的なものである。そして1961（昭和36）年には，国民皆年金・皆保険（国民だれもが年金と医療保険に加入する）制度がスタートし，日本は福祉国家への道を歩み始めた。しかし一方で，高度成長政策の推進は，物価高騰，国際収支の悪化，地域間や所得格差の拡大など，多くの歪みをもたらした。

これらの歪み是正のため「中期経済計画」（1965年）がつくられ，それ以後の計画では，社会的側面を重視した「経済社会発展計画」（1967年），「新経済発展計画」（1970年），「経済社会基本計画」（1972年）と計画の期間も，矢継ぎ早に2～3年という間隔で出されている。この期間の特徴は「経済社会」と称して，「均衡のとれた経済社会への発展，国民福祉の充実と国際協調の推進の同時達成」を目標に掲げ，安定成長をめざすことにあった。

しかし，その内容は公共投資中心の高度成長志向型の計画であることには変わりなく，この間，国土総合開発法に基づく産業基盤整備を目途とした全国総合開発計画（1962年），新全国総合開発計画（1964年），第3次全国総合開発計画（1972年）や道路整備計画などの地域開発ブームが生じた。その結果，日本列島のいたるところで公害や環境破壊をもたらすことになった。こうした経済計画で生じた社会のひずみを是正するために社会計画との調整が必要となったといえよう。

1970年代から不況期にはいり，1973（昭和48）年に起こったオイルショックは「昭和元禄」と謳われた高度経済成長に幕を引いたばかりでなく，それまでの重化学工業化を主軸とした大規模工業開発の反省も迫ることになった。したがって，この時期には，「経済の安定的発展と同時に充実した国民生活の実現，国際経済社会発展への貢献」を目標に据えた「昭和50年代前期経済計画——安定した社会を目指して」（1976年），「新経済社会7か年計画」（1979年）が出され，国民の目を質的な充足へと向けさせることになった。

1985（昭和60）年以降，プラザ合意から急激な円高がおこり，今度は「軽薄短小」型の産業基盤優先政策がとられた。この間の経済社会計画は，中曽根内閣による「1980年代経済社会の展望と指針」（1983年），竹下内閣による「世界とともに生きる日本——経済運営5か年計画」（1988年）が出され，活力ある経済社会を基盤にした国際社会への「貢献」が謳われ，国民生活の質的向上は後退していった。そして80年代後半の空前の「バブル」景気による未曾有の好況となった。その勢いで，「生活大国5か年計画」（1992年）を策定し，従来の計画とは性格を異にした本格的な「社会計画」の発表を行った。この計画

> **社会計画**
> 戦後の高度経済成長のマイナス面を補完するものとして社会開発を含む社会計画が1970年代から中央政府の主導の下で取り組まれた。そして社会計画は，非経済領域の社会政策（教育，住宅，保健医療，少子高齢化，ジェンダー，社会保障，雇用等の範囲）から社会福祉計画や地方自体による地域福祉計画へとつながっていくことになる。

図7-1 社会福祉政策から地域福祉政策へ

1960年代　工業化の時代
全総，所得倍増計画，大量生産・大量消費社会の実現
経済的貧困からの脱出期（福祉事務所の生活保護）

1970年代　脱工業化の時代
シビルミニマム，コミュニティ政策
1971年のブレトン・ウッズ体制の崩壊
入所型社会福祉（措置）施設整備期

1980年代　市場経済拡大化の時代
グローバリゼーション，市場原理による都市再生
大都市重視の国土政策，四全総
→在宅福祉サービス萌芽期

1990年代　地方衰退の時代
失われた10年，バブル崩壊，雇用の不安定化，地域共同体の瓦解
在宅福祉，個別福祉計画，高齢者ゴールドプラン
→市町村在宅福祉型サービスの整備期

2000年代　地域福祉政策の時代
社会福祉法，地域福祉の推進，人間回復と地域再生，市町村合併と
地域福祉計画，社会的排除との闘い，地域間格差の是正
→地域福祉の主流期

2010年代　新自由主義とセーフティネット
東京一極集中と過疎化の進行，自然災害の頻発，貧困・格差の拡大，
新冷戦時代
地域包括ケアシステムと生活支援システムの構築

出所：野口定久『地域福祉論――政策・実践・技術の体系』ミネルヴァ書房，2008年，132頁に2010年以降を加筆。

の特質は，①個人の尊重，②生活者・消費者の重視，③特色ある高い生活空間の実現を掲げたことである。

しかし，一転「バブル」が弾け，生活大国への海路は，かなり難航している。日本経済にとっては，1990年代の「失われた10年」から長いデフレ不況の時代，「失われた20年」へと突入することになる（図7-1）。

□ 地域開発と日本型福祉社会（1980年代）

わが国における経済計画から経済社会計画への展開においてとりあげられた諸課題のうち，社会福祉および地域コミュニティとのかかわりにおいて指摘しておきたい重要なことは，「地域開発」と「日本型福祉社会論」である。

わが国の地域開発をめぐる地域政策の動向を概観することは，地域福祉およびコミュニティワークの実態を踏まえた概念を明確にするために欠かすことのできない前提作業である。地域政策の使われ方には2つの方法が見られる。一つは，中央集権的性格の強いわが国の行政のなかで政策主体の地域性を意味するもので，時期的には1970年代まで，この性格が強く打ち出されていた。もう一つは，地域の変化を推進しようとする政策内容の地域性を意味するもので，1990年代以降の地方分権化や市町村重視の福祉行政化の動向にみることができる。

前者の地域政策は，所得倍増計画によって積極的に高度経済成長を推進し，重化学工業化を中心とした産業構造の再編をめざし，太平洋ベルト地帯構想や「全国総合開発計画」（一全総）にみられる地域開発からはじまる。経済開発優先の地域開発方式に行き詰まりをみせた1960年代半ばに，政府の地域対策として打ち出された社会開発によって輪郭が与えられることになる，いわゆる「福祉見直し論」から「日本型福祉社会論」につながる側面の，ごく主要な点について概観してみる。

　1973（昭和48）年秋のオイルショックにはじまる経済危機は，政府や財界の地域政策をこれまでになくラディカルに推し進める契機となった。経済成長の減速化，国・地方自治体にわたる財政危機が直接の誘因となってにわかに登場した，いわゆる「福祉見直し論」がそれである。それらの内容の多くは，たとえば，①財政負担を伴う福祉需要をスクリーニングし，公的負担によってなされる福祉の範囲を，市場メカニズムでは自らを賄うことのできない層に限定する。②今後の施策の取捨選択を行う。③受益者負担制度の導入をはかる。④中央と地方の分担関係の再検討を行う。⑤自己責任ならびに相互扶助を強調する，など徹底した財政合理化の視点に立っていた（「今後の老齢化社会に対応すべき社会保障のあり方について」社会保障制度審議会，1975年）。「福祉見直し論」は，オイルショックによる財政危機が直接のひきがねとなって噴出したものであるが，その根底には高度経済成長期を通じて累積された生活問題の深刻化と住民運動の激化，それに対する政府・財界の対応方針が貫かれている。

　社会福祉にかかわるこのような動向は，その後，確実に国家の政策として定着するに至った。1977（昭和52）年に策定された「第三次全国総合開発計画」（三全総）は，「福祉型」の開発を装いながら「新全国総合開発計画」（新全総，1969年）の巨大プロジェクトを引き継ぐものであった。三全総の中心は，大都市への人口と産業の集中を抑制し，地方を振興し，過密過疎問題に対処しながら，全国土の利用の均衡を図りつつ，人間居住の総合的環境の形成をはかるという定住圏構想」を確立することにあった。この計画のねらいは，「民間部門の準公共的事業への投資の誘導を図る」とあるように，財界の新たな投資分野の開拓を積極的に後押しするところにあったといえる。この考え方は，1979（昭和54）年に出された「新経済社会7か年計画」にひきつがれ，「欧米先進国へキャッチアップした我が国経済社会の今後の方向としては，（中略）個人の自助努力と家庭や近隣，地域社会等の連帯を基礎としつつ効率のよい政府が適正な公的福祉を重点的に保障する」と

いう自由経済社会を原動力とした，いわば日本型ともいうべき「新しい福祉社会の実現を目指す」とする「日本型福祉社会論」として定着することとなった。

日本型福祉社会論は，公的福祉支出の縮小・切り捨てを求めるものであって，経済界の立場からみると，経済成長の政策装置としての福祉政策は役割を終え，かえって経済成長の足かせとなっていたという考え方である。つまり，社会保障制度の整備によって産業基盤整備が行われてきたものの，すでに経済構造は重厚長大型産業からの転換を必要としていた。また社会保障制度と軌を一にして拡張してきた社会福祉は，サービス受給者を増加させ税負担を企業にしわ寄せし，産業構造の転換に必要な投資を遅らせている，という見方が説得力をもつ。したがって，政府や財界は，企業活力の向上によるさらなる経済的パイの拡大のために，含み福祉資本としての家庭や地域社会の連帯を強調したのである。(3)

2 社会福祉計画の時代へ（1990年代以降）

❑ 社会計画とは

ウェッブ夫妻（Webb, S. and Webb, B.）は，その著『社会調査の方法』のなかで，社会計画と社会制度の関連について，次のように述べている。(4)「近代的な社会制度を考えてみると，それらの大部分は，自らはその本性に無関係な，あらかじめ定められた一般的な理想あるいは目的を特定の空間内でより効率的に実現するために，意識的に，熟練されて採用された工夫ないし手段たる性格をもっていることがわかる。このようにして目的は背景にしりぞき，人びとの心は用いられる機構の完全性に集中する。この種類に属する社会制度の唯一の目標は効率であり，また効率こそ最終的な基準である」と。すなわち計画とは，所与の目的の達成にたいして，最適な技術的・組織的手段を選択し，偶然的・恣意的・非合理的な諸要因を，最大限排除していくことなのである。

いずれの社会体制にかかわらず，計画化の趨勢がみられることは，近代社会以降の合理化過程の一環とみることができる。ヴェーバー（Weber, M.）やマンハイム（Mannheim, K.）が予期した現代社会における二つの合理性の乖離を埋め合わせていく過程こそが，現代の混迷した「計画化社会」を生み出したといえる。(5)近代社会において，家族

◘ ウェッブ夫妻
(Sidney Webb, Beatrice Webb)
イギリスの社会運動家で，1884年のフェビアン協会に参加した。夫妻ともにその理論的指導者となった。とりわけ，『産業民主制論』（1897年）の中で「衛生や安全，余暇や賃金に関する国民的最低限の条件を広く強行し，それより以下の条件ではいかなる産業も経営さるべきではない」というナショナルミニマムを提案し，福祉国家の経済思想を構想した。

計画や公衆衛生の計画化が不可欠であるのと全く同様に，国民の経済生活，教育，地域など，社会生活のあらゆる分野で，計画化の趨勢は不可避である。

『新社会学辞典』(有斐閣) によれば，社会計画とは，「経験的知識に基づき，方法自覚的で合理的に目標設定ならびに手段選択を行い，社会システムの維持・変革を意図的・長期的に制御していく行為であり，計画化された社会変動」といえる。社会計画は，具体的にはその制御の水準や範囲により分類されるが，範囲に着目した場合，全体計画，部門計画に分けられ，後者はさらに，経済計画，人口計画・教育文化計画・社会福祉計画，地域開発計画・都市計画・環境計画など分野別に細分化される」との定義づけがなされ，社会計画の責任主体は，一般的には中央政府や地方自治体などの行政体であるが，計画の価値や理念，意思決定の手続き，知識および策定の技術面などの限界から，策定段階における多様な行為主体との相互作用，とりわけ住民運動や住民参加との行為連関のあり方が注目されている。

❏ 社会福祉計画へ

社会計画は，「合理的に目標設定ならびに手段選択を行い，社会システムの維持・改編を意図的・長期的に制御しようとする行為」である。具体的には，議論は残されているものの，一応経済計画とは区別され，非経済領域としての公共施設，住宅，環境保全，保健・医療，社会福祉サービス，教育・学術，雇用保障，人口政策，家族計画，消費者政策など，市民生活に対する計画である。したがって社会計画は非常に広範な人間生活を，人口計画・教育文化計画・社会福祉計画，地域開発計画・都市計画・環境計画など分野別に細分化している。①人口構造，②家族構造，③就業構造，④生活構造，⑤地域構造を視野に，今日このような観点にたつ包括的・総合的な計画として，自治体における「総合計画」や「総合福祉計画」，「地域福祉計画」を挙げることができる。

わが国では，経済の自立から生活水準の向上，完全雇用をめざす「経済計画」が先行し，ついで，その経済優先政策のひずみ是正としての「経済社会計画」，そして国民生活の質的充実など生活関連領域を含めた「総合福祉計画」や「社会福祉計画」へと展開してきた。この経緯については，橋本和孝がアメリカのガンス (Gans, H. J.) がいう「社会計画はあらゆる非経済的で非物財的な残余の概念」を援用しながら，「しかし社会計画がなぜ活動の計画で，人口や教育や保健，福祉，文化に限られ，経済的なものであるが雇用や賃金が排除される

かわからない」と指摘している。つまり市民生活という観点からすれば当然その一部であるべき分野が，社会計画が残余の概念として捉えられることによって経済計画や物財的（物財計画）が優先されることになったと論理づける。いうまでもなく，今日では，経済開発と社会開発は車の両輪の如く相互補完の関係でしか成立せず，両者の関係についての残余か包括かの問題には決着がついている。

今日，社会福祉の領域では，現実の問題解決を迫っている課題がたくさんある。疾病構造の変化による慢性疾患の増加，高齢化の進展に伴うケアを要する人々の増大が今後とも予想されるほか，医療や福祉の高度化・専門化，保健・医療・福祉のネットワーク化，在宅福祉サービスの重要性，医療費の増大，情報システム化の進展など保健・医療・福祉をとりまく環境条件は大きく変化してきている。とりわけ，家族形態の多様化と規模の縮小，女性の社会進出，扶養意識の変化等による家庭の介護力の低下は，かつて家庭内で完結させてきた高齢者等の扶養の問題を大きな社会問題としてクローズアップさせ，さまざまな福祉ニーズの社会的な顕在化を促進している。とくに「少子高齢社会」のインパクトは，個人生活から地域生活にわたる社会のあらゆるところに影響が及んでおり，その全体的な問題に対応するには，これまでのあり方を越えて，より有効かつ総合的で計画的な取り組みが求められている。

◻ 社会福祉の基礎構造改革と計画化の動向

わが国においては，従来，社会福祉計画が課題とする領域は経済計画を補完するものとして考えられてきた。しかし，今日では，「構造改革のための経済社会計画」（活力ある経済・安心できる社会，1995年）のように，国民福祉の観点から総合政策の一環として社会福祉計画が展開されている。具体的には，「地域福祉計画」，「高齢者保健福祉推進十か年計画（ゴールドプラン）」，「障害者プラン（ノーマライゼーション7年計画）」，「今後の子育て支援のための施策の基本的方向について（エンゼルプラン）」等各領域において具体的な政策目標を提示し，いっそうの地方分権化と計画化を提起している。このことは今後，「老人保健福祉計画」と同様に法定計画化の必要性を示唆しているが，さらに行政機能の連携やタテ割のマイナス緩和を方向づけるであろう。しかし，老人保健福祉計画やゴールドプランさえも，その具体化が地方自治体の財政事情や優先政策により遅延しがちである。

この間の政府・審議会の動向は，「21世紀福祉ビジョン」（1994年）が新介護システムの構築を提言し，それをうけて厚生省が高齢者介護

対策本部(1994年)および高齢者介護・自立支援システム研究会(1994年)を設置,同年9月には「社会保障制度審議会・社会保障将来像委員会第2次報告」が公的介護保険制度の創設を提起し,12月には「新ゴールドプラン」の策定とあわせて,高齢者介護・自立支援システム研究会が新介護保障システムの設計を提示し,そのなかでやはり社会保険方式の導入を提言している。

1995(平成7)年にはいってからは「老人保健福祉審議会」が新介護システムの審議を開始し,7月4日,まず,「社会保障制度審議会」が公的介護保険制度の創設を内閣総理大臣に勧告し,7月26日には,「老人保健福祉審議会」が新介護システムの基本的考え方に関する中間報告をまとめ,「新たな高齢者介護システムとして,公的責任を踏まえ,適切な公費負担を組み入れた社会保険方式によるシステムについて,具体的な検討を進めていくことが適当である」とした。

今日にみる福祉行政計画や地域福祉計画の流れは,1980年代後半の社会福祉改革論議に伴って登場してきたものである。この時期の地域福祉計画策定の考え方として,東京都地域福祉推進計画等検討委員会が1989(平成元)年に「東京都における地域福祉推進計画の基本的あり方について」(答申)を契機に,新たな転機を迎えることになる。それは,都のレベルで策定する地域福祉推進計画,区市町村が策定する地域福祉計画,社会福祉協議会等を中心に住民が主体的に策定する地域福祉活動計画の3種類を用意し,その相互が連携して地域福祉システムを構築しようと考えたのである。これが,今日の「老人保健福祉計画」から「地域福祉活動計画」にみられる行政計画と社会福祉協議会の強化発展計画の協働計画化への流れである。

3 市町村行政と地域福祉計画

▢ 現金給付型から現物給付型へ

社会福祉の転換点は,従来の現金給付型から現物給付型への福祉供給方法の移行期である。もちろん,この移行は重点的な政策の変化であって,移行へのタイムラグが生じるし,現実的には両方の供給方式が併存しているとみることができる。この時期には,低成長時代の社会福祉政策研究に先鞭をつけた三浦文夫の研究の論点を示しておく必要がある。1973(昭和48)年の「福祉元年」は,高度経済成長基調の破綻,低成長,安定成長への移行期にあたる。

◘ **現金給付**
社会保障制度では,病気やけがで会社を長期休職(傷病手当金)したとき,出産(出産手当金,出産育児一時金)したとき,死亡(埋葬費)したときに現金で支払われるものを現金給付という。また,累進性のある消費税率が8%に上がる2014年4月から,低所得層向けに現金の給付措置を実施している。

◘ **現物給付**
健康保険で言えば,病気やけがで保険証を持参して医者や病院から受ける診察や薬など,医療そのもので支給されるものを現物給付という。措置制から契約制に移行した今日では,医療・福祉・介護サービスが現物給付として提供されている。

その論点の一つは，福祉見直し論と対人福祉サービスの論議である。三浦は，「福祉見直し」の2つの論議（従来のソーシャルワーク的社会福祉対社会サービスとしての対人福祉サービス）を提示し，「内在的」視点から社会福祉の対象拡大に対して社会サービス，とくに対人社会サービスの必要性を説く立論を展開した。第2の論点は，1970年代中頃から現れ始めた財政の行き詰まり状況に対応するための新しい社会福祉サービスやその経営のあり方に関する論議である。『在宅福祉サービスの戦略』（全国社会福祉協議会，1979年）は，1975（昭和50）年以降の在宅福祉サービスへの展開を切り拓き，社会福祉協議会活動の軌道修正を促すことになった。また，1981（昭和56）年12月の「当面の在宅老人福祉対策について」では，在宅福祉を施設ケアを含めたより広い概念へと導いた。

　第3の論点は，社会福祉の「普遍」化をめぐる議論である。社会福祉の普遍化あるいは一般化の論議は，社会保障長期展望懇談会「社会保障の長期展望について」において在宅福祉を軸とする地域福祉，救貧的選別主義的福祉から普遍主義的福祉への転換を主張した。この論点は，ティトマス（Titmuss, R.）の普遍主義を土台にした積極的な選別の仕組み（ポジティブ・ディスクリミネーション）を参考に，社会福祉行政上の運営問題と関連させ，措置制度とのかかわりに進展した。この論点は，さらに社会福祉の費用負担論及び社会福祉供給システム論へと展開を見せ，ゴールドプランや福祉八法改正に連動し，一連の社会福祉基礎構造改革につながっていくことになる。

　そして，2000（平成12）年6月の社会福祉法成立により，地域福祉は，ますます社会福祉の中核的な位置を占めるにいたり，他領域からも学際的な研究領域として注視されるにいたっている。この時期の地域福祉研究の特徴は，少子高齢人口減少社会の進展が福祉国家の危機を孕みつつ，福祉国家再編の動きを伴いながら，地方自治体による公共政策の一つの柱として政策レベルで地域福祉の主流化が大きな潮流を形成したことである。とくに社会福祉法の中で，第107条に市町村地域福祉計画が，同108条に都道府県地域福祉支援計画がそれぞれ法定化されたことは画期的であった。この段階の地域福祉研究は，地方分権化の潮流のもとで，計画策定と自治体の規模，行財政力，住民参加の成熟度，民間福祉活動の蓄積度，コミュニティの社会資源，伝統的・文化的基盤の様態等に着目しつつ，参加と協働による地域福祉計画策定を通して地域再生あるいは活性化という目標をも，その視野に含めた地域福祉理論と実践の研究が求められている。

　誰もが，住みなれたところで，人々が交流しながら自立し，生きが

いを持って生活できるようにする。地域社会を基盤とした生活条件づくりを社会福祉の考え方とする取り組みの広がりのなかで，生活に最も身近な市町村ごとに，住民の参加によって福祉を考え，実施するしくみづくりが急速に進んでいる。現実として，①ホームヘルプ・サービスなど在宅福祉サービスの受託化が要請されている社会福祉協議会や社会福祉施設の実状，福祉のまちづくりを自らの課題とした住民自身の共同活動のひろがり，さらには福祉人材の確保など，この間の実践や施策の推進過程で明らかになった課題，②高齢者・障害者・児童の保健福祉分野における公共サービスの基盤整備をねらいとした「老人保健福祉計画」，「障害者長期行動計画」，「今後の子育て支援のための施策の基本的方向について（エンゼルプラン）」などの策定にみられる国・都道府県・市町村の施策展開など，最近の福祉行財政改革の論議を踏まえた計画化が必須の事項となってきている。

◻ 福祉サービス基盤整備と市町村福祉計画

　社会資本基盤整備型の行政計画（社会福祉計画としてのゴールドプラン21，高齢者保健福祉計画，介護保険事業計画など）のもとで全国くまなく福祉サービスが整備されたけれども，介護保険事業をはじめとする介護・福祉サービスの市場経済への移行に伴い，サービスへのアクセスの距離がコストに影響するようになると地域格差が拡大した。全国的な地域間格差や自治体内のサービスアクセスの地域間格差が現れているところもある。こうした自治体間格差，地域内格差の是正に求められるのが地域福祉計画である。地域福祉計画に求められるのは，まさに地域社会の希少資源を有効に活用しながら新しい公共を創造して，公共性の構成要件である「公正」と「効率」を積極的に両立させることにある。

　今日にみる福祉行政計画は，1980年代後半の社会福祉改革論議に伴って登場してきたものである。この時期では，社会福祉関係八法の法律改正案に示されるように，社会福祉行政が国の機関委任事務から市町村の団体事務になること，在宅福祉サービスが市町村の業務として明確に位置づけられるようになったこと，老人保健福祉計画が市町村に義務づけられたことなどにみられるように，その結果，市町村レベルでの地域福祉計画づくりが不可欠の課題となった。さらに介護保険制度の導入に向け，各自治体が「介護保険事業計画」と「高齢者保健福祉計画」を一体的に策定する流れがつくられるなかで，社会福祉法にみる市町村地域福祉計画，都道府県地域福祉支援計画（2003（平成15）年4月1日施行）が位置づいているのである。

高齢者保健福祉計画と介護保険事業計画は，その根拠法である老人福祉法第20条の8及び介護保険法第117条に義務づけられることによって，わが国の景気不況期にもかかわらず，地方自治体による社会福祉サービスの量的な基盤整備が飛躍的に進展したことは評価できる。また，地方自治体が保険者となる介護保険事業計画では，行政が介護サービス見込み量と供給量を財政的に運営管理することによって市町村の介護政策の科学化が進展したことも挙げておく必要があろう。それに比して障害者計画及び地域福祉計画は，むしろその内容面において計画策定の理念や哲学が求められ，行政，社会福祉協議会，NPO，住民等の参加と協働と分担が求められているところに特徴がみられる。

　2002（平成14）年からは，地域福祉計画と障害者基本計画が同時に進行し，地域福祉計画の総合性と障害者基本計画の整合性が問われるようになった。2007（平成19）年は，福祉行政計画のひとつの転換期になると思われる。それは，一つに2006（平成18）年3月31日に旧市町村合併特例法の期限が切れ，新合併特例法（2010（平成22）年3月31日まで）が適用される市町村再編の第2幕の火蓋がきって落とされる時期の地域福祉計画の性格の変化である。合併によって，地域間の格差や福祉サービスの空白地帯が出始め，人口流出が止まらないという地方自治体の悩みは深刻である。その地域内格差や人口流出の問題を解決する自治体の政策として地域福祉計画への期待が高まっている。さらに住民の参加は質的な変化が求められるようになった。すなわち，従来のような計画策定への参加や福祉サービス提供の担い手としての参加にとどまらず，介護や子育ての支えあい，高齢者や障害者の雇用，防災ネットワークの形成といった地域の問題を共有化し，その問題解決に住民自身が行政や社会福祉協議会，NPOや企業などと協働して取り組むプロジェクト型の事業化が求められている。

　これまで社会福祉の公私関係は，主として国が法律に基づいて施策を策定し，地方自治体が機関委任事務として事業を執行するという中央集権体制を反映して，公とは国の役割を指し，地方自治体は国からの機関委任事務を遂行していればよいというように，さしてその役割を問われることはなかった。しかし，近年の福祉行財政改革の動向により，地域福祉活動や在宅福祉サービスの展開をめぐって，地方自治体の役割がますます大きくクローズアップされてきている。したがって，行政の果たす役割も，各々のレベルによって当然異なってこなければならない。ここでは，地域福祉・在宅福祉サービスを展開していく上での，新たな課題を例示しながら，地方自治体の果たすべき役割を以下①～⑤に整理しておく。

①　地域福祉活動・在宅福祉サービスのための基礎的条件の整備（保健・福祉の地域の拠点施設の設置，既存施設の複合機能化，日常生活圏域での住民の自主活動の拠点整備）。

　②　専門職人材の確保（在宅ケアの総合的マンパワー確保の体制づくり，民生・児童委員や保護司，福祉委員など地域福祉を推進する様々な主体の活動との連携，支援）。

　③　民間福祉活動に対する財政的支援と専門的技術の提供（当事者活動やボランティア活動への専門的技術の提供と，その民間性を損なわない範囲での財政的援助）。

　④　総合福祉計画・地域福祉総合システムの策定（住民ニーズや福祉の現場の実態に基づいた事業・サービスの推進，現行サービスの徹底活用とサービスのアセスメント，施設と在宅福祉サービスの一元化／福祉サービスを利用することへの偏見を無くすとともに，福祉コミュニティ創成の土壌となる福祉教育の推進）。

　⑤　情報システムの整備（保健・福祉ニーズの発見システムの強化，相談窓口機能の充実，保健・医療・福祉の情報システムの整備）。

　21世紀に向けた少子高齢社会への対応，人口減少社会の地域再生，地域を基盤にした福祉社会の実現，ノーマライゼーションの実現，社会的包摂を中心課題に，行政・社協・住民が協働してすすめる社会福祉の進路を射程に含めながら，あらためて地域社会の現実に立ち，これからの指針をつくることが，これからの地域福祉計画策定の目標であるといえよう。

❏ 地域包括ケアの体系化と地域福祉計画

　住み慣れたまちで，健康でいきいきと，自分らしく暮らし続けたいということは，誰もが望む自然な願いである。そこに居住する住民が安全で安心して快適に暮らす毎日を続けられなくなるのはどのような場合だろうか。たとえば急なケガや病気で体の状態が大きく変わり，仕事や趣味活動そして日常生活がこれまでのようには続けられなくなるような場合等が考えられる。また，家族が病気で入院し介護を必要とする状態になれば，生活リズムを大きく変化せざるをえないだろう。その他にも，地域のつながりや見守りの目が希薄になり，子どもや高齢者を狙った犯罪が増加している社会的な環境の変化や，自然災害による被害など，現代社会において，住民の生活を根底から揺るがすリスクは多様である。

　今日の低成長の時代を迎え，少子高齢化が進んでいるなかで，第5期介護保険事業計画（2012-2014年度）では地域における医療・介護・

福祉を一体的に提供する「地域包括ケア」の実現に向けた取り組みが市町村で実施されている。現在策定中の第6期介護保険事業計画（2015-2017年度）では，明確に「地域包括ケアシステムの構築」を位置づけている。

地域包括ケアシステムの構築は，これからの地域福祉計画のコンセプトのなかにも重要な柱として位置づいている。地域福祉計画の目標は，①福祉コミュニティの拠点形成（安全・安心居住の街と伝統文化の融合した，高齢者や障がいのある人等が安全に安心して住み続けられる地域社会を構築する。各地区に住民が集い，交流し，活動できる拠点をつくる），②近隣での支え合いを含めた地域包括ケアシステムの展開（中学校区を単位に医療・福祉・介護・予防・住宅・防災等を含めた地域包括ケアシステムを構築する），③健康福祉の推進（高齢期も健康で生きがいをもって自立・充実した生活と人生を過ごせる地域社会を形成する），④家族と地域社会の信頼・絆の再生（住民の社会参加を進め，人々の精神的な絆を強め，犯罪を減らし，コミュニティの生活の質を改善する），⑤新たな公共によるコミュニティ・ビジネスの育成（地域資源を最大限に活用し，コミュニティ・ビジネスを育成し，地域での雇用の場と地域経済の発展を促す）などである。

2025（平成37）年には，65歳以上人口が全人口の30％を超える3600万人を超え，戦後のベビーブーム世代が75歳以上高齢者に達すると予測されている。介護費用の増大による負担を一定程度に抑えながら，一人ひとりの尊厳を守り，多様化する当事者や地域のニーズに対応していくための体制づくりが求められている。社会保障国民会議第二分科会において，医療や介護のみならず，福祉サービスを含めたさまざまな生活支援サービスが日常生活の場（日常生活圏域）で用意されていることが必要であり，同時に，サービスがバラバラに提供されるのではなく，包括的・継続的に提供できるような地域での体制（地域包括ケア）づくりが必要であると報告されたことを受けて，地域包括ケア研究会が開催された。地域包括ケア研究会報告書（2010年4月26日）によると，地域包括ケアシステムとは次のように定義されている。

地域包括ケアシステムは，「ニーズに応じた住宅が提供されることを基本とした上で，生活上の安全・安心・健康を確保するために，医療や介護のみならず，福祉サービスを含めたさまざまな生活支援サービスが日常生活の場（日常生活圏域）で適切に提供できるような地域での体制」。また，地域包括ケア圏域については，「おおむね30分以内に駆けつけられる圏域」を理想的な圏域として定義し，具体的には中学校区を基本とするとされている。

地域包括ケアシステムは,「公助・共助・互助・自助」のそれぞれの地域が持つ役割分担を踏まえたうえで,それぞれの関係者が参加することによって形成される。したがって,住民のニーズや地域の特性が反映されたシステムが構築されるといえる。

　本来,地域包括ケアがめざしていく理念とは,住民一人ひとりの生命・生活・人生を包括したケア体制の構築である。高齢者や介護を必要とする人のみに限らず,子どもの成長や障害のある人々,そして全ての住民を対象として,健康・介護予防・要介護・さらに終末期までを包括した,包括的かつ継続的なケアの提供を目標としている。

　具体的には,小地域のケアサポートネットワークを形成し,家族や近隣・友人によるインフォーマルな助け合いのネットワークを作っていく必要がある。また,事業所間の専門職によるネットワークを形成し,高齢者や障害をもつ人,また子どもへの支援を包括的に提供する体制を整えていく。また保健・医療・福祉サービス事業体によるネットワークを形成し,包括ケアの提供をめざす。これらのさまざまなレベルのネットワークが相互に関連して,地域包括ケアの体系化をめざしていくことになる。

○注

(1) 景気循環には,3つの周期がある。①3〜4年の短期周期で「キッチン循環」,②10年周期の設備投資で「ジュグラー循環」,③50年周期で「コンドラチェフ循環」である。「コンドラチュラの波」とは,最も長い景気循環を指し,新しい技術の芽生え,発展,普及と成熟,陳腐化が経済盛衰の大きなうねりをつくる。その周期を50年程度とする考え方。
(2) 『経済学辞典』大月書店,1979年,209頁。
(3) 新藤宗幸『福祉行政と官僚制』岩波書店,1996年。
(4) ウェッブ,S.・ウェッブ,B./川喜多喬訳『社会調査の方法』東京大学出版会,1982年,22頁。
(5) 合理化は一定の目的を達成するために必要な諸手段を理知的に識別し,現実の諸条件下で可能な最も効果的な手段を選択して実行に移すための行為である。したがって,このような目的合理化が進めば進むほどヴェーバーのいう官僚制化をいっそう促進することになり,社会生活の全体と部分の関係に視点を据えた実質合理性を消失させ,社会の諸領域における形式的な合理化による対立や緊張,人間そのものを物質手段化する疎外現象を生み出す。マンハイムは現代の高度産業社会における機能的合理化の増大が実質的非合理化をもたらしていることを指摘し,機能合理性を実質合理性に合致させる社会計画化の必要を強調した。
(6) 『新社会学辞典』有斐閣,1993年,445頁。
(7) 同前書,607頁。
(8) 橋本和孝『ソーシャル・プランニング』東信堂,1996年,5頁。
(9) 野口定久『地域福祉論——政策・実践・技術の体系』ミネルヴァ書房,2008年,122頁。

⑽　橋本和孝，前掲書，1996年，5頁。
⑾　武川正吾『地域福祉の主流化』法律文化社，2006年。
⑿　野口定久『新版　地域福祉事典』中央法規出版，2006年，53頁。
⒀　『地域包括ケアシステムの構築に資する第6期介護保険事業（支援）計画策定の在り方に関する調査研究報告書』三菱総合研究所，2013年。

第8章
社会福祉計画の目的と意義

本章は，社会福祉計画の目的と意義がテーマである。そこで，はじめになぜ現代の福祉に社会福祉計画が必要になるのかという視点から，その目的について論及し，次にそれを踏まえた上で，5つの視点から社会福祉計画の意義について論及していくことにしたい。

社会福祉計画の目的

❏ 社会福祉政策と社会福祉計画

われわれが，社会福祉計画について考えていく際に，まず問題となるのは，社会福祉政策との関連，つまり政策と計画の概念は，どのように異なるのかという点である。

わが国における社会福祉政策研究の代表的な論者のひとりである三浦文夫は，社会福祉政策について論及している文献のなかで，政策とは「言葉の最も広い意味では，ある一定の目的を達成するための行動の手配り，手順を含めた方針を示すものと解され，計画も同じように一定の目的に即して活動を意図的に制御する方針と解されているためである。その意味で，社会福祉政策というのは，場合によっては社会福祉計画といい換えることもできないわけではない」(1)と述べている。

一方，このように政策と計画をほぼ同義に定義づける考え方に対して，両者を区別する考え方もある。坂田周一は，その著書『社会福祉政策』のなかで，政策とは「関連する分野の公私の活動を方向づけるために，政府が決定する法律・行政規則・要綱・範例などで表される原理・計画・手続き・行動方針である」(2)と定義し，政策には①目的，②手段，③主体の3つによって構成されると述べて，計画よりも政策の方をより包括的な上位概念として位置づけている。

このような見解は，たとえばイギリスの福祉政策研究の領域である「社会政策と社会行政」(*Social Policy & Social Administration*) におけるグレンナスター (Glennerster, H.) にもみられる。彼は，社会計画とは「社会政策の高度に一般的な方針の決定と日々の行政実務との中間における意思決定段階であり，社会政策を実施するために必要となる優先順位の決定，資源の配分，サービス供給体制の設計を行うものである」(3)と定義している。

こうした関係性は，わが国の場合でいうと，1990年代の国の「高齢者保健福祉推進10か年戦略」と，地方自治体の「老人保健福祉計画」（第1次）をみるとわかりやすい。

なお，上述の政策が上位概念，計画が下位概念という考え方に対して，その逆も成り立つ。これは，たとえば最近まで地方自治法で規定されていた，地方自治体の「基本構想」を考えると理解できる。つまり，地方自治体，たとえば市区町村が行っている政策（その具体的な形態は自治体のさまざまな事業である）は，場当たり的に決められていくのではなく，基本的には年度毎に首長（市区町村長）と，地方議会の裁可を得た「基本構想」にもとづいて決定され，実施されていく。その意味では，この場合，計画（構想）が上位概念で，政策が下位概念となる。ただし，緊急時の災害対応などの政策で，基本構想に規定されていない場合は，例外的な政策決定も行われている。

❑ 社会福祉学・研究における政策論と計画論

　次に社会福祉学・研究における政策論と計画論の関係について，簡潔に説明しておこう。なぜならば，わが国の場合，社会福祉計画論が戦後直後から存在していたわけではなく，社会福祉政策論の展開のなかから生み出されてきたという文脈があるからである。

　わが国における戦後の社会福祉政策論は，3つの類型に大別できると考えられる。

　第1は，戦後間もなく理論化された社会事業政策論で，代表的な論者は孝橋正一である。孝橋は，戦前に大河内一男が著した「わが国における社会事業の現在および将来──社会事業と社会政策の関係を中心として」で展開した理論を批判的に検討するなかで，『社会事業の基本問題』（1954年）において自らの理論を形成した。社会事業政策論は，資本主義社会の構造的必然から惹起する社会的諸問題を，その社会的制度にとって基本的・直接的問題である「社会問題」と，そこから関係・派生的に生じる「社会的問題」に分け，前者には社会政策（＝労働政策）が，また後者には社会事業政策が対応するとしている。また，両者は社会政策の理論的，現実的な限界から，社会事業が社会政策を補充する，すなわち「補充性」の関係にあり，この点に社会事業の特質をみるという特徴がある。

　第2は，高度成長期に理論化された社会福祉運動論（新政策論）で，代表的な論者は一番ヶ瀬康子と真田是である。彼らは『社会福祉論』において，社会事業政策論が社会事業の対象として措定した社会的問題を国民の「生活問題」として規定し直し，その独自性を主張した。また，それと同時に社会福祉運動論の特徴は，社会福祉政策の形成・決定過程における社会福祉運動の意義を強調する点にある。すなわち，社会福祉は，その対象である社会問題（生活問題），政策主体，社会

運動の3つの要素によって規定され,「資本主義社会の弁証法的発展法則を反映し,階級闘争あるいはそれにつながる社会運動・活動を契機に,いわば譲歩として形成されてきた」として,上記の3つの規定因の相関関係,相互作用によって決まるとするのである。これが社会福祉運動論でいう「3元構造論」である。

第3は,「安定」成長期に理論化された社会福祉経営論で,代表的な論者は三浦文夫である。三浦は,イギリスのソーシャルアドミニストレーション論に影響を受けながら,その主著『社会福祉政策研究』⁽⁹⁾において,それまでの社会事業政策論や社会福祉運動論が「具体的な政策決定のプロセスとか組織機構・運営方法,財源のあり方などについての検討と評価をほとんど行っていない」と指摘した上で,社会福祉経営論としたのは論理実証主義の立場で「社会福祉に関する政策形成とその運営・管理を同時に取り扱うことを意図したためである」としている。つまり,社会福祉経営論とは,①利用者のニーズの把握（ニーズ論），②そのニーズ充足に必要な方法・手段（サービス）の選択の決定（サービス論），③これらのサービスの円滑な推進・展開のために必要な資源の調達,確保（資源論）の3つを主要な課題とする政策論であり,現実の変革を志向する理論となっている。

そして,この第3類型の政策論が社会福祉学・研究の領域で「社会福祉計画論」と呼ばれることがあるように,今日の社会福祉計画（論）は,理論的にはこの政策論から創出され,1990年代以降,全国の自治体で老人保健福祉計画（第1次）が策定されることによって,実体化するようになったのである。

❏ 社会福祉計画の概念

社会福祉法（2000年）は,第1条でその目的を「社会福祉を目的とする事業の全分野における共通的基本事項を定め,社会福祉を目的とする他の法律と相まって,福祉サービスの利用者の利益の保護及び地域における社会福祉（以下,「地域福祉」という。）の推進を図るとともに,社会福祉事業の公明かつ適正な実施の確保及び社会福祉を目的とする事業の健全な発達を図り,もって社会福祉の増進に資すること」と規定している。そして,第6条では「国及び地方公共団体は,社会福祉を目的とする事業を経営する者と協力して,社会福祉を目的とする事業の広範かつ計画的な実施が図られるよう,福祉サービスを提供する体制の確保に関する施策,福祉サービスの適切な利用の推進に関する施策その他の必要な各般の措置を講じなければならない」と,福祉サービスの提供体制の確保等に関する国及び地方公共団体の責務を

明確にしている。

　この社会福祉法の条文からもわかるように，現在の社会福祉は，計画的にそれを実現するため，さまざまな社会福祉計画によって推進されている。国の「高齢者保健福祉推進10か年戦略」（ゴールドプラン）をはじまりとした長期的な福祉プラン，地方自治体の「老人保健福祉計画・介護保険事業計画」などの分野別の福祉計画，さらには民間の社会福祉協議会による「地域福祉活動計画」など，数多くの社会福祉計画が策定され，実施されている。その意味で，現代はまさに社会福祉計画の時代であるといえる。

　社会福祉計画の概念は，「社会福祉」と「計画」の概念をどのように定義するかによって決まる。しかしながら，それぞれの概念は，その時代の社会的背景の影響を受けて意味内容が異なるため，社会福祉計画の概念もそれによって多様に変化していく。たとえば，社会福祉が事実上，生活保護と同義であった時代には，社会福祉自体が計画的な方法で対応することができなかったし，また社会福祉の中心的な課題が社会福祉施設の整備であった時代には，社会福祉計画は，実際には施設の整備計画を意味していたのである。

　次に，計画の概念は，一般に「将来の望ましい状態を構想し，現状を体系的に変革していく科学的かつ合理的な目標達成の方法」というような意味で用いられるが，そこには単なる「将来像」というようなかなり抽象的な意味内容から，現実に計画的変革（planned change）が可能である具体的な意味内容まで，さまざまな意味が幅広く含まれている。つまり，社会福祉計画の概念は，それを規定する社会的文脈によって意味内容が変化する多義的な概念として考えられるのである。

　そこで，本章では社会福祉計画の「社会福祉」を原則として狭義の社会福祉サービスの意味に限定し，「計画」を「一定の将来像を明示し，かつそれを実現するための方針や指針，あるいはその具体的な目標値や手段などについて文書に明記されたもの」と定義することにしたい。なお，計画には『計画書』に示された計画だけでなく，計画の一連の過程や，そこでの多元的な主体による行為システム，すなわち計画化という意味内容も含まれている。

　なお，ここで計画の概念について少し敷衍すると，社会福祉援助技術論（ソーシャルワーク論）の分野でも，たとえば利用者の個別援助計画や，ケア・マネジメントにおけるケアプランなどのように「計画（プラン）」という言葉を用いる。しかし，それらはいずれも利用者が抱える個別的ニーズに対応するものであって，それをもって「社会福祉計画」とは呼ばない。社会福祉計画が対象とするのは，あくまでも

それらを集合化した集合的なニーズなので，計画の概念を考えるときには，その違いに注意が必要である。

❏ 社会福祉計画の類型

戦後の社会福祉計画を通史でみると，その特徴は①経済計画，社会保障計画から社会福祉計画へ，②社会福祉計画から地域福祉計画へ，③中央集権型の計画から地方分権・自治型の計画へという3点にまとめられるが，現在，行政が策定している社会福祉計画は，次の2つの類型に分けて考えることができる。

第1の類型は，施設福祉サービスや在宅福祉サービスなどの福祉サービスの提供に関する計画であり，具体的には福祉系3分野の計画（老人保健福祉計画，介護保険事業計画，障害者計画，障害福祉計画，児童育成計画，次世代育成支援行動計画）があげられる。この計画は，基本的にはニーズの種類と程度別にそれを有する利用者の数をかけあわせ，それらを積算することによってニーズの総量を算出し，次にそれに対応するサービスの体系を，サービスの種類別にその提供主体に関する情報をもとにして構想する計画である。この計画では，こうした手法によってニーズが明確になり，またそれを充足する具体的なサービス目標量や現状との乖離を析出できる。そして，その上でサービスの提供に必要となる社会資源の組織化や調達を目的として，「組織計画」「人材計画」「財源計画」などが策定されていくことになる。

第2の類型は，地域社会において福祉サービスが利用者や地域住民に対して的確に機能するように，その基盤整備をする計画であり，具体的には「社会福祉法」（2000年）で法定化された「地域福祉計画」が挙げられる。地域福祉計画では，公民協働，すなわち行政（市町村）だけでなく，地域住民や，民間の福祉機関・施設・団体などの主体的な参加が必要になる。つまり，福祉系3分野の社会福祉計画が有効に機能するには，福祉コミュニティの存在が不可欠であり，それを実現することが地域福祉計画の目的となっている。そのため，この計画では「地域組織化」と「福祉組織化」という2つの組織化活動と，民間の社会福祉協議会が策定する「地域福祉活動計画」との協働が重要になる。なお，地域組織化とは地域社会における住民の組織化のことであり，福祉組織化は社会福祉関係者の組織化のことを意味している。

なお，この2つの類型論はあくまでも計画の「理念型」であり，現実の社会福祉計画には両方の要素が入っているといってよい。たとえば，介護保険事業計画でも，介護サービス提供に関する目標値だけで

なく，その提供体制の基盤整備として，ケア・コミュニティの形成，具体的には介護サービス事業者や介護支援専門員などによる協議会の結成などの目標が挙げられている計画がある。

いずれにしても，こうした計画の類型論からもわかるように，現行の社会福祉計画には①利用者・地域住民への福祉サービスの提供と，②福祉コミュニティの形成という，2つの固有の目的があると考えられる。

2 社会福祉計画の意義

戦後の社会福祉計画のはじまりをどこに見るかについては意見が分かれようが，本節ではわが国においてそれが実体化した1990年代以降の時期に焦点をあてて，その意義について5つの視点から論及することにしたい。

◻ 福祉政策決定過程の合理化

第1は，福祉政策の決定過程の合理化という意義である。社会保障制度審議会の，いわゆる「62年勧告」は「現在の社会福祉の最大の欠陥は，思いつきで，組織的，計画的でないこと，体系化への努力が払われていないことである。またそれを単に補助，奨励するのみであって，これに対して積極的に責任を国がとらないことである。所得倍増計画が進みつつある今日，社会福祉の対策についても10年計画を具体的にうちたてるべきである」と述べ，従来の社会福祉政策がアドホック（場当たり的）なものであったことを指摘している。

福祉政策も含む，政策決定過程に関する研究は，政治学や経済学などを中心とした政策科学の領域で行われているが，上記の62年勧告との関連でいえば，リンドブロム（Lindblom, C.）が提唱した「漸増主義」のモデルがよく知られている。彼は，サイモン（Simon, H.）などが提唱した合理主義モデルの限界について論究し，政策をめぐる利益集団などの利害関係者（ステークホルダー）の活動が複雑に交錯する，実際の政策決定の場面においては，政策担当者はその目的に対する合理的な手段を決定することよりも，むしろ現行の政策の具体的な問題点などに注目し，それらを克服するために政策の調整を行う方がより現実的であると主張している。漸増主義については賛否両論があるものの，その政策は将来への展望のない，アドホックな政策になり

やすいと批判されている。

今日の福祉政策が，果たしてどれだけ漸増主義を克服し，政策決定過程を合理化したかについては検証作業が必要であろうが，1990年代以降の社会福祉計画，とりわけそのはじまりとなった老人保健福祉計画（第1次）において，科学的な「ニーズ推計」の手法を用いて，利用者や地域住民のニーズを把握し，それに基づいて計画が策定されたこと，またその計画に示された「目標値」を実現するように，福祉政策の主体が資源を調達・配分したことは，それまでの福祉政策の決定過程をより合理化したと考えられる。

福祉サービス供給システムの構築

第2は，効果的・効率的かつ公正な福祉サービス供給システムの構築という意義である。

戦後の社会福祉の歴史的展開を福祉サービスの供給システムの視点からみると，大きく4つの時期に区分できる。第1期は敗戦直後から1950年代までの間で，この時期は国民の貧困問題が最大の課題であったため，社会福祉は生活保護法を中心とした福祉三法体制の時代であった。続く第2期は1960年代から1970年代の前半までの間で，この時期は高度経済成長に伴う，経済と福祉の乖離が大きな問題となり，社会福祉は福祉三法から，施設福祉を中心とした福祉六法体制となり，その対象を低所得者層まで拡大している。そして，第3期は1970年代後半から2000（平成12）年までの間で，この時期は経済が「安定成長」へと移行するとともに，社会の高齢化，少子化，核家族化などが進み，社会福祉のニーズが急速に拡大し，それに伴って施設福祉から在宅福祉への政策転換が図られた。また，この時期は在宅福祉の拡充に社会的関心が高まったこともあり，「住民参加型在宅福祉サービス供給団体」（福祉公社，社会福祉協議会，住民互助団体，農協，生協など）と呼ばれる新たな組織も出現し，それらは1980年代から90年代にかけて急速に拡大していった。さらに，第4期は「社会福祉法」があらたに制定され，法文上，社会福祉の目的が地域福祉の実現であると規定され，また福祉サービスの主たる利用形態がそれまでの措置制度から契約制度に基づく利用者主体の制度へと変更されている。

このように第3期以降の福祉多元主義ともいうべき，福祉サービス供給システムの多元化の状況のなかで，1990年代以降，福祉系3分野の社会福祉計画は，単に福祉サービスの供給に必要な資源を調達・配分するだけでなく，多元的な福祉サービスの供給主体（行政，社会福祉法人，事業者など）を調整し，利用者のニーズにあわせて，福祉サ

▶ **福祉多元主義**
福祉多元主義の概念が，広く知られる契機となったのは，福祉国家体制の成熟段階における民間福祉活動の役割について検討した，イギリスの「ウルフェンデン報告」（1978年）である。そこでは，社会サービスの供給システムには「インフォーマル（informal）システム」「営利（commercial）システム」「法定（statutory）システム」「ボランタリー（voluntary）システム」という4つの下位システムが存在していると指摘され，それらが相互に補完しあいながら協働していくことが，福祉の実現のために望ましいとされている。この考え方は，その後，イギリスだけでなく，国際的にも広く使われるようになっている。なお，類似の概念として「福祉ミックス（welfare mix）」や「福祉の混合経済（mixed economy of welfare）」という概念もあるが，どちらかといえば両者とも経済学的な視点が強い概念となっている。

ービス，とりわけ在宅福祉サービスを効果的・効率的かつ公正に提供していくための組織やシステムを構築していくという積極的な意義を果たしているのである。

❏ 福祉サービス供給システムにおける連携・協働の促進

第3は，福祉サービス供給システムにおける連携・協働の促進という意義である。この点に関して，社会福祉計画では①計画における連携・協働と，②計画による連携・協働という2次元に分けることができる。具体的にいえば，前者は計画の内容＝プランの次元，後者は計画の行為＝プランニングの次元である。

前者の①計画における連携・協働とは，1990年代以降，各分野別に縦割りで計画が法定化されてきた福祉系3分野の計画（現在では老人福祉計画・介護保険事業計画，障害福祉計画，次世代育成支援行動計画の3つ）を「総合化」して，計画の連携・協働を促進するということである。たとえば，高齢者福祉施設と児童福祉施設（保育所など）の複合施設のような施策は，高齢者福祉と児童福祉の両分野にかかわるが，その場合は両分野の計画において連携・協働を図っていく必要がある。こうした役割は，特に「地域福祉計画」に期待されているものである。また，計画の「総合化」についていえば，福祉系の計画だけでなく，保健・医療などの関連領域の計画，あるいは民間の社会福祉協議会が策定している地域福祉活動計画などとの連携・協働も，計画の意義として挙げられよう。

後者の②計画による連携・協働とは，一つは計画の策定―実施―評価という一連の過程，とりわけその策定過程において，計画にかかわる行為主体（市町村，事業者，利用者・地域住民など）が計画策定委員会などの策定組織に参加し，そこでの合意形成を通して計画へのコミットメントを高め，行為主体間の連携・協働を促進していくことである。これは，いわば計画の過程がもつ意義である。それに対して，もう一つは計画によって作られた組織や事業・活動を通して連携・協働を促進していくことである。たとえば，それは具体的には介護保険事業計画によって介護支援専門員などの専門職や，介護サービスを提供している事業者の協議会が創設されたり，地域における要介護高齢者などの見守り事業が施策化されたりすることである。これは，計画の機能（結果）がもつ意義である。

❏ 利用者（当事者）・地域住民の参加の促進

第4は，利用者（当事者）や地域住民の参加の促進という意義であ

る。今日，社会福祉における「参加」はさまざまな視点から議論されているが，それらを福祉サービス供給システムに焦点化すると，①福祉サービス利用過程への参加，②福祉サービス提供過程への参加，③意思決定過程への参加という3つの次元に大別できる。

　以下，各次元別にその内容を簡潔に記述すると，①福祉サービス利用過程への参加とは，主に利用者（当事者）が福祉サービスを利用する過程に参加することである。わが国の福祉サービスの主な利用方式は，介護保険制度の導入（2000年）や「社会福祉法」（2000年）の改正によって，それまでの措置から契約へと変更になり，利用者本位のシステムになった。これは制度上，利用者の自己決定が尊重され，利用者の参加が保障されるようになったことを意味している。また，地域住民が「オンブズパーソン」として，福祉施設などにおけるサービスを監視するのも，同様の参加として考えることができる。

　②福祉サービス提供過程への参加とは，主に地域住民が福祉サービスが提供される過程に参加することである。たとえば，住民参加型在宅福祉サービスでは，地域住民が「協力会員」（いわゆる有償ボランティア）として「利用会員」（要介護高齢者など）に家事援助や訪問介護などの福祉サービスを提供しているが，このサービスでは地域住民が文字通り，サービスの提供過程に参加している。これは，当事者団体やセルフヘルプグループによる利用者へのサービス提供（ピアカウンセリングなど）も同様である。

　③意思決定過程への参加とは，利用者や地域住民が地方自治体の社会福祉の政策立案や計画策定の過程へ参加することである。具体的には，地方自治体が実施している社会福祉政策の内容に，たとえば審議会の委員として参加し，自らの意見を表明したり，社会福祉計画の「策定（PLAN）―実施（DO）―評価（SEE）」という一連の過程に当事者や公募委員として参加し，その要望を将来のあるべき姿に反映させていくことである。

　社会福祉法第107条は，地域福祉計画を策定（変更）する時は「あらかじめ，住民，社会福祉を目的とする事業を経営する者その他社会福祉に関する活動を行う者の意見を反映させるために必要な措置を講ずる」として，地域福祉計画における住民参加を規定するとともに，地域福祉の推進に関する事項として「三　地域福祉に関する活動への住民の参加の促進に関する事項」をあげている。つまり，この条文は「地域福祉計画における住民参加」と「住民参加にもとづく地域福祉計画」の2つを規定していると考えられる。

　このように社会福祉計画は，社会福祉法における地域福祉計画の規

定に示されているように,その一連の過程において利用者や地域住民の参加（＝③の次元）を促進すると同時に,その計画によって①福祉サービス利用過程への参加や,②福祉サービス提供過程への参加を促進するという機能を果たしているのである。

❏ アカウンタビリティ（説明責任）の遂行

第5は,アカウンタビリティ（説明責任）の遂行という意義である。

アカウンタビリティは,一般に「責務」とか,「応責性」などと訳されるが,専門用語としては「説明する責任を果たすこと」という意味で,最近では「説明責任」と訳されることが多い。アカウンタビリティという概念は,社会福祉の領域だけではなく,政治学,行政学,経営学,教育学などの領域で,いずれも「責任」という意味内容に関連して用いられている。

社会福祉の領域で,アカウンタビリティという概念が用いられるようになってきたのは,社会福祉そのものの変化によるといってよい。つまり,社会福祉がかつてのように地域住民のごく一部の人たちだけを対象にしていた恩恵的な時代には,アカウンタビリティは,ある意味で問題にならなかったといえる。しかし,今日の社会福祉は,もはやそうした一部の人たちだけのものではなく,次第に一般の地域住民も対象とする普遍的なサービスになってきている。そして,そうした状況の変化は,「納税者」や「被保険者」として社会福祉を支える地域住民のすべてに,社会福祉がどのようなサービスを利用者に提供しているか,あるいはまた提供しようとしているかについての説明を求めるようになる。特に,これから地方分権化がさらに進展していけば,「保険者」として実際に社会福祉サービスを運営する地方自治体には,いままで以上にそうした努力が要求されるであろう。

社会福祉計画は,単に社会福祉サービスの現状について記述するだけでなく,それをもとにして将来の方向性を示したものである。その意味では,社会福祉計画は,上述のような地域住民に対するアカウンタビリティの機能を果たすことができると考えられる。しかし,それと同時に社会福祉計画も,基本的には地域住民の参加と協力によって作られるものである以上,地方自治体や社会福祉協議会などの計画策定主体には,サービス利用者や地域住民などに対して,計画がいかに策定され,実施され,そしてどのような成果をあげたのかについて,科学的なデータを示して説明する責任があるといえよう。つまり,社会福祉計画にもまたアカウンタビリティが必要になるのである。

❏ 実行10年が問われる時代

　最初に老人保健福祉計画（第1次）が法制化されてからすでに四半世紀近い年月が経っている。また，社会福祉計画としては最後に法制化された地域福祉（支援）計画でも約15年の時間が経過している。この間，全国の地方自治体で，また社会福祉協議会で実に数多くの計画が策定されてきた。しかしながら，わが国の社会福祉の領域では，学問・研究の場においても，また福祉実践の現場においても，「計画は策定すればよい」という認識が強く，その実行性（feasibility）が厳しく問われることは少ないのが現実である。

　策定された計画がどれ位，実現されたのかを検証することは，計画の進行管理や評価（evaluation）の方法論を問うことに他ならない[15]。しかし，それと同時に重要なことは，その計画が機能するための要件（変数）を析出し，社会環境の基盤整備を行っていくことであろう。その意味では，社会福祉計画を中心とする福祉システムを，より大局的な視座から総合的に「マネジメント」していく，そういう視点と方法論が文字通り，いま問われているのではないかと考えられる。

◯ 注

(1) 三浦文夫『社会福祉政策研究』全国社会福祉協議会，1985年，50頁。
(2) 坂田周一『社会福祉政策』有斐閣，2000年，3，4頁。
(3) Glennerster, H. "From Containment to Conflict?: Social Planning in the Seventies", *Journal of Social Policy*, Vol. 10. No. 1. 坂田周一「70年代イギリスにおける社会計画の明暗」『月刊福祉』第68巻・第7号，全国社会福祉協議会，1985年，74頁。
(4) 2011年の地方自治法の改正によって，地方自治体の基本構想は廃止となったが，実態としてはすべての自治体で一斉に基本構想が策定されなくなったわけではなく，依然としてそれを維持している自治体も少なくない。
(5) この3つの類型については，和気康太「戦後社会福祉政策論の展開──社会福祉経営論の歴史的意義を中心として」日本社会事業大学編『社会福祉システムの展望』（日本社会事業大学創立50周年記念論文集）中央法規出版，1997年，69〜84頁を参照。
(6) この論文は，故大河内一男教授の著作集である『大河内一男集』（第1巻・社会政策論Ⅰ）労働旬報社，115〜137頁に所収されている。
(7) 孝橋正一『全訂　社会事業の基本問題』ミネルヴァ書房，1962年。なお，本書は，2009年に同じミネルヴァ書房から復刊されている。
(8) 一番ヶ瀬康子・真田是編『社会福祉論』有斐閣，1975年。
(9) 三浦文夫『社会福祉政策研究』全国社会福祉協議会，1985年。なお，本書は当初，「社会福祉経営論ノート」という副題で刊行され，著者は試論的な要素が少なくないと述べていたが，そこで示された，さまざまな政策アイディアが現実になるにしたがって，後半の第2部の論考を入れ替え，第3版「福祉政策と福祉改革」（副題）まで刊行されている。
(10) 社会保障制度審議会の，いわゆる「62年勧告」は，正式には「社会保障制度の総合調整に関する基本方策についての答申および社会保障制度の推進に

関する勧告」であり，1962年8月に出されている。なお，ここでいう社会保障制度審議会は，現在の厚生労働省の「社会保障審議会」ではなく，当時の内閣総理大臣の諮問機関としての社会保障制度審議会である点には留意が必要である。

(11) 漸増主義については，Lindblom, C. E. & Woodhouse, E. J. *The Policy-Making Process*, 3rd edition, Prentice-Hall, Inc. 1993.（邦訳は，薮野祐三・案浦明子訳『政策形成の過程──民主主義と公共性』東京大学出版会，2004年）を参照。

(12) ニーズ推計の手法については，高萩盾男「福祉ニーズの把握とニーズ推計の手法」定藤丈弘・坂田周一・小林良二編『社会福祉計画』（これからの社会福祉⑧）有斐閣，1996年，145～162頁を参照。

(13) この段落の時期区分は，和気康太「社会福祉計画の歴史」定藤丈弘・坂田周一・小林良二編『社会福祉計画』（これからの社会福祉⑧）有斐閣，1996年，29-44頁に基づいている。ただし，このような時期区分は絶対的なものではなく，視点を変えると別の時期区分になる可能性がある点には留意されたい。

(14) この住民参加の3つの次元は，和気康太「住民参加の次元と機能」日本地域福祉学会編『新版　地域福祉事典』中央法規出版，2006年，374～375頁で言及している。

(15) 社会福祉計画の評価については，和気康太「地域福祉計画における評価」武川正吾編『地域福祉計画』有斐閣，2005年，189～209頁を参照。

○引用・参考文献

高田真治『社会福祉計画論』誠信書房，1979年。
京極高宣『市民参加の福祉計画』中央法規出版，1984年。
三重野卓『福祉と社会計画の理論』白桃書房，1984年。
三浦文夫『社会福祉政策研究──社会福祉経営論ノート』全国社会福祉協議会，1985年。
定藤丈弘・坂田周一・小林良二編『社会福祉計画』（これからの社会福祉⑧）有斐閣，1996年。
坂田周一『社会福祉政策』有斐閣，2000年。
地域福祉計画に関する調査研究委員会編『地域福祉計画の策定に向けて──地域福祉計画に関する調査研究事業報告書』全国社会福祉協議会，2001年。
武川正吾編『地域福祉計画──ガバナンス時代の社会福祉計画』有斐閣，2005年。
牧里毎治・野口定久編『協働と参加の地域福祉計画』ミネルヴァ書房，2007年。
牧里毎治・野口定久・武川正吾・和気康太編『自治体の地域福祉戦略』学陽書房，2007年。
野口定久『地域福祉論──政策・実践・技術の体系』ミネルヴァ書房，2008年。
平野隆之『地域福祉推進の理論と方法』有斐閣，2008年。

第 9 章
個別福祉計画の種類と特徴

福祉計画の基本的視点

　本章で取り上げる個別計画は、それぞれに根拠法をもち、基本的内容が明示されている。地域福祉計画については、市町村地域福祉計画が社会福祉法第107条、都道府県地域福祉支援計画が同法第108条に、老人保健福祉計画については、市町村老人福祉計画が老人福祉法第20条の8に、都道府県老人福祉計画が同法第20条の9に、また老人保健計画は当初、老人保健法に規定されていたが、現在、老人保健法は廃止されている。介護保険事業計画については、国の基本指針が介護保険法第116条に、市町村介護保険事業計画が同法第117条に、都道府県介護保険事業支援計画が同法第118条に、障害者基本計画については、障害者基本法第11条に、障害福祉計画については、基本指針が障害者の日常生活及び社会生活を総合的に支援するための法律、いわゆる障害者総合支援法第87条に、市町村障害福祉計画が同法第88条に、都道府県障害福祉計画が同法第89条に、高齢者、障害者等の移動等の円滑化の促進に関する法律、いわゆるバリアフリー新法における基本構想については同法第25条に、次世代育成支援行動計画については、行動計画策定指針が次世代育成支援対策推進法第7条、市町村行動計画が同法第8条、都道府県行動計画が同法第9～11条、一般事業主行動計画が同法第12～18条、特定事業主行動計画が同法第19条に、特定都道府県による都道府県保育計画については、児童福祉法第56条の9に規定されている。

　なお、個別福祉計画は、以下の基本的視点において共通している。

❏ 広範かつ多様化、深刻化した生活課題への協働した取り組み

　地域における住民を取りまく生活環境は激変した。1990年代末から、自殺者3万人時代が続き、地域における孤立、貧困、虐待等の問題が顕在化してきている。他方、地域差は明らかになり、多くの中山間地は、過疎化、高齢化率がきわめて高く、将来、道路や下水道等のインフラや地域生活自体が困難となることが予想される限界集落となっている。また都市部においても、昼間でも商店が閉まっているシャッター街が散見され、古くからの集合住宅は、年齢の高い高齢者の割合が増え、相互の助け合いや関わり合いを基盤とするコミュニティとしての機能を果たせなくなっている。各自治体内においても、地域差が顕

著に見られる。同時に、家族の変化は著しく、一人暮らし、老老介護をしている高齢者のみ世帯、単身親世帯が増加し、サービスが前提としていた家族の扶養機能、養育機能が低下している。まさに、地域における生活課題が広範かつ多様化、深刻化し、各地域社会、各自治体は、それらの対応を迫られているのである。

したがって、各福祉計画は、福祉サービスの供給量、サービスの水準と運営の基準、それらが充足されるための第三者評価、苦情対応、権利擁護等のサービス供給システムを提起するだけにとどまらない。生活課題の解決のための協働した取り組みを計画し、推進することが求められる。

その協働とは、第一に、保健、医療、生活環境、住まい、教育、労働、まちづくりといった関連領域との協働であり、厚生労働省と他省庁との調整が必要となっている。第二の協働とは、制度化されたサービス、いわゆる公的サービスと、見守り活動や相談活動、ふれあいいきいきサロン活動、まちづくり活動等の住民の福祉活動、ボランティア活動等のインフォーマルケアとの協働である。公的サービスだけで、地域の生活課題を解決することにはもちろん限界がある。「地域住民、社会福祉を目的とする事業を経営する者及び社会福祉に関する活動を行う者は、相互に協力し、福祉サービスを必要とする地域住民が地域社会を構成する一員として日常生活を営み、社会、経済、文化その他あらゆる分野の活動に参加する機会が与えられるように、地域福祉の推進に努めなければならない」(社会福祉法第4条)とされているように、サービスとインフォーマルケアが組み合わされ、総合的な生活支援システムが模索されている。第三は、生活問題の解決にあたる専門職間の協働である。既存のサービスを生活課題にあてはめ、利用者としてはきわめて使いにくいサービス指向型(service-oriented)から、現在ある生活課題や要望に対応したサービスを創設し、また総合的にサービスの提供を行う、生活課題すなわちニーズ指向型(needs-oriented)へ計画の主軸を移してきており、利用者からの相談に応じ、関係者の連携及び調整を行う専門職の位置づけを明確にしている。

地方分権と地域特性の重視

各市町村の責任と権限が強化された。なぜなら、ニーズは地域において生み出されているのであり、画一的な計画では、抜本的な解決にならないことが実証されてきたからでもある。福祉計画は、人口構造、サービスを必要とする人の数、潜在的ニーズ、ニーズの将来推計、地理的・環境的条件という基本的状況、そして人材(問題解決に取り組

▶ サービス指向型 (Service-oriented)
社会福祉制度は、各サービスを規定し、安定した提供を目指してきた。サービス指向型とは、既存のサービスのみを前提にし、もしくはサービスの運用を限定的にとらえ、サービスの対象と内容の基準等の規格に合わせ、サービスに利用者をあてはまる方向でサービスが実施されることを言う。しかし、今日の住民のニーズは多様であり、その基準に必ずしも当てはまらなくなっており、必要なサービスを利用できないという課題が顕在化してきている。このため、ニーズに合わせてサービスが提供されるように利用支援を強化すること、新たなサービスを創設することが求められている。

▶ ニーズ指向型 (Needs-oriented)
ニーズ指向型とは、利用者にあわせてサービスを提供するといった本来の社会福祉サービスのあり方に沿う考え方である。ニーズを明らかにして、地域資源を積極的に活用してサービスを組み立てること、かつ活動、サービスの柔軟な運営をはかり、また必要な活動、サービスを開発することが不可欠である。また利用者のニーズが広範なものであることを考え、福祉サービスも、行政の担当部局を超えた保健、医療、教育、住宅、労働との連携をはかることが求められている。

む当事者，住民，ボランティア，医師，保健師，社会福祉士，ケアマネジャー等の専門職），もの（保健・医療・福祉・教育等の施設，サービス・活動，物品はもちろん，住民関係，地域関係，ボランティア協議会，医療保健福祉等の専門職等のネットワーク等），かね（交付金・補助金・委託金，寄付金等），とき（活動する時間，就労時間，直面する問題を認識し取り組む機会），知らせ（資源情報，利用者情報，相談窓口における情報，計画作成に必要な統計等）等の地域にある資源の状況によって，市町村独自のサービス供給計画を策定する。

また，都道府県や国も，①都道府県圏域におけるニーズを明確化すること，②市町村，社会福祉法人等の他機関への情報提供，助言，そしてさまざまな支援等をメニュー化し，各市町村の個別の要望へ対応すること，③苦情対応，サービスの利用支援，自立生活支援等の利用者の権利保障システムを強化すること，④ボランティア・NPO活動，防災や災害対応等の都道府県民と協働した取り組み，⑤サービス水準の維持と，研修や専門職の養成，現任訓練等の人材の育成と確保といった役割を強化することが求められている。

これらのことから，福祉計画は，たとえば集落や町内会，中学校区等の学区単位の日常生活圏域，市町村圏域，郡といった広域圏域，都道府県圏域，全国といった圏域を明らかにした整理が必要とされている。

❏ 住民参加プロセスの重視

福祉諸計画に関しては，利用者の権利，ノーマライゼーション，男女共同参画等々の普遍的な原則，および全国共通の基準によってたてられることも必要であるが，その理念を実現するためには，先に述べた協働は不可欠である。各自治体は，その基本的役割を統治（ガバメント）から協働（ガバナンス）へと移行させており，

① 地域における生活課題の把握と共有化
② 目標の明確化と施策・取り組みの立案
③ 住民，当事者を含む関係者・関係機関の役割の明確化と合意
④ 施策・取り組みの実施
⑤ 評価

という一連のプロセスが重視されている。計画プロセスが明確で，計画策定に際してなされる議論が関係する多くの人にわかるものであり，パブリックコメント，調査やヒアリング等のさまざまな方法によるニーズの把握と共有化の道筋が示されていること等が，各福祉計画に求められているのである。

❑ 目指す地域，福祉の明確化

　福祉計画は，サービスの量，提供の仕組みを整備するだけに留まらないことは，先に述べた通りである。そもそもどのような地域を創り上げていくか，どのような社会を築いていきたいかという，今そして将来の社会の青写真を協働して描いていくこと。地域課題や生活課題を生み出す地域社会自体の取り組みが不明確では，問題の解決は望めない。生活の豊かさ，自分らしい生き方，目指す社会等の価値の議論が必要となっている。今，生産性が重要視され，経済的に利益を上げないこと，すなわち生産的でないことは非価値となり，市場システムからの退却を求められる現実がある。しかし，その「価値と非価値」との対比がそのまま「善と悪」の考え方に結びつく時，それは排除となり，スティグマ（差別の烙印）となる。すなわち，経済的な指標によって決められる価値を生み出す社会そのものが問われているのである。まさに，共生の社会づくり，排除しない社会づくり，参加型社会を目指した取り組みが，全国各地で始まっているのである。

2　老人保健福祉計画

❑ 計画の背景と規定

　老人保健福祉計画は，1990（平成2）年の老人福祉法，老人保健法を含む八法改正によって，策定を義務づけられた。これは，介護問題に直面する高齢者が増加し，家族だけにその解決を任せておくことが難しい現状に対し，在宅福祉サービス等の公的サービスを充実させて対応していこうとするものであった。そのため，数値目標を掲げ，公的サービスの整備を図る計画という側面をもっている。

　市町村老人福祉計画は，老人福祉法第20条の8に，都道府県老人福祉計画は，同法第20条の9に規定されている。なお，老人保健法は，後期高齢者医療制度の発足により，2008（平成20）年より高齢者の医療の確保に関する法律となった。なお，老人保健法第46条の18から20に書かれていた市町村，都道府県による老人保健計画の内容，策定義務は規定されていない。

❑ 市町村老人福祉計画

　市町村は，以下を内容とする老人居宅生活支援事業及び老人福祉施設による事業（老人福祉事業）の供給体制の確保に関する計画（市町

村老人福祉計画）を定めるものとされている。
　① 各市町村の区域において確保すべき老人福祉事業の量の目標
　② 老人福祉事業の量の確保のための方策
　③ その他老人福祉事業の供給体制の確保に関し必要な事項
その際，以下の条件がある。

- 老人福祉事業（老人居宅生活支援事業，老人デイサービスセンター，老人短期入所施設及び特別養護老人ホームに係るものに限る）を定めるにあたっては，介護保険事業計画に記された各年度における介護給付等対象サービスの種類ごとの量の見込みを勘案しなければならない。
- 各市町村の区域における身体上または精神上の障害があるために日常生活を営むのに支障がある老人の人数，その障害の状況，その養護の実態その他の事情を勘案して作成されなければならない。
- 市町村介護保険事業計画と一体のものとして作成されなければならない。
- 市町村地域福祉計画その他の法律の規定による計画であって老人の福祉に関する事項を定めるものと調和が保たれたものでなければならない。
- 同計画を定め，または変更しようとするときは，あらかじめ，都道府県の意見を聴かなければならず，かつ遅滞なく，これを都道府県知事に提出しなければならない。

なお，厚生労働大臣は，（養護老人ホーム，軽費老人ホーム，老人福祉センター及び老人介護支援センターに係るものに限る）を定めるにあたって参酌すべき標準を定めるものとされている。

❏ 都道府県老人福祉計画

都道府県は，市町村老人福祉計画の達成に資するため，各市町村を通ずる広域的な見地から，以下の事項を内容とする老人福祉事業の供給体制の確保に関する計画を定めるものとされている。
　① 都道府県が定める区域ごとのその区域における養護老人ホーム及び特別養護老人ホームの必要入所定員総数その他老人福祉事業の量の目標
　② 老人福祉施設の整備及び老人福祉施設相互間の連携のために講ずる措置に関する事項
　③ 老人福祉事業に従事する者の確保または資質の向上のために講ずる措置に関する事項
　④ その他老人福祉事業の供給体制の確保に関し必要な事項

その際，以下の条件がある。
- 特別養護老人ホームの必要入所定員総数を定めるに当たっては，介護保険法に規定される地域密着型介護老人福祉施設入所者生活介護に係る必要利用定員総数及び介護保険施設の種類ごとの必要入所定員総数を勘案しなければならない。
- 都道府県介護保険事業支援計画と一体のものとして作成されなければならない。
- 都道府県地域福祉支援計画その他の法律の規定による計画であって老人の福祉に関する事項を定めるものと調和が保たれたものでなければならない。
- 都道府県は，都道府県老人福祉計画を定め，または変更したときは，遅滞なく，これを厚生労働大臣に提出しなければならない。

なお，都道府県知事は，市町村に対し市町村老人福祉計画の作成上の技術的事項について，厚生労働大臣は，都道府県に対し計画の作成の手法その他作成上重要な技術的事項について，必要な助言をすることができると規定されている。

3 介護保険事業計画

❏ 計画の背景と規定

2000（平成12）年，介護保険法が成立し，要介護・要支援の基準と認定プロセス，サービス利用契約，在宅介護支援専門員等の専門職の配置，サービス事業者の指定，サービス利用負担や保険料の拠出の仕組，サービス給付体系と内容，苦情対応システム等々の新たな制度が成立した。

国の基本指針は介護保険法第116条に，市町村介護保険事業計画を同法第117条に，都道府県介護保険事業計画は同法第118条に規定されている。

❏ 基本指針

厚生労働大臣は，介護保険事業に係る保険給付の円滑な実施を確保するため，以下の事項を内容とする基本的な指針を定めるとされている。

① 介護給付等対象サービスを提供する体制の確保及び地域支援事業の実施に関する基本的事項

② 市町村介護保険事業計画において介護給付等対象サービスの種類ごとの量の見込みを定めるに当たって参酌すべき標準，その他市町村介護保険事業計画及び都道府県介護保険事業支援計画の作成に関する事項

③ その他介護保険事業に係る保険給付の円滑な実施を確保するために必要な事項

なお，基本指針を定め，またはこれを変更するにあたっては，あらかじめ，総務大臣その他関係行政機関の長に協議し，定め，またはこれを変更したときは，遅滞なく，これを公表しなければならない。

❏ 市町村介護保険事業計画

市町村は，基本指針に即して，以下を内容とする，三年を一期とする市町村が行う介護保険事業に係る保険給付の円滑な実施に関する計画（市町村介護保険事業計画）を定めるものとされている。

① 市町村が，その住民が日常生活を営んでいる地域として，地理的条件，人口，交通事情その他の社会的条件，介護給付等対象サービスを提供するための施設の整備の状況その他の条件を総合的に勘案して定める区域ごとのその区域における各年度の認知症対応型共同生活介護，地域密着型特定施設入居者生活介護及び地域密着型介護老人福祉施設入所者生活介護に係る必要利用定員総数その他の介護給付等対象サービスの種類ごとの量の見込み並びにその見込量の確保のための方策

② 各年度における地域支援事業に要する費用の額並びに地域支援事業の量の見込み及びその見込量の確保のための方策

③ 指定居宅サービスの事業，指定地域密着型サービスの事業または指定居宅介護支援の事業を行う者相互間の連携の確保に関する事業その他の介護給付等対象サービス（介護給付に係るものに限る。）の円滑な提供を図るための事業に関する事項

④ 指定介護予防サービスの事業，指定地域密着型介護予防サービスの事業または指定介護予防支援の事業を行う者相互間の連携の確保に関する事業その他の介護給付等対象サービス（予防給付に係るものに限る。）の円滑な提供及び地域支援事業の円滑な実施を図るための事業に関する事項

⑤ その他介護保険事業に係る保険給付の円滑な実施を図るために市町村が必要と認める事項

その際，以下の条件がある。

・市町村の老人福祉計画と一体のものとして作成する。

- 市町村地域福祉計画その他の法律の規定による計画であって要介護者等の保健，医療，福祉または居住に関する事項を定めるものと調和が保たれたものでなければならない。

❏ 都道府県介護保険事業計画

都道府県は，基本指針に即して，以下を内容とする，3年を1期とする介護保険事業に係る保険給付の円滑な実施の支援に関する計画（都道府県介護保険事業支援計画）を定めるものとされている。

① 都道府県が定める区域ごとにその区域における各年度の介護専用型特定施設入居者生活介護，地域密着型特定施設入居者生活介護及び地域密着型介護老人福祉施設入所者生活介護に係る必要利用定員総数，介護保険施設の種類ごとの必要入所定員総数（指定介護療養型医療施設にあっては，その指定介護療養型医療施設の療養病床等に係る必要入所定員総数）その他の介護給付等対象サービスの量の見込み

② 介護保険施設その他の介護給付等対象サービスを提供するための施設における生活環境の改善を図るための事業に関する事項

③ 介護サービス情報の公表に関する事項

④ 介護支援専門員その他の介護給付等対象サービス及び地域支援事業に従事する者の確保または資質の向上に資する事業に関する事項

⑤ 介護保険施設相互間の連携の確保に関する事業その他の介護給付等対象サービスの円滑な提供を図るための事業に関する事項

⑥ その他介護保険事業に係る保険給付の円滑な実施を支援するために都道府県が必要と認める事項

なお，都道府県介護保険事業支援計画においては，①から⑥以外，都道府県が定める区域ごとに，その区域における各年度の混合型特定施設入居者生活介護に係る必要利用定員総数を定めることができるとされている。

その際，以下の条件がある。

- 都道府県老人福祉計画と一体のものとして作成されなければならない。
- 医療計画（医療法第30条の4第1項），都道府県地域福祉支援計画その他の法律の規定による計画であって要介護者等の保健，医療，福祉または居住に関する事項を定めるものと調和が保たれたものでなければならない。
- 都道府県は，都道府県介護保険事業支援計画を定め，または変更したときは，遅滞なく，これを厚生労働大臣に提出しなければならない。

なお，都道府県知事は，市町村に対し計画の作成上の技術的事項について，厚生労働大臣は，都道府県に対し計画の作成の手法その他作成上重要な技術的事項について，必要な助言をすることができると規定されている（介護保険法第119条）。

　また，国は，市町村または都道府県が，計画に定められた事業を実施しようとするときは，その事業が円滑に実施されるように必要な情報の提供，助言その他の援助の実施に努めるものと規定されている（同法第120条）。

 ## 障害者計画

❏ 計画の背景と規定

　2002（平成14）年，障害者基本法に基づき，2003（平成15）年から2012（平成24）年までの施策の基本的方向を示す「障害者基本計画」（閣議決定），前期5年間の重点施策と達成目標，計画の推進方策である「重点施策実施5か年計画」（障害者施策推進本部決定），2007（平成19）年には，2008（平成20）年度から5年間の「重点施策実施5か年計画～障害の有無にかかわらず国民誰もが互いに支え合い共に生きる社会へのさらなる取組」（障害者施策推進本部決定）が策定された。

　1970（昭和45）年に成立した「心身障害者対策基本法」が1993（平成5）年に改正され，障害者基本法になった。さらに，2004（平成16）年6月障害者基本法の改正では，基本的理念として障害者に対して障害を理由として差別その他の権利利益を侵害する行為をしてはならない旨を規定し，都道府県及び市町村に障害者のための施策に関する基本的な計画の策定を義務付け，中央障害者施策推進協議会を創設する等の改正を行うものとされた。また2013（平成25）年4月障害者の日常生活及び社会生活を総合的に支援するための法律（障害者総合支援法）が成立した。それにともない，同年7月に「障害者基本法の一部を改正する法律」が成立した。

　障害者基本計画は，障害者基本法第11条第1項に，都道府県障害者計画は第11条第2項に，市町村障害者計画は第11条第3項に規定されている。

❏ 障害者基本計画

　政府は，障害者の自立及び社会参加の支援のための施策の総合的か

つ計画的な推進を図るため，障害者のための施策に関する基本的な計画（「障害者基本計画」）を策定しなければならない。

　なお，策定の際には，内閣総理大臣は，関係行政機関の長に協議するとともに，障害者政策委員会の意見を聴いて，障害者基本計画の案を作成し，閣議の決定を求めなければならないとされている。また同計画を策定したときは，国会に報告するとともに，その要旨を公表しなければならないとされている。変更の場合も同様の手続きとなる。

❏都道府県障害者計画

　都道府県は，障害者基本計画を基本とするとともに，都道府県における障害者の状況等を踏まえ，都道府県における障害者のための施策に関する基本的な計画（「都道府県障害者計画」）を策定しなければならない（2004年改正により策定義務が明記された）。

　なお，策定の際には，都道府県は，審議会その他合議制の機関の意見を聴かなければならないとされている。また策定された時は，都道府県知事は，都道府県の議会に報告するとともに，その要旨を公表しなければならない。変更の場合も同様の手続きとなる。

❏市町村障害者計画

　市町村は，障害者基本計画及び都道府県障害者計画を基本とするとともに，市町村における障害者の状況等を踏まえ，市町村における障害者のための施策に関する基本的な計画（「市町村障害者計画」）を策定しなければならない（2004年改正により策定義務が明記された）。

　なお，策定の際には，市町村は，審議会その他合議制の機関を設置している場合にあってはその意見を，その他の場合にあっては障害者その他の関係者の意見を聴かなければならないとされている。また策定された時は，市町村長は，市町村の議会に報告するとともに，その要旨を公表しなければならない。変更の場合も同様の手続きとなる。

5　障害者福祉計画

❏規定と基本指針

　2012（平成24）年，障害者総合支援法が成立し，障害福祉計画の策定が規定された。市町村障害福祉計画は，障害者総合支援法第88条第1項，第2項に，都道府県障害福祉計画は，同法第89条第1項，第2

項に規定されている。

厚生労働大臣は，障害福祉サービス及び相談支援並びに市町村及び都道府県の地域生活支援事業の提供体制を整備し，自立支援給付及び地域生活支援事業の円滑な実施を確保するための，以下の事項を内容とする基本的な指針（「基本指針」）を定めるものとされている。

① 障害福祉サービス及び相談支援の提供体制の確保に関する基本的事項
② 障害福祉サービス，相談支援並びに市町村及び都道府県の地域生活支援事業の提供体制の確保に係る目標に関する事項
③ 市町村障害福祉計画及び都道府県障害福祉計画の作成に関する事項
④ その他自立支援給付及び地域生活支援事業の円滑な実施を確保するために必要な事項

なお，厚生労働大臣は，基本指針を定め，又はこれを変更したときは，遅滞なく，これを公表しなければならないとされている。

❏市町村障害福祉計画

市町村は，基本指針に即して，以下を内容とする，障害福祉サービス，相談支援及び地域生活支援事業の提供体制の確保に関する計画（「市町村障害福祉計画」）を定めるものとされている。

① 各年度における指定障害福祉サービス又は指定相談支援の種類ごとの必要な量の見込み
② 指定障害福祉サービス又は指定相談支援の種類ごとの必要な見込量の確保のための方策
③ 地域生活支援事業の種類ごとの実施に関する事項
④ その他障害福祉サービス，相談支援及び市町村の地域生活支援事業の提供体制の確保に関し必要な事項

その際，以下の条件がある。

- 市町村の区域における障害者等の数，その障害の状況その他の事情を勘案して作成されなければならない。
- 障害者基本法第11条第3項の市町村障害者計画，社会福祉法第107条の市町村地域福祉計画その他の法律の規定による計画であって障害者等の福祉に関する事項を定めるものと調和が保たれたものでなければならない。
- 同計画を定め，又は変更しようとするときは，あらかじめ，住民の意見を反映させるために必要な措置を講ずるものとする。
- 地方公共団体は，単独で又は共同して，障害者等への支援の体制の

整備を図るため，関係機関，関係団体並びに障害者等及びその家族並びに障害者等の福祉，医療，教育又は雇用に関連する職務に従事する者その他の関係者により構成される協議会（障害者総合支援法第89条の3）を設置する市町村は，同計画を定め，又は変更しようとするときは，あらかじめ，当該協議会の意見を聴くよう努めなければならない。

- 同計画を定め，又は変更しようとするときは，あらかじめ，都道府県の意見を聴かなければならない。
- 同計画を定め，又は変更したときは，遅滞なく，これを都道府県知事に提出しなければならない。

❏ 都道府県障害福祉計画

都道府県は，基本指針に即して，以下を内容とする，市町村障害福祉計画の達成に資するため，各市町村を通ずる広域的な見地から，障害福祉サービス，相談支援及び地域生活支援事業の提供体制の確保に関する計画（「都道府県障害福祉計画」）を定めるものとする。

① 都道府県が定める区域ごとに当該区域における各年度の指定障害福祉サービス又は指定相談支援の種類ごとの必要な量の見込み

② 区域ごとの指定障害福祉サービス又は指定相談支援の種類ごとの必要な見込量の確保のための方策

③ 区域ごとの指定障害福祉サービス又は指定相談支援に従事する者の確保又は資質の向上のために講ずる措置に関する事項

④ 各年度の指定障害者支援施設の必要入所定員総数

⑤ 指定障害者支援施設の施設障害福祉サービスの質の向上のために講ずる措置に関する事項

⑥ 地域生活支援事業の種類ごとの実施に関する事項

⑦ その他障害福祉サービス，相談支援及び都道府県の地域生活支援事業の提供体制の確保に関し必要な事項

その際，以下の条件がある。

- 都道府県障害者計画（障害者基本法第11条第2項），都道府県地域福祉支援計画（社会福祉法第108条）その他の法律の規定による計画であって障害者等の福祉に関する事項を定めるものと調和が保たれたものでなければならない。
- 医療計画（医療法第30条の4第1項）と相まって，精神科病院（精神科病院以外の病院で精神病室が設けられているものを含む。）に入院している精神障害者の退院の促進に資するものでなければならない。
- 都道府県は，都道府県障害福祉計画を定め，又は変更しようとする

ときは，あらかじめ，地方障害者施策推進協議会の意見を聴かなければならない。
- 都道府県は，同計画を定め，又は変更したときは，遅滞なく，これを厚生労働大臣に提出しなければならない。

なお，都道府県知事は，市町村に対し市町村障害福祉計画の作成上の技術的事項について，厚生労働大臣は，都道府県に対し都道府県障害福祉計画の作成の手法その他作成上重要な技術的事項について，必要な助言をすることができると規定されている。

6 次世代育成支援行動計画

❏ 計画の背景と規定

1990（平成2）年には，合計特殊出生率が低下し，少子化による将来の日本社会への危機感が顕在化した。これを「1.57ショック」と言う。この少子社会に対応すべく，1994（平成6）年，文部（現文部科学），厚生（現厚生労働），労働（現厚生労働），建設（現国土交通）の4大臣合意によって策定されたのが，「今後の子育て支援のための施策の基本的方向について」（エンゼルプラン）である。また，1999（平成11）年には，新エンゼルプラン，2004（平成16）年には少子化社会対策大綱に基づく重点施策の具体的実施計画について（子ども・子育て応援プラン）が提起された。なお，2003（平成15）年には，次世代育成支援対策推進法，少子化社会対策基本法が成立し，子育てをする家庭の視点からみたより総合的な計画が目指されることとなった。

行動計画策定指針は，次世代育成支援対策推進法第7条に，市町村行動計画は，同法第8条に，都道府県行動計画は同法第9～11条に，そして一般事業主行動計画は同法第12～18条に，特定事業主行動計画は同法第19条に規定されている。

❏ 行動計画策定指針

主務大臣は，以下の事項を内容とする，次世代育成支援対策の総合的かつ効果的な推進を図るため，基本理念にのっとり，市町村行動計画および都道府県行動計画ならびに一般事業主行動計画および特定事業主行動計画（以下，市町村行動計画等）の策定に関する指針を定めなければならないとされている。

① 次世代育成支援対策の実施に関する基本的な事項

② 次世代育成支援対策の内容に関する事項
③ 市町村行動計画において，児童福祉法に規定された保育の実施の事業，放課後児童健全育成事業その他主務省令で定める次世代育成支援対策に係る事項を定めるにあたって参酌すべき標準
④ その他次世代育成支援対策の実施に関する重要事項
策定の際の条件は以下のとおりである。

- 主務大臣は，少子化の動向，子どもを取り巻く環境の変化その他の事情を勘案して必要があると認めるときは，速やかに行動計画策定指針を変更するものとする。
- 主務大臣は，行動計画策定指針を定め，またはこれを変更しようとするときは，あらかじめ，市町村行動計画及び都道府県行動計画に係る部分について，総務大臣に協議しなければならない。
- 主務大臣は，行動計画策定指針を定め，またはこれを変更したときは，遅滞なく，これを公表しなければならない。

❏ 市町村行動計画

　市町村は，行動計画策定指針に即して，以下を内容として，5年ごとに，当該市町村の事務及び事業に関し，5年を一期として，地域における子育ての支援，母性並びに乳児及び幼児の健康の確保及び増進，子どもの心身の健やかな成長に資する教育環境の整備，子どもを育成する家庭に適した良質な住宅および良好な居住環境の確保，職業生活と家庭生活との両立の推進その他の次世代育成支援対策の実施に関する計画を策定するものとされている。

① 次世代育成支援対策の実施により達成しようとする目標
② 実施しようとする次世代育成支援対策の内容及びその実施時期
策定の際の条件は，以下のとおりである。

- 市町村は，同計画を策定し，または変更しようとするときは，あらかじめ，住民の意見を反映させるために必要な措置を講ずるものとする。
- 同計画を策定し，または変更しようとするときは，あらかじめ，事業主，労働者その他の関係者の意見を反映させるために必要な措置を講ずるよう努めなければならない。
- 計画を策定し，または変更したときは，遅滞なく，これを公表するよう努めるとともに，都道府県に提出しなければならない。
- 毎年少なくとも一回，同計画に基づく措置の実施の状況を公表するよう努めるものとする。
- 計画の策定及び同計画に基づく措置の実施に関して特に必要がある

と認めるときは，事業主その他の関係者に対して調査を実施するため必要な協力を求めることができる。

🗀 都道府県行動計画

　都道府県は，行動計画策定指針に即して，以下を内容として，5年ごとに，当該都道府県の事務及び事業に関し，5年を一期として，地域における子育ての支援，保護を要する子どもの養育環境の整備，母性並びに乳児及び幼児の健康の確保及び増進，子どもの心身の健やかな成長に資する教育環境の整備，子どもを育成する家庭に適した良質な住宅及び良好な居住環境の確保，職業生活と家庭生活との両立の推進その他の次世代育成支援対策の実施に関する計画を策定するものとされている。

　①　次世代育成支援対策の実施により達成しようとする目標
　②　実施しようとする次世代育成支援対策の内容及びその実施時期
　③　次世代育成支援対策を実施する市町村を支援するための措置の内容及びその実施時期

　策定の際の条件は，以下のとおりである。

- 都道府県は，同計画を策定し，または変更しようとするときは，あらかじめ，住民の意見を反映させるために必要な措置を講ずるものとする。
- 同計画を策定し，または変更しようとするときは，あらかじめ，事業主，労働者その他の関係者の意見を反映させるために必要な措置を講ずるよう努めなければならない。
- 同計画を策定し，または変更したときは，遅滞なく，これを公表するよう努めるとともに，主務大臣に提出しなければならない。
- 毎年少なくとも一回，同計画に基づく措置の実施の状況を公表するよう努めるものとする。
- 計画の策定及び同計画に基づく措置の実施に関して特に必要があると認めるときは，市町村，事業主その他の関係者に対して調査を実施するため必要な協力を求めることができる。

　なお，都道府県は，市町村に対し，市町村行動計画の策定上の技術的事項について必要な助言その他の援助の実施に努めるものとする。
　また主務大臣は，都道府県に対し，都道府県行動計画の策定の手法その他都道府県行動計画の策定上重要な技術的事項について必要な助言その他の援助の実施に努めるものとする。
　そして国は，市町村または都道府県に対し，市町村行動計画または都道府県行動計画に定められた措置の実施に要する経費に充てるため，

厚生労働省令で定めるところにより，予算の範囲内で，交付金を交付することができるとともに，市町村または都道府県が，市町村行動計画または都道府県行動計画に定められた措置を実施しようとするときは，その措置が円滑に実施されるように必要な助言その他の援助の実施に努めるものとする。

❏ 一般事業主行動計画

　国及び地方公共団体以外の事業主（以下，一般事業主）であって，常時雇用する労働者の数が百人を超えるものは，行動計画策定指針に即して，以下を内容とする，一般事業主行動計画（一般事業主が実施する次世代育成支援対策に関する計画）を策定し，厚生労働省令で定めるところにより，厚生労働大臣にその旨を届け出なければならないとされている。これを変更したときも同様である。
　① 計画期間
　② 次世代育成支援対策の実施により達成しようとする目標
　③ 実施しようとする次世代育成支援対策の内容及びその実施時期
　策定に際しての条件は，以下のとおりである。

- 一般事業主は，同計画を策定し，または変更したときは，厚生労働省令で定めるところにより，これを公表しなければならない。
- 一般事業主であって，常時雇用する労働者の数が百人以下のもの（「中小事業主」）は，行動計画策定指針に即して，同計画を策定し，厚生労働省令で定めるところにより，厚生労働大臣にその旨を届け出るよう努めなければならない。これを変更したときも同様とする。
- 一般事業主は，同計画を策定し，または変更したときは，厚生労働省令で定めるところにより，これを公表するよう努めなければならない。
- 一般事業主が届出または公表をしない場合には，厚生労働大臣は，その一般事業主に対し，相当の期間を定めて届出または公表をすべきことを勧告することができる。
- 常時雇用する労働者の数が百人を超える一般事業主は，同計画を策定し，または変更したときは，厚生労働省令で定めるところにより，これを労働者に周知させるための措置を講じなければならない。
- 常時雇用する労働者の数が百人以下の一般事業主は，同計画を策定し，または変更したときは，厚生労働省令で定めるところにより，これを労働者に周知させるための措置を講ずるよう努めなければならない。
- 常時雇用する労働者の数が百人を超える一般事業主が同計画を策定

し，または変更したときに周知する措置を講じない場合について，厚生労働大臣は，その一般事業主に対し，相当の期間を定めて届出または公表をすべきことを勧告することができる。

なお，厚生労働大臣は，法に定める一般事業主行動計画の基準を満たし，届出をした一般事業主からの申請に基づき，厚生労働省令で定めるところにより，その事業主について，雇用環境の整備に関し，行動計画策定指針に照らし適切な一般事業主行動計画を策定したこと，一般事業主行動計画を実施し，同計画に定めた目標を達成したことその他の厚生労働省令で定める基準に適合するものである旨の認定を行うことができる。また，認定を受けた一般事業主（以下，認定一般事業主）は，商品又は役務，その広告又は取引に用いる書類若しくは通信その他の厚生労働省令で定めるもの（「広告等」）に厚生労働大臣の定める表示を付することができる。なお，厚生労働大臣は，認定一般事業主としての基準に適合しなくなったと認めるとき等には，認定を取り消すことができるとされている。

❏特定事業主行動計画

国及び地方公共団体の機関，それらの長又はそれらの職員で政令で定めるもの（以下，特定事業主）は，以下を内容として，政令で定めるところにより，行動計画策定指針に即して，特定事業主行動計画（特定事業主が実施する次世代育成支援対策に関する計画）を策定するものとされている。

① 計画期間
② 次世代育成支援対策の実施により達成しようとする目標
③ 実施しようとする次世代育成支援対策の内容及びその実施時期

保育計画

保育計画は，児童福祉法第56条の9に規定されている。保育の実施への需要が増大している都道府県（厚生労働省令で定める要件に該当するものに限る）は，市町村保育計画の達成その他の市町村における保育の実施の事業及び主務省令で定める子育て支援事業その他児童の保育に関する事業であって特定都道府県が必要と認めるものの供給体制の確保に資するため，各市町村を通ずる広域的な見地から，当該供給体制の確保に関する都道府県保育計画を定めるものとされている。策

定の際の都道府県の条件として，以下のことが規定されている。
・都道府県保育計画を定め，または変更しようとするときは，あらかじめ，住民の意見を反映させるために必要な措置を講ずるものとする。
・同計画を定め，または変更したときは，遅滞なく，これを公表するよう努めるとともに，厚生労働大臣に提出しなければならない。

なお，厚生労働大臣は，同計画の提出があったときは，遅滞なく，これを主務省令で定める子育て支援事業を所管する他の大臣に通知しなければならない。

8 地域福祉計画

❏ 計画の概要と規定

「地域住民，社会福祉を目的とする事業を経営する者及び社会福祉に関する活動を行う者は，相互に協力し，福祉サービスを必要とする地域住民が地域社会を構成する一員として日常生活を営み，社会，経済，文化その他あらゆる分野の活動に参加する機会が与えられるように，地域福祉の推進に努めなければならない」(社会福祉法第4条)の趣旨を実現するとともに，権利擁護，サービスの利用支援等々の仕組みを整備するための行政計画として，社会福祉法に規定された。

市町村地域福祉計画は社会福祉法第107条に，都道府県地域福祉支援計画は同法第108条に規定されている。

❏ 市町村地域福祉計画

市町村は，地域福祉の推進に関する事項として次に掲げる事項を一体的に定める計画を策定し，または変更しようとするときは，あらかじめ，住民，社会福祉を目的とする事業を経営する者その他社会福祉に関する活動を行う者の意見を反映させるために必要な措置を講ずるよう努めるとともに，内容を公表するよう努めるものとされている。

①　地域における福祉サービスの適切な利用の推進に関する事項
②　地域における社会福祉を目的とする事業の健全な発達に関する事項
③　地域福祉に関する活動への住民の参加の促進に関する事項

◯ 都道府県地域福祉支援計画

都道府県は，市町村地域福祉計画の達成に資するために，各市町村を通ずる広域的な見地から，市町村の地域福祉の支援に関する事項として次に掲げる事項を一体的に定める計画（都道府県地域福祉支援計画）を策定し，または変更しようとするときは，あらかじめ，公聴会の開催等住民その他の者の意見を反映させるために必要な措置を講ずるよう努めるとともに，その内容を公表するよう努めるものとされている。

① 市町村の地域福祉の推進を支援するための基本的方針に関する事項

② 社会福祉を目的とする事業に従事する者の確保または資質の向上に関する事項

③ 福祉サービスの適切な利用の推進及び社会福祉を目的とする事業の健全な発達のための基盤整備に関する事項

◯ 参考図書

『国民の福祉と介護の動向 2013／2014』（厚生の指標増刊）厚生統計協会，2014年
　——各福祉計画の規定を学ぶとともに，計画の目的と内容を学習しておくことが必要である。本書は，今日の社会福祉問題等を統計や資料で示すとともに，新しい福祉の動向について示している。分野ごとに整理され，福祉人材，関係法人等に関する情報も加えられており，制度を正確に理解するためにも便利である。

大橋謙策編著『ケアとコミュニティ——福祉・地域・まちづくり』ミネルヴァ書房，2014年
　——介護保険制度で掲げられている地域包括ケアシステムは，高齢者がいかなる状況にあっても地域で生活できるように，医療，保健，福祉，住宅等の公的取り組みとともに，高齢者も含む住民が参加して同ケアシステムを補強する，福祉でまちづくりの挑戦でもある。本書は，ケアそのもののあり方を多方面から検討し，これからのケアシステムの姿を描いており，高齢者福祉計画に留まらず，障害者福祉計画等を考える上で，基本的視点を提供している。

武川正吾編『地域福祉計画——ガバナンス時代の社会福祉計画』有斐閣，2005年
　——本書は，高齢者福祉，障害者福祉，児童福祉という各社会福祉分野を縦軸とすると，それを横軸でまとめた内容をもつ地域福祉計画の基本的内容をわかりやすくまとめている。地域福祉計画とは何かという序章に始まり，概要，関連計画，策定プロセス，地域の生活課題の発見方法，財政等，12章にわたり説明を加えている。受験生にとって地域福祉計画を理解することが，ふりかえつて各福祉計画を理解するために有効であると考えている。

第10章
福祉計画と住民参加

1 社会福祉をめぐる動向と計画行政

◻ 福祉改革と地方行政改革

今日の社会福祉は,地域福祉を核としつつ,地方分権化,計画行政推進,福祉多元化(規制緩和を含む),市民参加(ボランティア推進を含む),国際化と情報化などをキートレンドとしたうねりの中にあるといえよう。

いわゆる1990(平成2)年の社会福祉関係八法改正を起点に社会福祉の地方分権化,計画行政化が始まったということができるが,これらの社会福祉事業法などの改正は,同年策定された国の「高齢者保健福祉推進十か年戦略(ゴールドプラン)」を実施していくうえでの法制的整備ともいえる。ともかく,福祉八法改正によって国の機関委任事務とされていた老人福祉サービスなどが地方自治体の団体(委任)事務とされ,地方自治体の福祉行政における役割は重いものとなった。かならずしも財政的に国から自由でない地方自治体の実情から考えると,実質的な地方分権が達成したとはいえないが,ともかく区市町村が積極的に取り組まなければ,高齢者,障害者,児童の地域福祉は進まない状況となったことは確かであろう。地方行政改革など財政,組織など厳しい制限のあるなかで,地域福祉を推進していくには,NPO(特定非営利活動法人)の設立や支援,社協など民間団体への事業委託化,保健と福祉の連携・統合など機構改革も避けられなくなってしまった。

福祉改革は,地方行政改革ともからまって進められてきたが,社会福祉が住民・市民にとって身近なものになるという反面,国と地方の財政負担の関係構造からみると,いっそうの地方自治体の負担の増大が進むことになるという側面ももつ。地方自治体が対応すべきニーズは限りなく拡大するが,財源や資源には限りがある。地方自治体は,このような状況におかれながらも住民・市民のニーズに応えていかねばならない。となると,みずからの減量経営を迫られ,機構改革を進めざるをえないし,サービス供給の多元化を図らざるをえない。

このような区市町村による高齢者福祉行政への取り組みの濃淡やサービス水準の格差を生じさせないために設けられたのが区市町村による高齢者保健福祉計画の策定義務化だったといってもよい。高齢者保健福祉計画に続く介護保険事業計画の義務的策定は,地方自治体にお

ける介護・福祉サービス経営の地方分権化を具体化したものだったのである。このような福祉行政の計画化は，エンゼルプランや障害者プランなどの策定を進め，当事者を含む市民参加や住民参加を促したといえる。これらの計画化の流れは，その後の自治体福祉行政における福祉施策の総合化および計画策定における住民参加のツールとして地域福祉計画を必要とさせるに至ったといえる。しかしながらこれらの計画策定への市民参画，住民参加が必ずしも進んでいないのが偽らざる現状であろう。市民，住民の福祉関心の度合いがサービス水準の区市町村格差をますます押し進めるという皮肉な実態も生み出していることも記憶にとどめておこう。

❏ 新しい地域福祉計画

2000（平成12）年に成立した社会福祉法では地域福祉の推進が掲げられ，2003（平成15）年から法定化された地域福祉計画が地方自治体の行政計画として策定されることになった。この社会福祉法に基づく地域福祉計画をこれまでの類似した地域福祉計画と区別するために新・地域福祉計画と呼称することも可能である。この新しい地域福祉計画の策定は，地方自治体の任意事項ではあるが，法定計画であるという意味からも地方自治体における社会福祉行政の総合的運営に大きな影響力を与えるものであるといえよう。

　地域福祉計画は，第107条に基づく市町村地域福祉計画と第108条に基づく都道府県地域福祉支援計画から成るが，それぞれの計画に盛り込まれるべき内容についても社会福祉法に明記されている。**図10-1**は，地域福祉計画のうち市町村地域福祉計画の位置づけと計画構成内容を全国社会福祉協議会「地域福祉計画に関する調査研究委員会」が示したものである。図中の「狭義の地域福祉計画」から老人保健福祉計画，障害者計画，児童育成計画を包含する総合的計画としての「広義の地域福祉」，および地方自治体の総合計画，社会福祉協議会による地域福祉活動計画，その他，福祉のまちづくり計画などを関連づけた「最広義の地域福祉計画」までをあらわしたものである。地域福祉計画をどのような広がりと深みをもたせた内容にするかは，それぞれの自治体の判断に任されているといってよい。市町村自治体の政策能力と住民の自治能力によって地域福祉計画の範囲と内容が決まってくるし，そのことは地域福祉システムの内容と水準までも決定してしまうことになるだろう。

　さて，介護保険事業計画と老人保健福祉計画も市町村行政計画として改訂見直しが進められてきたが，既存のさまざまな福祉関連計画と

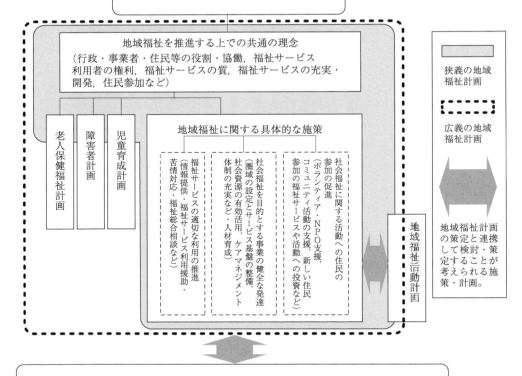

図10-1　地域福祉計画の位置づけ

出所：地域福祉計画に関する調査研究委員会「地域福祉計画に関する調査研究結果について」全国社会福祉協議会，2001年。

地域福祉計画を連携させながら策定しなくてはならない。地域福祉計画は，市町村に策定義務化された介護保険事業計画，老人保健福祉事業計画が取り残したニーズや，児童，女性，障害者など支援を要する人たちのニーズを取り上げ，複合的に政策推進するために総合的に計画策定しなければならない。社会福祉法に盛り込まれた地域福祉計画策定を媒介にして住民自治のあり方を展望するまたとない機会が与えられたともいえるのである。

2　地域福祉計画と市民参加・住民参加

コミュニティワークと地域福祉計画

地域福祉計画は，自治体の行政計画ではあるが，社会福祉協議会を

はじめ民間団体の策定する地域福祉行動計画なり地域福祉活動計画と密接不可分な関係にあり，両計画はクルマの両輪のごとく相互補完的な関係にあるといえる。コミュニティワークにとってみれば地域福祉計画は策定すべき目標であり課題であるし，地域福祉計画にとってはコミュニティワーク実践なしには計画策定過程への市民参加・住民参加も不十分なものにならざるをえない。つまり，地域福祉計画が施策の内容とするもののなかには行政の市民・住民との協働を事業として展開するものが含まれなければならないし，そのためには住民（市民）参加型事業の計画策定に最初から市民・住民が参画していなければならない。さらに住民（市民）参加型の計画的実行をも市民・住民参加のもとで事業評価されなければならないだろう。ソーシャルワーク実践は，地域福祉計画の策定におけるコミュニティワーク実践として深くかかわっている。それはまさしく，地域福祉計画がその策定過程に市民参加・住民参加を不可欠なものにしていることからも容易に推察できるだろう。

> **コミュニティワーク（community work）**
> 地域住民がみずから地域の生活困難の解決に取り組む主体的・組織的な方法をいう。また，その問題解決のために資源の確保，人材育成，ネットワーク化などを支援するソーシャルワークでもある。

　地域福祉計画は，地域福祉のデザインあるいは地域福祉ビジョンを示すものであり，それほど計画策定段階での市民参加・住民参加は意味があるものである。つまり最初の段階での参加・参画がなければ，計画実施の段階で実践される地域福祉なるものはみすぼらしいものにならざるをえないし，計画評価の段階でも程度の低いものに終わらざるをえないといえる。これからの地域福祉システムの形成は，策定，実施，監視，評価のプロセスを通じて完成されるもので，その意味では策定，実施，監視，評価の各局面での系統的・連続的な市民参加・住民参加が求められているといえよう。地域福祉計画の策定は，選挙により市民を代表する市長や議員によって行われる議会制民主主義と市民が政策・施策に直接意思決定する直接民主主義を社会福祉サービスの創造と実施を地域社会という舞台で行おうとする青写真づくりである。それは地方議会，自治体行政を通じて行われている団体自治と市民提案・住民提案や市民投票・住民投票などの直接参加による市民自治・住民自治から地域福祉システムがつくられていくことを示すものである。

　措置制度から契約・利用制度へ地域における社会福祉体制が変わってきたが，新しい地域福祉システムは，専門的な社会福祉サービスの提供だけでなく，ボランティアや住民の互助活動，多様な事業体のサービス提供，情報提供や評価活動，苦情解決や代理・代弁制度などを組み込んだものでなければならないだろう。近代国家が備えている三権分立制ではないが，新しい地域福祉システムも条例制定や計画策定，

事業実施，監査や評価，不服申立制や苦情解決制度などをサービス提供や市民・住民活動の助成という施策とこれらのサービスや事業への申請手続とオンブズマン制度，そして，これらの施策・事業を計画し評価する3つの系統を立体的に自治体政策にビルトインさせなくてはならない。計画策定や事業実施のみならず監査・評価，苦情解決も市民参加・住民参加が求められており，市民監査や住民訴訟までを視野に入れた地域福祉システムの形成が期待されているのである。

 オンブズマン (ombudsman)
行政機関に対する国民の苦情申立に基づき，行政行為について調査したり，改善の勧告をする人もしくは制度をいう。

施策の総合化を促進する

地域福祉の特質のひとつは，これまでの縦割り行政を地域社会で横割り展開する，つまり施策の総合化を促進することにあるのはいうまでもないだろう。保健福祉の統合化とか医療・教育との連携とか住宅政策・交通政策との協働とかすべて総合化への取組とみなしていいだろう。この総合化を促進するには市民参加・住民参加が不可欠で，市民参加・住民参加による公民協働がなければ，実現は困難である。市民参加・住民参加が重視される根底には，生活者としての住民が暮らす地域社会という生活空間のなかでさまざまな行政施策が総合化・統合化されるということである。国から地方へという上意下達の中央集権的，官僚的仕組みでは，総合化・統合化できなかった壮大な実験が地域福祉の意味であり，なかなか実際には取り組みにくかった公私協働の開拓的ステージが地域福祉だということもできる。行政による保健福祉の専門サービスの地域社会での実施と市民・住民による自主的な予防的活動の切り結びを試みようとするのが地域福祉のサービス・システムがめざすものであろう。

3 住民参加と市民参加

住民と市民の使い分け

ここにいう住民参加と市民参加をどのような意味で使っているかを予め便宜的にでも規定しておきたい。ここで用いている住民と市民はどのように使い分けているのかという区別と，参加と一口にいっても計画策定への参加と実施計画における参加が混在しているように思われる。つまり，住民といっても住民基本台帳にいう住民なのか，住民票はないが長年住み続けた生活者としての住民なのかといった規定から，市民という選挙人名簿に載っている選挙権のある市民という意味

なのか，社会科学で用いられる市民社会のなかの市民なのか，学問的にも多義性のある用語といわざるをえない。また，参加についてはボランティア活動への参加や住民互助活動への参加，あるいは障害者や福祉サービス利用者の地域生活への参加，そして政治参加など意思決定への参加も入り混じっている。

さて，住民と市民の整理から便宜的だが始めておこう。明確な定義づけは困難であるが，おおむね住民とは人間の生活者という側面に焦点を当てた属性をいい，市民は近代社会における市民社会の構成員という意味で納税者として政治的諸権利をもった存在を強調している。市民運動や住民運動が盛んだった時代は，市民概念も住民概念も渾然一体となっていたように思われるが，むしろ国家権力に対置される市民社会を構築していくという文脈のなかで市民概念は使われ，どちらかといえば住民は地域社会の利害やエゴむき出しの利益集団の構成員と捉えられるきらいがあったように思われる。しかしながら，今日的には地方分権や住民自治などの興隆とともに，生活主体者でもあるけれど政治的主体者として住民を捉えるようになってきているといえる。

◻地域市民としてとらえる

地球市民というグローバル社会の申し子のような表現も現れているが，地域社会に住民，市民として生きているという意味では「地域市民」という用語もあっていいように思われる。なぜならば，今日の地域社会は，住民という言葉に込められている地域での生活者ばかりで構成されているわけでもなく，仕事で地域にやってきている者から学びに来ている学生もあれば，遊びに来ている者もいるのである。立地している職場や学校も地域社会の構成体と考え，自治体職員であれ企業社員であれ，地域社会に関心を寄せ活動しているならば，「地域市民」と定義し直し，地域アプローチする人びととしてとらえ直しができないだろうか。職住分離がいわれて久しいが，これは労働者・勤労者中心の社会発想であって，労働者・勤労者中心の社会構造から高齢者という労働市場から退場した年金生活者が生きている社会構造では地域社会そのものが生活の場とならざるをえないのである。

市民参加・住民参加については，計画策定への参加と実施計画における参加が混在していると述べた。参加についてはボランティア活動・住民互助活動への参加，あるいは障害者や福祉サービス利用者の地域参加があるが，政治参加など意思決定への参加も入り混じっていると言及した。この参加のレベルもしくは方向性についても暫定的な整理をほどこしておきたい。いわゆる政治参加という側面では，これ

を市民・住民の政策決定や計画決定への意思を決定するための参加ととらえたい。それに対して地域活動や福祉活動に参加する側面での参加は，社会連帯への参加としておく。地域活動や福祉活動への参加はボランティア活動であれ，互助活動（助け合い活動）であれ，またはボランティアや地域貢献者としてであれ，援助を受ける者としての障害者や高齢者などであれ，福祉活動に参加する行為であって，社会連帯への参加と特徴づけることができる。つまり人間連帯のために支援者や援助者として，または支援・援助を受ける者として活動に参加するわけである。

■社会連帯への参加と福祉計画策定への参加

いわゆるソーシャル・インクルージョン（社会的包摂）も支援・援助する側が支援・援助される者を社会に受容することのみならず，支援・援助を受ける当事者にとっては社会参加，地域デビューすることにほかならない。つまり福祉活動や地域活動という時間と空間に参加して支援者・援助者と被支援者・被援助者がつながり会う社会連帯・人間連帯への参加を意味しているのである。インクルージョンが重要な実践思想，政策方針であったとしても，支援・援助を受ける当事者は自分たちが一方的に受容されるのがよいとは思わないだろう。

このような社会連帯への参加を意思決定への参加の一つである福祉計画策定への参加とどのように混じり合い，重なり合っているのかについても述べておかねばならない。一般的には福祉活動や地域活動への参加経験のない市民・住民が計画策定過程にかかわっても地域福祉計画になんらかの積極的な影響を与えることはなく，その市民・住民にとっての自治体福祉政策や地域社会の福祉活動を学習する機会を提供しただけに終わることが多い。逆に，福祉活動や地域活動の経験豊かな市民・住民が計画策定に加わってくると，策定委員会，作業委員会のみならず計画策定にかかわる市民フォーラムや住民座談会なども意見交流が活発になる傾向にある。つまり意思決定への参加と社会連帯への参加は相互に結びついていて，相乗効果的な関係にあり，意思決定への参加機会が狭められていると，社会連帯への参加も低調となる。社会連帯への参加が停滞していると，意思決定への参加の一つである計画策定の動きも鈍くなるといえるだろう。

■ソーシャル・インクルージョン（Social Inclusion）
社会的に排除された人々や社会的に孤立しがちな人々を雇用就労，教育，社会保障，住宅政策，医療政策などを通じて社会につなげようとする理念をいう。

4 市民参加と利用者参加（当事者参加）の支援

❏ 市民参加のレベル

　地域福祉活動へボランティアとして参加するのか，利用者（当事者），受益者としてかかわるのかの違いはあるが，住民参加，利用者参加のいずれであっても，なんらかの専門的・制度的支援がなければ活動は促進されない。地域福祉計画の策定にかかわる前提として社会連帯への参加の活動をボランティア活動や地域貢献活動という側面にしぼって，その課題と支援策を整理してみよう。計画策定過程のどこに関与するにせよ，住民や利用者（当事者）の市民参加・住民参加のレベルというべき活動レベルが計画への参画の質を決定するからである。ここでは，一人の個人が自立・自律した市民として自己成長していくという視角から住民概念も含めて市民という用語で述べておくことにする。

　市民のボランティア・地域活動への参加を個人的段階から組織運営までの段階として設定するとすれば，市民が個人的に参加するレベル，集団として参加するレベル，団体・組織として継続的に参加するレベルに便宜上区分することができる。このようなレベル設定は，一人の市民がボランティア・地域活動してみたいと思い立ったとき，どのように行動するだろうか，どういう支援をすれば個人である一人の市民がボランティア・地域活動に参加するのだろうかという個人の成長発展の視点に基づいている。個人のなかの社会性発展，社会化発達，つまり，一人の市民が，ボランティア・地域活動に対して「関心者」としてまず現れ，小集団活動などを通じて「活動者」として成長し，さらにこれらの活動を維持・発展させていく「組織者」として主体性を発展させていくものと仮定している。

　市民のボランティア・地域活動を支援する専門機関としては，ボランティア・センターや社協事務局，NPO支援センターなどが考えられるが，これらの専門機関が支援する機能は，啓発・情報提供・需給調整・環境整備・制度整備・研究開発などだったりする。これらを支援する専門職は，ビギナーを相手に相談にのったり，リーダー養成訓練プログラムを担当していたり，さらに事務局長クラスの民間団体の管理運営の研修を行っていたりする。このような市民活動の支援事業にあたっても，とかく支援する側に立って指導・助言する機能を考え

てしまいがちだが，実は，市民の目線を大事にするとすれば，一人ひとりの市民がライフコースを通じて「関心者」から「活動者」へ，さらに「組織者」へエンパワーメントすることを専門的に支援しているとはいえないだろうか。

❏ レベル設定にあわせた支援の類型

　では，このような視点からこれらのレベル設定にあわせて支援の類型を立てるとすればどういうことが言えるだろうか。概括的には次の3つに対応させてその支援内容を仮定することができるだろう。
　① 「関心者」への支援
　これは，活動へつなげるための支援策となる。活動に対する関心を高める支援は，個人の参加レベルに対応するもので，市民が活動にかかわる時間的余裕の創出とか活動にかかわる価値観の発見，関心を高めるための学習機会・情報提供，そして活動参加への「きっかけ」，「場」づくりなどが課題となる。労働時間の短縮，週休2日制，ボランティア休暇・休職制，未消化の有給休暇活用など時間的余裕を創り出すこと，ついで，マスメディアによる活動の紹介やマルチメディアを活用した多彩な情報提供・学習機会の提供などが必要である。
　活動者としてはビギナーなので，継続的な活動参加というよりもイベント型の一時的な活動参加の機会や「きっかけ」づくり，ボランティア・スクール，体験学習の「場」づくりが支援策として考えられる。気軽に相談できるコーナーやアドバイザーなど個別相談に対応できる態勢も必要であろう。
　② 「活動者」への支援
　これは活動を継続させるためのもので，個人活動から集団活動への飛躍を支援し，集団活動として継続化することを専門援助する。活動への参加を促進する支援は，集団レベルに対応するもので，ほぼ継続的な活動機会や活動・プログラムの開発，個人レベルでは継続しない集団活動の開拓・仲間づくりなどが主要な課題である。
　ボランティア・地域活動に関する情報提供，需給調整，相談（カウンセリング），研修，プログラム開発，ネットワークづくりなど，いわゆるボランティア・センターや社協事務局で提供されているサービスがほぼこのレベルの支援策となる。そのほか活動にかかわる機材・ロッカーなどの提供や備品の貸与・支給など，あるいは実費弁償を兼ねたボランティア・グッズの創作と支給，活動の楽しさを付加価値としてつけることがポイントにもなるだろう。これとならんで，永続活動者を表彰したり顕彰したりする評価もさることながら，活動者に対

する研修機会の企画，グループ活動をまとめた記録集の出版助成，ビデオ・DVD制作の助成なども活動を認知し評価する支援策となろう。

③　「組織者」への支援

これは「管理者」としての運営支援と言い換えてもいい。この活動を発展させる支援は，組織レベルに対応するもので，さらに活動を組織的に永続化させたり，社会的認知を得るための条件整備，組織維持のための拠点づくりや団体としてのリーダー養成，他の団体との交流・提携，行政とのパートナーシップ形成などが支援対象となろう。組織として社会的認知を得るには法人格を取得するなどの方策が正当なものだが，新しい社団法人，財団法人などを含む公益法人，さらにそのひとつである社会福祉法人など現実には制約が厳しく，通常のボランティア団体・住民組織では取得が不可能なことが多い。そういう意味では欧米のような届出制に基づく市民活動型法人（NPO法人）のように，日本の特定非営利活動法人制度の広い意味でのNPO法人制度として柔軟に運用されることに期待するところは大きい。

当面，任意団体（無認可団体）として活動するにしても拠点となる事務所，コーディネーターなどの専門有給スタッフの確保などは必須条件である。特にボランティア・リーダーの養成や個別支援には専門スタッフ，コンサルタントは不可欠である。とかくオフィス運営費や専門スタッフの人件費は無視されやすいが，ボランティア・NPO団体への事務局支援は重要な課題である。そのほか，団体間の交流やネットワークづくりも活性化に欠かせない活動支援であるが，ネットワーク化に必要な資金や技術，情報などの支援も組織レベルでの課題といわなければならない。

5　公民協働における住民参加の推進

❑ 住民参加の推進

まとめにかえて住民参加を推進させる方策として公私協働にかかわる論点に言及しておきたい。ここでは市民参加と住民参加を曖昧な形で併記する表現ではなく，市民意識をもった住民の計画策定への参加という「地域市民」の意味をこめた「住民参加」にしぼった表現にしておきたい。

住民参加は住民が自主的に参加意欲をもって計画策定にかかわることが基本的に重要だが，住民の主体的行為をいたずらに待っているだ

けは住民参加が推進されないことはいうまでもない。住民参加と職員参加はメダルの表と裏のようなもので，事務局としての職員の計画策定への参加がなければ計画内容も陳腐なものに終わるか実効性のない計画になるだろう。ここにいう公私協働における住民参加の意味は，事務局として自治体行政職員や社協職員が参加することを意味しているが，職責上，一委員として策定委員会や作業委員会に参加することも想定はしている。しかし，住民参加を促進させるという意味では策定委員会，作業委員会を事務的に支える事務局員の役割は重大である。

住民参加を推進させるためには，通常，市町村の首長をトップとする庁内体制が整っているかどうかが決め手となるが，社協事務局の場合でも計画担当だけで動いている場合は住民参加を進める支持はえられない。要するに担当部局だけの計画策定になってしまうと，計画の効力も翳りがでてくる。やはり住民参加の必要性と重要性を庁内全体で認識し合意できていないと，実施の段階で事業展開が望めなくなる。このように庁内体制の形成は，住民参加の合意形成と密接にむすびついており，住民参加のための住民団体の組織化とともに重要である。いま一つ重要なのは，自治体であれ社協など民間団体であれ，市民公募方式と同じように事務局の一翼をになう職員公募方式を採用してもいいのではないか。縦割りの仕事の仕方を廃止して，関心とやる気のある職員を登用する方法が開発されていい。なわばり意識とたこつぼ縦割り慣行を変えるような職員を組織を越えて参加させる方式と行政職員が地域に出向いてボランティアするなど，住民と心情を共有できる体験づくりが重要であろう。専門職員も行政職員も座して待つのではなく，地域社会にリーチアウトできる人材が必要である。

❏ 住民参加と情報公開

住民参加を推進する武器はなんといっても情報公開である。行政や社協がにぎっている政策形成過程での情報を公開することが住民参加を活発にする前提であり，住民参加の質を高める条件でもある。個人情報なりある特定の階層にのみ特権を与えるような情報公開は控える必要があるが，地域福祉システム形成のために必要な基礎データや関連資料は積極的に公開すべきだし，できるかぎりわかりやすい情報提供に努めるべきだろう。情報提供，情報開示と「知る権利」にかかわる用語はいくつかあるが，ここでは広く情報に関する共有をすすめる状況を情報公開と捉え，情報提供や情報開示は下位概念として理解しておきたい。情報提供は，PRとか情報の送り手が宣伝や理解を求めて提供する情報活動で，かならずしも受け手がそれらの情報を必要と

していない。つまり情報の送り手のプラス情報しか送らない傾向があり，住民が望んでいる情報ばかりではないということである。それに対して情報開示は，情報の持ち主が隠したがる内部情報の公開を求めているわけで，すなわち情報開示は，機関や組織の透明性を示す指標となる。このように情報公開は，住民参加の前提と考えるべきであろう。

　情報提供にしろ情報開示にしろ，情報公開するには，提供・公開すべき情報を利用しやすいように制度化したり利便に供する取り組みが必要となる。その準備や作業を効率よく進めるのがさまざまなメディア機器だろう。いわゆる情報処理（収集，加工，保存，提供など）を少ない人員で多量の情報を特定，不特定を問わず提供できるところに特質があり，広く多数の住民が地域福祉に関心をもち活動に参加し，計画策定に参画する促進技術となる。しかし，高齢者や障害をもつ人々，あるいは情報機器に接する機会の少ない人たちにとっては情報格差をもたらす問題も指摘されている。これらの情報機器を使って情報を得られるようにメディア・リテラシー，つまり情報機器を扱える方法や学習などの促進が不可欠となる。パソコンがあっても使えない，ホームページの開き方がわからない，Ｅメールのやり取りができないなどの状態がみられるなら，情報機器に接する機会の提供と使いこなす技術支援も求められる。

　不特定多数に提供する情報は，通常，情報を求めている人がその必要性を自己判断，自己選択できるという前提に立っている。しかし，たいていの場合，これまで福祉情報といわれるものは予見や偏見もあって忌避する傾向があった。そうなると，いくら福祉情報を提供しても必要な人たちには届かないので，このような一般的に多量・多種類の情報提供をする，いわゆるマスコミとは違った方法，たとえばクチコミのような確実に個人個人に届けられる手法も開発する必要があるだろう。さらにインターネットを使ったICT（情報通信技術）による個人情報伝達もある種のクチコミといってよいが，携帯端末からの発信・受信は個人的つながりを創り出すとともに，不特定多数にも一挙にアクセスできるという危い面も持っている。しかしながらマスコミと異なって双方向性の発信・受信ができるという点ではクチコミの発展形態であるパーソナル・コミュニケーションであるといえる。クチコミは，情報の受け手がなにを必要としているか判断しながら必要な情報を提供するという意味において，手間がかかるし多数の人たちに一斉に送ることができない面もあるが，情報提供後のサービス利用とか活動参加へ確実につなげる方法でもある。

◪ メディア・リテラシー（media literacy）
情報を流通させる媒体（メディア）である機器やシステムを使いこなす能力をいう。特にパソコン，インターネットや携帯端末などメディアの特徴や使用方法を理解し自主的に活用する学習能力を指している。

◪ ICT（Information and Communication Technology）
コンピュータなどを使った通信・情報システムの総体を意味し，携帯電話，携帯端末など情報技術を使った伝達・交流などの通信サービスをいう。

🞑 住民参加と個人情報

　最後に，個人情報の守秘義務および情報活動に関する倫理綱領について言及しておきたい。福祉に関する情報のうち個人のプライバシーに関する情報の取り扱いには配慮を要するが，秘密を守ることは当然だとしても，守秘義務だけ強調しすぎると，個人を支援する活動にボランティアや住民が参加する意欲をそぐことにもなりかねない。福祉の援助活動は，個人のプライバシーにかかわる情報，たとえば福祉ニーズや暮らしの困りごとなど明らかにしてもらえなければ，援助を開始できないというパラドクス状態にある。生活困難など自己評価を低くする情報なので明らかにするより，隠しておきたいというのが普通の人の感覚だろう。そのような自己卑下をさせることも含まれるので，プライバシー情報を扱う配慮を深く理解したうえでの活動参加が必要だろう。個人の研修もさることながら，このような個人情報を扱う福祉活動を行う団体は倫理綱領などをもつことも要るだろう。

　自治体と並んで市区町村における社協は，公私協働，官民協力のパートナーシップをつくるうえで，重要な役割を果たしてきたし，これからも公私協働の橋渡し役として期待されていることを役職員は自覚すべきである。このような公私協働の連携をつくる社協の役割は，触媒としての役割ともいえるもので，インターミディアリー（中間支援組織）としての機能を有している。地域社会におけるさまざまな民間団体を束ねて，その共通する課題の克服や共通基盤の構築など福祉問題の解決にかかわる行政と住民グループをつなぐ中間組織である。そのような公共的性格をもった民間団体としての矜持と自覚をもつべきであると考える。

　これからの社協は，新・旧の住民組織のテーブル（受け皿）づくりの組織として機能すべきであろう。これからは定住型住民組織の支援だけでなく，テーマ展開型組織，NPOとか任意団体も含めて地域社会における新旧団体の連繋や融合を促進する役割を担う必要がある。ラウンドテーブル方式とよばれたり，プラットホーム，コンソーシアム，連合体形成などは，すべて地域福祉のネットワークづくりは社協の使命といってもよい。

🞑 **ラウンドテーブル方式**
円卓会議が元々の意味だが，市民参加で対等な立場で情報交換や課題の共有などを話し合う小人数の会合方法をいう。

🞑 **プラットホーム**
元々は鉄道駅の乗り場を指すが，転じて市民活動や企業活動など複数の異なる団体や組織が協働して共通の目的や課題に取り組むネットワーク（舞台，場）を意味する。

🞑 **コンソーシアム（consortium）**
異なる複数の個人，団体，組織が共同で共通の目的達成や共通の目標に向かって協働する事業共同体を意味することが多い。元々は共同研究や技術開発などで大学連携する非営利組織から始まったとされるが，今日では営利目的の企業連合体の意味にもなっている。

🞕 参考文献

高田真治『社会福祉計画論』誠信書房，1979年。
全社協『地域福祉計画　理論と方法』全社協，1984年。
古川孝順『社会福祉供給システムのパラダイム転換』誠信書房，1992年。
右田紀久恵『自治型地域福祉の展開』法律文化社，1993年。
牧里毎治ほか『これからの社会福祉⑥，地域福祉』有斐閣，1995年。

坂田周一ほか『これからの社会福祉⑧，社会福祉計画』有斐閣，1996年。
古川孝順『社会福祉のパラダイム転換』有斐閣，1997年。
古川孝順『社会福祉21世紀のパラダイムⅠ』誠信書房，1998年。
牧里毎治「地域福祉計画の目指すもの」地域福祉研究，31号，日本生命済生会，2003年。
炭谷茂ほか『ソーシャルインクルージョンと社会起業の役割』ぎょうせい，2004年。
牧里毎治「地域・自治体行政計画と社会保障・社会福祉」『社会保障・社会福祉大事典』旬報社，2004年。
牧里毎治「地方分権化と計画福祉行政のなかで」ソーシャルワーク研究，第31巻第4号，相川書房，2006年。
牧里毎治，野口定久共編著『協働と参加の地域福祉計画』ミネルヴァ書房，2007年。
牧里毎治ほか『自治体の地域福祉戦略』学陽書房，2007年。
平野隆之『地域福祉推進の理論と方法』有斐閣，2008年。
平野隆之ほか『地域福祉プログラム』ミネルヴァ書房，2009年。
牧里毎治ほか『ビギナーズ地域福祉』有斐閣，2013年。

第11章 福祉計画の策定プロセスとその手法

最近の福祉計画では，策定プロセスを重視することに特徴がある。その際にていねいに地域住民（福祉サービスの利用者やその家族を含む）の参加を促し，地域の福祉ニーズをしっかりと踏まえて，解決策や必要な施策について，行政や複数の関係者によって検討される。

住民参加を重視した福祉計画の策定プロセス

❏ 計画策定の基本的なプロセス

　計画策定については，plan → do → see が基本となる。このことは企業経営のなかでは，plan（現状把握→戦略策定→指標策定）→ do（事業実施）→ see（検証―戦略・指標の再設定）という PDS サイクルとして用いられてきた。今日ではこれを基本として発展した plan → do → check（検証・評価）→ action（改善・働きかけ）などのパターンも開発されている。また各自治体では行政評価のあり方が大きな課題になっているが，行政事業そのものに PDCA サイクルを積極的に取り入れているところが多い。

❏ 福祉計画の策定手順

　福祉計画のなかには，介護保険事業計画や障害福祉計画といったサービス提供を行うために市町村における整備目標を明確にしていくための計画がある。このような類の計画では数年先のニーズ量を推計して，それに見合うだけのサービスを整備していくことが求められる。
　それ以外に高齢者や障害者，児童の福祉施策を総合的に考えていくための計画（高齢者福祉計画や障害者計画など）では，保健・医療・福祉の連携だけではなく自己実現や社会参加，就労やバリアフリーの都市計画といった広い分野にわたる施策を計画化する場合もある。ただしどのような計画でも，最近では利用者ニーズや地域住民の意見や参加を重要視する傾向にある。こうした背景には，市町村の行政施策そのものが，行政と地域住民による協働が大切にされていることがある。行政計画だからといって，行政職員だけで作成するのではなく，地域住民の参画を得ながら策定していくことが重要とされてきた。
　とりわけ地域福祉計画の策定にあたっては，住民参加が不可欠とされている。この住民参加を軸にしながら，協働をより促すことを意図して策定手順としてまとめられたのが，次の策定フロー（**表 11 - 1**）である。これは社会福祉審議会福祉部会により計画策定指針

表11-1 地域福祉計画策定手順（策定委員会と住民等との協働関係）

			市町村レベル		小地域レベル	
		課題	策定委員会の役割	地域福祉推進役の役割		地域福祉推進役による住民等に対する直接的働きかけ
第一段階	住民等自身による課題の把握	準備段階	・地域福祉計画策定の趣旨の確認と合意 ・地域福祉推進役の育成	・小地域における地域福祉推進役の選定 ・地域福祉計画策定の広報	・地域福祉計画策定の意義の共有	・地域福祉計画策定の意義の住民に対する周知
			・地域の特性と生活課題の大要を把握するための地域社会の各種データの収集と分析 ・地域のサービス関係機関・団体等の活動状況を把握	・行政や社協が保有する生活課題とサービスについての情報の策定委員会への提示 ・地域福祉推進役の会議・研修	・生活課題とサービスの分析結果のわかりやすい解説による，解決活動を起こすための必要性の理解の促し ・地域福祉推進の主体は皆，同格のパートナーであることの確認 ・各々の立場から，各々のようなことができるかの話し合いと合意	
第二段階	地域福祉計画策定委員会	手順(1)	・地域住民の自主的協働活動を必要とする生活課題の存在を確かめ，その実態を把握するための各種調査活動の実施	・調査活動の企画（目的・実施方法の検討・決定） ・地域住民自身による生活課題発見のため，地域住民が調査に参加する方策の検討 ・調査結果の取りまとめ・分析	・調査活動の目的と方法を理解 ・調査結果の策定委員会への報告 ・小地域における人づくり	・住民等による交流会・小地域座談会などへの参加や調査活動への参加・協力を求めることにより，住民等の意識の変革を図り，将来の活動に向けての動機づけを実施 ・こうした活動により，その地域における生活上の課題を自ら発見するよう支援
		手順(2)	・住民等に，調査の結果明らかになった地域における生活課題を周知し，解決活動への動機づけを行うための広報 ・教育活動の実施	・効果的な広報・教育活動の実施方法の検討	・小地域における効果的な諸広報・教育活動の企画	・文書 ・集会 ・視聴覚 ・その他 による各種広報・教育活動の実施
		手順(3)	・前の段階で明らかにされ，住民が解決したいと考えるようになった生活課題の中から，計画に位置付ける解決活動の課題を決定するよう援助	・計画に位置付ける生活課題の検討	・右欄の各種活動の結果を報告し，課題に位置付ける解決活動の課題を策定委員会に報告	・各種の会合で，地域社会の生活課題について検討するよう働きかけ，また援助し，意見をまとめる

段階			手順				
	地域福祉計画策定		手順(4)	・取り上げられた課題に関係を持つ人達を選び出し，活動に組み入れ	・課題別に候補の団体機関・個人を選び出し，また必要な下部組織や，計画と活動のための体制案の作成	・地域福祉推進役のメンバーができるだけ役割分担して，計画策定に参加するように働きかける	・候補に上った団体・機関・個人への公式，非公式の働きかけ。 ・計画と活動のための活動体制・組織作りを援助
			手順(5)	・地域福祉計画の目標の決定	・「何を実現しようとするのか」を決定	・住民等が目的解決のためにそれぞれ何をどのように行うかを働きかける	・話合いを重ね，目的の共有を目指す ・各種の問題別の組織や機構の会合が定期的にしかも能率的に開かれるよう事務的な処理を進める ・討議に必要な資料を提供して，また専門家を招く
			手順(6)	・地域福祉計画の策定 ・地域福祉計画評価方法の決定	・実際に何を，どこが（誰が），いつまでに，どのようにやるかを決める ・計画評価方法の検討		・上記に加えて，予想される計画策定上の障害や問題点を指摘しつつ，任務分担，時期，その他について討議を行い，解決活動を起こすよう援助 ・評価方法の周知
第三段階	地域福祉計画評価委員会	計画の実施	手順(7)	・地域福祉計画の実施	・計画実施状況の点検 ・計画の円滑な実施のための方策の検討及び実施	・右欄の結果を評価委員会に報告し，必要に応じ，決定あるいは指示を受ける	・計画実施上の問題を解決するための具体的な援助の実施 ・参加団体，機関，個人の協力を維持するよう援助の実施 ・地域社会に対する活動の意欲を維持，発展させるために実際に行われている活動や残された生活課題について発信・広報，啓発活動の実施
		評価・見直し提言	手順(8)	・地域社会の協力活動の体制がどのくらい高まったか，福祉水準がどのくらい高まったかを評価，必要な見直しを提言	・必要に応じ，効果測定のための調査を行い，評価の結果を，地域社会に知らせ，次の活動への動機づけの一助とする	・右欄の調査結果及び全般的な状況について検討がなされ，適切な評価が行われるように援助	・評価のための調査活動への参加・協力を求める

出所：厚生労働省，市町村地域福祉計画及び都道府県地域福祉支援計画策定指針の在り方について（一人ひとりの地域住民への訴え），別紙2。

(2002〔平成14〕年1月)のなかで示されたものである。実践的であり,策定に必要な活動の手順が一つのモデルとしてわかりやすく整理されている。

　ここでは計画策定の過程が大きく4段階に分けられている。第1段階としての準備段階,第2段階では住民自身らによる課題の把握,第3段階はそれらを踏まえた策定委員会における計画策定,第4段階には計画評価と見直しをしていくという過程である。とくに第2段階に力を入れて解説していることが特徴的といえる。

　計画策定指針では,地域社会の生活課題をきめ細やかに発見することは,地域社会においてこそ可能であること,またその解決に向けた方途を見出し実行していく場として地域社会が重要であることを強調し,そのことを住民に伝えることによって主体的参加を促す必要性を指摘している。そのためには確実に情報を伝えるための工夫,また住民や要支援者自身が自ら生活課題を明らかにするための調査(ニーズ調査)に参加したり要支援者と他の住民等の交流会に参加したりすることによって,生活課題を共有化し,自ら解決に向けて活動する気持ちを醸成することが重要であることを指摘している。そしてこうした問題関心への動機づけを契機にして,住民等が自ら主導的に活動し続けることが地域福祉の推進につながっていくものとしている。つまり地域福祉計画の策定においては住民からの生活課題を把握するだけではなく,それを契機に地域福祉実践を推進していくことが重視されている。

　この計画策定指針では,住民参加を生活課題の把握とその共有化に重点化し,その後の展開については自らの活動に結びつけて自主的な活動としていくことを想定している。しかしこの段階でさまざまな住民の福祉課題を行政として施策化していくことが重要になるわけであるが,その段階における住民参加をどのように位置づけていくかは述べられていない。行政と地域住民との協働作業は計画評価や進行管理まで続く。計画策定から評価に至るすべての段階に住民が関与し,住民自らも役割と責任を果たしていくことが求められる。

福祉計画策定に連動した福祉活動のプロセス

　全国社会福祉協議会に設置された「住民参加の地域福祉計画づくりに関する人材開発研究委員会」では,社会保障審議会福祉部会の計画

表11-2　地域福祉計画の策定過程と地域福祉活動のプロセス

住民参加による地域福祉計画の策定過程（計画策定指針）	住民参加による地域福祉活動のプロセス
準備段階 　地域福祉計画策定に向けての準備	(1)　地域福祉活動の構想
手順(1)・(2)・(3) 　地域における生活課題の整理や学習	(2)　地域福祉の課題を見つける
手順(4)・(5) 　計画の目標設定や基本構想の策定	(3)　活動の理念や目的をつくる
手順(6)・(7) 　基本計画や実施計画，評価方法の策定。計画の実施	(4)　課題の解決のための検討（計画化）。計画に基づく地域福祉活動
手順(8) 　地域福祉計画の評価と見直し・提言	(5)　地域福祉活動の進行管理

出所：全国社会福祉協議会「住民参加の地域福祉計画づくりに関する人材開発研究委員会」2003年，28頁。

　策定指針における準備段階から手順8までの9つの過程を，地域福祉活動という視点から5つの段階に整理した（表11-2）。この委員会での作業の特徴は，全国で先駆的に地域福祉計画を策定してきた自治体の担当者にアンケートやヒアリングを実施して，その実態や策定状況を把握しながら分析考察している点である。

　地域住民にとっての計画策定とは，地域福祉の推進にほかならないのであって，そのための計画策定の過程は，まさに福祉活動そのものであるという認識が強調された。つまり地域住民からすれば計画策定の第一目的は，地域福祉を推進することであって，計画書を作成することではない。当然のことのようであるが，この基本的なことを忘れてしまったような計画策定も多い。すなわち計画策定そのものが目的化してしまい，計画書を策定している過程は盛り上がっても，実際に計画書ができあがってしまうと「絵に描いた餅」になるような事例である。以下，福祉計画策定に連動した住民による地域福祉活動のプロセスについて整理しておく（図11-1）。

❑ 福祉活動を構想する：第1段階

　どのような福祉活動を展開していくかをまず担当者が構想する。活動の準備段階である。地域でどんな活動が求められているのか，どんな生活課題や福祉課題がありそうかを事前に調査してみる。そのためには，地域における既存の活動や各種データを分析したり，あらためて地域特性を把握しながら（地域アセスメント），必要な企画を検討する。

　その際には担当者ができるだけ地域に足を運び，住民活動の実態を知り，住民の声を聞き，関係者間のネットワークをつくることが必要

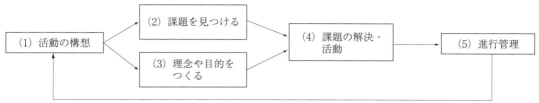

図11-1 地域福祉計画策定に連動した地域福祉活動の展開

出所：全国社会福祉協議会「住民参加の地域福祉計画づくりに関する人材開発研究委員会」2003年，28頁。

である。またこの構想の段階から，地域福祉の情報収集や発信に努め広く関心を喚起していく。住民と共に地域の福祉状況について考える学習会等の企画を並行していくことも考えられる。こうした活動が地域住民のなかに福祉計画策定に向けての内発的動機を高めていくことになる。

❐ 地域福祉の課題を見つける：第2段階

地域のなかにある生活課題や福祉課題を具体的に把握していく。生活課題を把握する方法としては，社会福祉調査が一般的である。統計調査や事例調査などを活用する手法や，住民自身が調査企画の段階から実施，分析，考察に至る過程に参画するといった住民参加型調査という方法も広がりつつある。また住民参加の直接的な機会としては，住民懇談会や関係者からのヒアリングなどを通して地域ニーズを把握することもある。こうして収集された地域のさまざまな生活課題や福祉課題を分析していくことが次の作業である。ワークショップや，住民相互による検討会を重ねて，住民から寄せられた一人ひとりの私の問題を，地域の問題として共有化していくことができるように，働きかけしていくことが大事である。

大切なのはこの段階から積極的に住民参加を促し，プロセスを重視することである。コンサルタントに丸投げしたり，担当者だけで作業をするのではなく，時間はかかっても住民がこの作業にていねいに関わることにより，地域の生活課題に気づいたり，問題を共有化していくことが大事である。そのためには今日の社会福祉の動向等について学習できる機会を創り出していく工夫も必要である。

❐ 活動の理念や目的をつくる：第3段階

前の段階と並行して，活動の理念や目的を考えていくことが必要である。このことは先駆的に福祉計画を策定してきた自治体の経験知の一つである。つまり「課題を見つけること」ばかりに集中していくと，住民はその負担からストレスが強くなる。自分たちのまちが「いかに

住みにくいところか」を強調しすぎると，かえって住民の志気が低下していく。むしろ自分たちのまちのよいところに目を向けて，肯定的な取り組みを支持していくことが重要である。そのうえで，これからこの地域をどんな地域にしていきたいか，住民相互で夢や希望を語り合う機会を大事にしていくこと。このポジティブに自分たちの地域のよさを認識していくプロセスと，一方で現実的な福祉課題を明らかにして共有していくプロセスの双方をバランスよく進めていくことが，住民参加を計画策定によって進行していく際の留意点である。

この第3段階と第2段階の作業を，バランスを見ながら進行していくことによって，計画はより具体的で現実的なものになっていく。この段階では，できるだけ住民各層の参加があることが望ましい。地域によっては，小学生が一緒に参加したり，障害のある人や介護者も共にワークショップに参加していく事例も報告されている。

岡村重夫は，早くから福祉コミュニティの機能の一つとして地域福祉計画の立案を指摘していた。そこでは「特定の公共目的を実現するための手段・方法の選択ではなく，むしろその目的を形成する価値の選択」[1]が重要であるとしている。地域社会におけるさまざまな階層構造があるなかで，どのような計画にしていくかといった価値形成段階がきわめて重要になる。そのためにはサービス利用者を中心においた議論が必要になるが，その権利と利益を保障・進展させていくためにソーシャルワーカーの関わりが重要であり，当事者の福祉課題を代弁したり調整していく役割が求められる。しかしそれだけでは地域住民全体の総意にはならないわけで，そのときに異なる価値選択や葛藤（コンフリクト）の場面が生じる。この葛藤の場面を大切にして乗り越えていく過程こそが地域福祉計画のプロセスゴールにあたる。

ところが実際には福祉計画策定の多くはこの点に十分な力点をおかず，計画理念などは他の計画からの借り物であったり，抽象的な言葉を羅列したお飾りだけのものが多かった。住民参加で計画策定を進めるということは，どんな地域を創り上げていくかという合意形成を明確にしていくことであり，やがて計画に基づく活気ある実践活動を生み出す原動力になる。それぞれの地域が自らの地域福祉の哲学を明確にすることにつながる。

❏ 課題の解決・実際の活動：第4段階

地域の問題をできる限り共有し，今後の方向性を確認してきたところで，次の段階として具体的な課題の解決に向けた方策を検討することになる。これまでの過程を踏まえて，地域の生活課題や福祉課題を

どのように施策化していくかという重要な局面になる。一方で住民自身が担うべき役割や，実践していくことが可能な活動についても協議していく段階である。

第1ステップとしてはこれまで把握された生活課題や福祉課題を一覧にして鳥瞰してみる。そのうえで，それぞれを検討して住民としてできることは何か，関係機関へ要望していかなくてはならないことは何かを整理していく。関係機関への要望を整理する過程では，既存の事業と照らし合わせてみることも必要である。それによって住民の視点からの事業評価を伴いながら，新規事業の提案や検討を行う。

第2ステップとして，全体のなかから今回取り組むべき活動内容を絞り込む。それを具体的な事業として展開していくために，準備から活動までのフローチャートを作成するなどして，参加者が共通に納得できる進め方を明示する。そのときには活動の短期目標と中長期目標，あるいは必要な財源やシステムについても検討していく。この段階ではパブリック・コメントなど，より多くの住民からの意見を募る工夫も必要である。

第3ステップとしては今後の活動の見通しをもちながら，ある一定の時期がきたときに計画そのものや，それぞれの事業の進行管理が必要になる。そのために計画をつくる段階から具体的な目標設定や評価の方法を決めておく。それらに基づいて実際の地域福祉活動が展開されていく。

❑ 福祉活動の推進と進行管理：第5段階

福祉活動の推進により，常に活動を見直し効果的なものであるように修正したり工夫していく。また一つの活動を通して，新たな福祉活動を構想していく必要性も生じてくる。活動の推進と進行管理にあたっては，複数の視点から評価していくことが望ましい。活動に携わるメンバーはもとより，サービスの利用者や家族，その活動を客観的に見ている人たちの声などを踏まえる。ポイントとしては，当初の目標等が達成できているか，活動が常に開かれていたか，活動に広がりが出ているか，また参加者自身の学びや成長を確認することも重要である。このときにそのプロセスを重視することが重要である。

以上示してきたプロセスも先のPDSサイクルに基づいていることは理解されよう。ただし地域住民の参画によって明らかになった福祉課題を施策化し，その計画評価に至るまで地域住民が関与していくという視点と手順，つまり計画策定のプロセスと住民参画を最大限に重視している点で，従来の都市計画にみられるような工学的計画手法と

は異なる。ソーシャルワークの視点と支援が大切になる。

策定プロセス上の留意点

❑ 地域の福祉課題を意識化させること

　福祉計画が他の都市計画等と異なるところは，地域の生活課題と福祉課題をもとに計画化を図るということである。つまりソーシャルワークの視点が求められるのである。地域住民の最大公約になる課題だけではなく，マイノリティの問題，すなわちこれまでは排除されたり抑圧されてきた問題にこそ着目していかなければならないこともある。そこでは地域住民が生活課題や福祉課題を意識化することから始まる。

　福祉課題には顕在化されたものと，潜在的なものがある。地域の生活課題といっても特定の人たちの課題と地域住民に共通の課題がある。さらにそれらを計画策定していく際に関係者に伝えている場合とそうでない場合では異なる。具体的には，①本人や家族が福祉課題を自覚していて，すでに関係者に伝えている場合と，②自覚していても，まだ関係者に伝えていない場合がある。③本人や家族は福祉課題と自覚していないが，関係者からみて福祉課題だと認識される場合，また④地域住民が地域の課題として認識して，すでに関係者に伝えている場合と，⑤認識はしていても，まだ関係者に伝えていない場合。⑥地域のなかで課題が生じていても，住民は認識していない場合である。

　とくに問題として留意しておきたいのは「潜在的」な福祉課題である。それを顕在化していくためには，できるだけ多様な方法を組み合わせていくことが必要である。各種の調査や住民懇談会，ワークショップなどに加えて，すでに保健・福祉の関係者がもっている情報を集めること，事例検討などを積み上げていくことも有効である。さらにそのことを関係者間だけで検討するのではなく，地域住民とも協議を重ねることで，地域の福祉課題や生活課題について「意識化」することが第一歩である。

❑ 策定委員会の設置の時期と位置づけ

　住民参加を軸とした計画策定を進めていくうえで重要なポイントは策定委員会をどの段階で設置するかということである。地域住民によるワークショップなどを繰り返しているだけでは行政計画としての位置づけはできない。つまりある時期には検討内容をオーソライズして，

行政計画として精緻なものにする作業が必要である。

　従来の行政計画の手順でいえば，まずこの策定委員会の設置要綱を作成することから作業がスタートしていた。しかし，設置要綱ありきの計画策定では，多くの場合は委員の人数が制限され，その枠のなかの人選が問題となる。結果として「いつも同じ顔ぶれ」という事態になりかねない。より多くの住民に参加してもらい，幅広い住民層のなかから策定委員を選出していこうと考えている市町村では，まず要綱に規制されない自由度の高い住民組織をつくり，ワークショップなどの作業から始めている。ある程度の検討作業が熟した時期に策定委員会を設置して，それまでの住民参加による意見を最大限生かした検討に移る場合がある。

　このことは先のPDSサイクルからいえば，do → see → planである。つまり地域住民による既存の活動が豊かにあって，そのなかから検証すべきものを検証し，計画化していくという手順である。これによって活動のネットワークのなかから推薦された人たちが策定委員として選出されていくという仕組みも可能になる。また「白紙からの計画づくり」といわれるように，これまでのような事務局主導型の計画策定ではなく，原案から住民が考えていくという住民主導の計画策定へと展開していくこともある。いずれにせよ，この策定委員会の設置のタイミングは計画策定のプロセスを企画するうえで，慎重に検討される必要がある。

❑ 行政内部における検討過程

　これまで住民参加を軸とした計画策定プロセスを整理してきたが，あらためて確認しておきたいことは，行政計画としての地域福祉計画は，住民参加だけでは完成しないということである。つまり行政組織として住民参加によって知られた福祉課題をどのように施策化していくかという点において，行政内部の検討が並行して行われてこなければならない。そのためには少なくとも3つの局面からの検討が求められる。

　第1は，保健福祉を所管する部局のなかでの検討である。計画策定に現場職員がどの程度関与しているかは大きな課題である。先述したように福祉計画であることの特徴は福祉課題を的確に反映させていくことが求められる。そのためにソーシャルワーカーはアドボカシー的な役割を果たしたり，当事者参加を促しながらエンパワーメントを支援していく必要がある。普段の業務や事業評価のなかから生じている課題を明らかにしていくことも必要であるし，最終的には実施計画と

して責任ある遂行が求められる。そのために当該部局としての検討が不可欠である。

　第2は，現在の福祉計画では，医療や生涯学習，住宅や交通，都市計画といった生活関連分野を含むことが求められている。そのために横断的な庁内組織のもとで検討していくことが必要になる。もちろん財政部局との調整は欠かせない。

　第3は住民参加をどこまで進めるかという意思決定である。地域住民の声を聞くという段階から，具体的な施策を住民参加によって検討するという段階まで幅がある。また計画策定後も，住民参加で定期的な進行管理をしていく市町村もある。どのような住民参加を促していくかは，きわめて重要な政策判断を伴うことであるから慎重に検討しておかなければならない。ただし今後の地域福祉の推進のあり方を考えれば，行政と住民の協働を具現化していくためにも，福祉計画の策定を機会に積極的な住民参加の仕組みを創りあげていく必要があろう。

4　福祉計画策定における住民参加の手法

　福祉計画の策定における住民参加の手法といっても，特別に新しい手法が開発されてきたわけではない。むしろこれまでコミュニティワークなどで用いられてきた方法を，計画策定のプロセスのなかで活用していくことで，より住民参加を促進していくことができる。

　計画策定の前段階として，まず福祉計画について地域住民に関心をもってもらうことから始まる。福祉計画の必要性やこれからの策定について多くの人にかかわってもらうことができるよう，周知していくことが大切である。そのために広報媒体を有効に活用したり，情報公開をしていく必要がある。

❏情報収集と広報活動

　事前に必要な情報について整理しておくことが必要である。福祉計画を策定していくにあたって，地域住民に対してどのような情報を，どういった手段で伝えていくことが効果的か，あらかじめ検討しておく。そのためには情報を収集し，加工して，提供していくという一連の広報活動を大切にしなければならない。

　広報活動の基本的な展開プロセスは以下のとおりである。
　①　必要な情報について整理する

② 必要な情報を収集する
③ 情報を分析して，整理する
④ 情報提供の対象と方法を検討する
⑤ 情報を提供する
⑥ 情報が有効に伝わっているかモニタリングする

以下，次のような場面を想定して実際のプロセスを説明していく。

「自治体として福祉計画を策定することが決まった。今回の計画では，広く地域住民の参加を促して策定していきたい。そこで計画策定が始まることを地域住民に知ってもらい，参加を促すように情報提供していきたい」

① 必要な情報について整理する

福祉計画について地域住民に知ってもらうためには，どんな情報が必要かを考えてみる。その際に大切なのは，計画担当者として伝えたい項目と，地域住民の立場から知りたい項目の双方の視点から整理していくことである。計画担当者だけの視点では一方的な情報になってしまうことがある。地域住民が知りたいこととピントがずれていては伝わらない。この段階で大切なのは，福祉計画がなぜ必要なのかをていねいに説明できることである。そのためにどんな情報が必要かを整理することから始める。

② 必要な情報を収集する

①に基づいて必要な情報を収集していく。情報収集の手段としては，①文献や資料などからの検索，②既存の調査統計やインターネット等データベースによる検索，③関係者からのヒアリング，④地域の社会資源を訪問するなどのフィールドワーク，他の自治体の取り組み状況の把握（視察含む）など，さまざまな方法がある。この段階では幅広く情報を収集しておくことが大切である。計画担当者としては，文字や統計のデータだけでなく，地域のなかを歩いて，直接見たり聞いたりしながら地域特性を把握していく作業も，この機会にしておくことが大切である。

③ 情報を分析して，整理する

集めた情報を，自分の地域で活用していくために，どの情報が必要で，何が不必要な情報なのかを分析していく必要がある。そのときには一次情報と二次情報を区別しながら整理したり，情報と情報を組み合わせたり比較したり，それらの関連性を考えたり，得られた情報の背景を考えてみるといった作業をする。また一度にすべての情報を提供できるわけではない。目的に応じて，情報提供をしていくときの優先度を考えておくことも大事である。

④　情報提供の対象と方法を検討する

　ある程度の情報を集め，それらの全体像をつかんだうえで，次にどのように情報提供をしていくかを検討する。全戸配布による情報提供が，すべてではない。「私たちはすでに情報提供をしているのだから，情報紙を読まない住民に責任がある」では通用しない。読ませる工夫をどのようにしているか，情報発信側の企画と力量が問われる。また，ときとして誰にでもわかる情報とは，誰にとってもそれほど重要な情報になりえないということもある。そのために，情報提供の対象と方法を明確にしていくことが重要である。必要な情報を必要な人へ確実に届けることを考えなければならない。福祉計画にしても，子育て中の若年層，介護の不安を感じている高齢者層，小学生や中学生，実際に福祉サービスを利用している層など，それぞれ関心も興味も違うわけであるから，それぞれの必要にあった情報提供の方法を考えていく必要がある。また障害の特性に応じた情報提供の方法も用意されなくてはならない。

⑤　情報を提供する

　④で検討された結果に従って，情報提供をしていく。今日，情報媒体は非常に多岐にわたっている。ホームページやツイッター，SNS（ソーシャルネットワークサービス）などのインターネットを活用したものから，紙媒体の「たより」や「通信」，地元の新聞やテレビなどマスコミの活用，そして軽視できないのは「人づて」による情報伝達である。また不特定多数に対して流す情報と，対象を限定して流す場合とは異なる。

　なかでも福祉に関する情報に関しては，本当に必要としている人に対して，必要な情報が届いていないという状況も見受けられる。その場合は，直接関係者が該当の人に対して，伝えることをしなければならない。福祉計画を策定する場合，とくに福祉サービスを利用している当事者の声は重要である。しかし抽象的な呼びかけだけでは参加を促すことは難しい。より具体的な情報を，必要な時期に的確に提供していかなくてはならない。

⑥　情報が有効に伝わっているかモニタリングする

　情報を発信しただけで，情報提供が終わるわけではない。その情報が地域住民のなかに実際に伝わっているか，モニタリングしていく必要がある。アンケートをとってみたり，地域住民にヒアリングしてみるなどして，情報提供の内容や方法が妥当なものであったのかどうかを評価していくことが大切である。十分でなかった場合，どこに原因があるのかを探り，次回から改善していくことが不可欠になる。

❏ 住民の参画を促すための手法

　住民参加を促し計画策定を進めていく方法として，ワークショップ，参加型住民懇談会，住民参加型調査，シンポジウム，先進地視察，パブリックコメントについて概要を整理する。この6つのプログラムはすべて行う必要はない。それぞれの地域の様子に合わせて組み合せながら活用していくことになる。またこれらのプログラムを推進するときに担当者に求められる力量は，コーディネートとファシリテーションである。計画策定のいろいろな場面で「つなげていく」こと，そして「促していく」ことが求められる。

　①　ワークショップ

　ワークショップは，最近，とくに広がっている方法である。しかしワークショップという固定化された技法があるわけではない。その場の目的に向かって，進行役（この場合ワークショップのファシリテーターと呼ばれることが多い）の個性を生かしながら，参加者と一緒になって行う共同作業のことをいう。ワークショップでは完成された成果よりも，対話をしながら作業を進めるプロセスを大切にする。

　ワークショップでは，参加する一人ひとりが対等な立場（社会的な地位や役割などに関わらない）であることを大切にする。参加者一人ひとりの意見が大切にされ，全員がその作業を共有し，内容を分かち合うことが優先されるように進行される。この点は従来の「分科会」と異なるところである。しかし，現状では単に小グループをつくり，進行役の指示のもと，ただ作業だけを行い，予定された時間内に成果物をつくりあげることを優先して，グループ内に対話が起こらず，役割意識の強い参加者の指導性だけが発揮されているような場面が見かけられる。

　ワークショップの内容によっては，子どもから高齢者までが参加できるものもある。また何らかの障害があっても，必要な支援があれば同じように参加できるのもワークショップである。技法そのものは決して難しい方法ではないが，ワークショップのファシリテーターを養成していくことが必要である。

　②　参加型住民懇談会

　これまでも行政による小地域を単位とした「行政説明会」や「首長と語る会」などは行われてきたし，社会福祉協議会による地域福祉懇談会も開かれてきている。それゆえに住民懇談会は目新しい方法ではないが，ここで強調されているのは「参加型」という点である。そこでは「一問一答」形式ではなく，参加者相互の「対話」を促し，あるテーマについて語り合うことを意図している。しかし最初から対話が

成立するわけではない。参加者から行政への不平や不満，要求や要望から始まることが多い。ただその一つひとつに対応していたのであれば，いつまでたっても一問一答形式から先に進まない。住民から一方的に意見を発するだけで終わってしまう。地域における一つの課題を共有し，その解決に向けてどうしたらいいか相談していくことができるように，進行していくことが求められる。

それには，推進役（ファシリテーター）の役割と継続した開催が求められる。推進役は常に職員である必要はない。策定委員会のメンバーなど地域住民であってもよい。また会場も主催者と参加者が対面するような座席の位置ではなく，車座にするなどの工夫が必要である。また開催時間にも参加する住民に対しての配慮が必要である。いずれにせよ，1回の懇談会で終わることはない。可能な限り回数を重ねるようにしていくことが大事である。

③　住民参加型調査

従来のように調査対象として地域住民が位置づけられるのではなく，住民が実態を把握し問題を見つける主体として参加することに，住民参加型調査の大きな意義がある。

調査を設計する段階から住民が主体的に参加して，自らが作成した調査票に基づいて実施し，その分析と考察を行い，最後には調査結果を発表する。このプロセスが大切であり，この過程を通して，地域住民自らが地域福祉について学習していくことにもなる。これをしていくためには，地域のなかでキー・パーソンを探すことが必要である。このキー・パーソンを支援しながら参加型調査が進められることになる。また具体的な調査方法としては，アンケート調査法やヒアリング調査法が用いられることが多い。調査対象の範囲や規模が大きいもの，複雑な分析が求められるような調査は専門家が実施した方がよい。時間をかけても住民相互で問題を明らかにしていくような取り組みにはたいへん効果的な方法である。

④　シンポジウムなど学習プログラムの企画

まず地域福祉について関心をもってもらうことが第一歩である。そのために講演会やシンポジウムを企画する。著名な講師を招いての講演会も関心を高めることはできるが，その場限りで終わってしまうことも多い。ここでは連続してシンポジウムを開催する方法を紹介したい。

最初のうちは，ワークショップなどで出てきた地域のなかで共通する課題をテーマにすると参加者を多く得やすい。その地域のなかでどんなテーマがもっとも住民の関心を集めやすいか，言い換えれば地域

住民の学習ニーズを把握することから始まる。しかしテーマだけでは，多くの住民の関心を集めることは難しい。そこで，シンポジストを住民のなかから選出することを試みる。住民が日常生活のなかで感じている生の言葉，あるいは体験してきた想いを素朴に語ってもらうことは，他の住民の共感を得やすく，地域の課題を如実に物語ってくれる。1回だけでは限られてしまうので，何回かの連続した企画として実施していく。そのことを積み重ねることで課題を深めていくのである。

シンポジストは，介護の体験者や，障害当事者，ボランティア活動の実践者や保健・医療・福祉の関係者，小学生や中学生の意見も大切にしたい。この企画で大事なのは，コーディネーターの役割である。この場合，シンポジストは日常のなかで感じていることを自分の言葉で語ってもらうことにする。そのためにコーディネーターは，シンポジストの真意を引き出しながら，その体験や意見から，地域の全体的な課題として抽象化していく作業をしないといけない。この役割を果たすことと，連続した学習企画を立案することが重要である。

⑤　先進地の視察や情報交換

計画策定が本格的に始まった段階では，地域住民による先進地の見学や視察が有効である。百聞は一見に如かずと言われるように，実際に先進地を視察することで，福祉計画の具体的なイメージをもつことができる。そのときに留意しなければいけないのは，どこに視察に行くかということである。そのためには事前の情報収集や調査が必要なことはいうまでもないが，自分の地域と比較しておくことが大事である。人口構造はもとより，地理的条件，産業構造，財政力，保健・医療・福祉の基本システム，ボランティアなど住民参加の状況など，視察の前に揃う情報から分析しておくことは最低限のことである。そのうえで，視察の目的を明確にしていくことが重要である。このことを重ねて，住民自らが報告会を開催し，問題を提起していくという取り組みもある。視察先の決定，実施，報告という一連の過程に住民がかかわることで住民自身が力をつけていったという事例もある。

⑥　パブリック・コメントの方法

ある程度の計画素案ができてきた段階で，さらに広範な地域住民に対して意見を求める必要がある。正式に計画が承認される前に，ある一定期間，地域住民から意見を寄せてもらう期間をつくっておくことが望ましい。つまりパブリック・コメントを求めるのである。ただしこのときに，単に計画素案を示しただけで意見を求めても十分な意見は出てこない。せっかくの機会が形式的になってしまう。たとえば計画策定のなかで論点になった点をていねいに説明したり，より具体的

な内容について解説を加えたりしながら，地域住民にとってわかりやすい資料づくりをしたうえで，意見を求める工夫が必要である。

パブリック・コメントで寄せられた意見については，一つひとつにていねいな検討をしていかなければならない。寄せられた意見はホームページなどですべて公開して，それに対して回答していくことによって，全体の意見としていくことができる。

パブリック・コメントによっては，匿名を認めない場合もあるが，それはその目的と地域の状況などを総合的に判断して決定される。福祉計画においては，まだ始まったばかりの取り組みであることから，ひとりでも多くの地域住民に関心をもってもらい，意見を寄せてもらうことからていねいに住民参加の力を蓄積していくことが必要である。

◯ 注

(1) 岡村重夫『地域福祉論』光生館，1974年，97頁。

◯ 引用・参考文献

岡村重夫『地域福祉論』光生館，1974年。
定藤丈定・坂田周一・小林良二『社会福祉計画』有斐閣，1996年。
高森敬久・高田真治・加納恵子・平野隆之『地域福祉援助技術論』相川書房，2003年。
社会保障審議会福祉部会「市町村地域福祉計画及び都道府県地域福祉支援計画策定指針の在り方について（一人ひとりの地域住民への訴え）」報告，2002年。
全国社会福祉協議会「住民参加の地域福祉計画づくりに関する人材開発研究委員会」報告書，2003年。

◯ 参考図書

武川正吾編『地域福祉計画――ガバナンス時代の社会福祉計画』有斐閣，2005年
　　　　――地域福祉計画が必要とされる背景を，地域福祉の観点だけではなく，社会計画，地方自治の視点から考察し，これからの社会を変えていく可能性として位置づけている。より具体的な住民参加による計画の策定・実施・評価のあり方について解説された概説的実践書。
土橋善蔵・鎌田實・大橋謙策編『福祉21ビーナスプランの挑戦――パートナーシップのまちづくりと茅野市地域福祉計画』中央法規出版，2003年
　　　　――住民参加による計画策定の過程をドキュメントで描いた文献。茅野市は地域福祉の推進のために，多くの市民だけではなく，福祉・保健・医療の専門職や関係者を巻き込みながら，「パートナーシップのまちづくり」を展開してきた。

第12章
福祉計画の評価と進行管理

1 評価とは何か

❑ 評価の定義

　福祉計画の評価について考えようとするとき、まず評価とは何かということの整理から始めてみたい。暮らしの中でも私たちはさまざまな評価に囲まれているといえるだろう。学校での成績評価、ミシュランのレストランガイドの星で示される評価など、常に何かと何かを比べ、優劣をつけるという作業を通して得られた情報が、特定の目的に使用されていく。学校での成績であれば、教師がその情報を参考に進路指導を行うだろうし、ミシュランの星の数を参考に友人との食事をするレストランを選択するかもしれない。

　しかし、福祉計画においての評価ということを考える場合、単純にカテゴリーを分ける、あるいは順位をつけるということが目的ではないことは容易にうかがえる。評価を行い、その結果を反映することにより政策をさらに良い方向に進めていこうという動機がその根底にあることから、山谷清志は「評価とは何らかの判断や決断を下す場(人)に、情報を提供する活動」として定義している。つまり評価とは、あくまで客観的・中立的に情報を収集し分析し、その結果を計画策定主体にフィードバックする活動を意味し、判断や決断そのものではないことは重要な点である。したがって計画の評価を考えるとき、評価の技術論だけに焦点化するのではなく、その技術を用いて計画を評価することによって、どのような目的を達成しようとするのかという評価の目的を明確にしておくことが必要となる。

❑ 評価の必要性

　では、なぜ福祉計画に評価が必要とされるのだろう。その背景の一つは、地方分権の流れの中で地方自治体と地域住民の新たな関係性が問われていることにある。

　1997（平成9）年「地方分権の推進を図るための関係法律の整備等に関する法律（以下、地方分権一括法）」が制定され2000（平成12）年に施行され機関委任事務が廃止された。また2002（平成14）年以降、①国による補助金の廃止・縮減、②地方交付税の総額抑制と簡素化、③国から地方への財源移譲を目指していわゆる三位一体改革が進められてきた。社会福祉の文脈においても、福祉行政権限の地方分権化が

進み，2000（平成12）年には社会福祉法が制定され，その第1条において地域福祉の推進が目的として掲げられた。

自主裁量に任せられる部分が措置制度の時代から比較にならないほど増大した地方自治体の福祉行政の範囲は，もはや行政だけでその責務を担いきることができない状況にある。措置制度のもとでの，いわば「サービスを与える，与えられる」という行政と住民の主従関係から，共に地域の中での福祉政策のあり方を考えるパートナー関係への発展が求められ，政府（ガバメント）による統治から，行政，住民，NPOなど地域社会のすべての構成員による話し合いと協力による共治（ローカル・ガバナンス）を目指すこととなった。この共治を構築していくためには，地域の福祉を計画的に推進するために策定される福祉計画に対して的確な評価を行い，その評価情報を公民が共有し，地域の目指すべき方向性を協働して見出していくことが必要となる。このようなことから，福祉の計画としては初めて，1990（平成2）年の老人保健福祉計画の策定に住民参加が義務付けられ，以降2000（平成12）年の社会福祉法の中でも地域福祉計画においての住民参加の必要性が明記されている。

評価が必要とされるもう一つの背景は，財政的に逼迫する地方自治体が，生き残りをかけて効率的な行政運営手法や資源の有効配分を模索している状況があげられる。長期化する不景気の影響で税収も落ち込み，加えて第3セクターの経営破たんなど地方自治体財政は極めて厳しい状況にある。いかに限られた資源で最大の効果を生み出すことができるかという経営的戦略が，自治体行政にとっての大きなテーマとなる。また，住民の理解をえるためには，資源活用に関する情報の透明性を確保し，コンシューマー（利用者）としての住民と共有するという課題が提起される。後で詳しく論じるが近年の政策評価研究において，こうした経営的視点――ニューパブリック・マネジメント（以下，NPM）――の影響は非常に大きい。

❏ 評価と進行管理の関係性

今まで評価について，どのような意味を持ち，なぜ必要とされるのかを考えてきた。次に，本章のテーマでもある，評価と進行管理の関係性について見ていきたい。

かつての行政システムでは政策は議会で立案され，政策の執行を行政が担うという役割分担が明確に存在しており，議会で決められたことをその手続きどおりに実施することを目指していた（図12-1）。しかし，行政運営に経営理論が導入され，マネジメント・サイクルが導

> ◘ 政府（ガバメント）
> かつて，国と地方自治体の関係は国が地方自治体を統治するという立場に立ち，地方自治体は機関委任事務を担うものの，実質国の下請け機関という位置づけにあった。また，政府と民間部門との関係性についても，政府が上位に立ち，民間を指揮・指導する立場にあった。このように，政府対地方自治体，政府対民間は垂直の主従関係にあったといえるが，近年のグローバル化，地方分権化の流れの中で，ガバメントの権力が分散化されつつある。

> ◘ 共治（ローカル・ガバナンス）
> 市民，NPO，企業等のさまざまな民間セクターが行政と対等な立場に立ってパートナーを組み，相互に協力しながら地域の課題を解決していこうとする行政運営の新しい形。最近こうしたガバメントからガバナンスへという考え方が注目を集めている。

> ◘ ニューパブリック・マネジメント
> 1980年代以降，主に英国やニュージーランドなどを中心にして，進められてきた行政運営の革新的な理論である。民間市場をできるだけ活用し，政府部門にも民間企業の経営理念や経営手法を積極的に導入し，効率的・効果的な行政運営を目指す。業績や成果の評価も積極的に導入し政府部門機能は可能な限り縮小し，運営管理に焦点化し，小さな政府を目指す。

図12-1 行政機関の業務の流れ（旧来型）

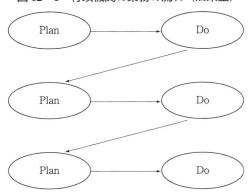

出所：大住荘四郎『ニュー・パブリックマネジメント——理念・ビジョン・戦略』日本評論社，1999年，5頁。

図12-2 行政機関の業務の流れ（マネジメント・サイクル導入）

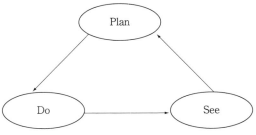

出所：図12-1と同じ。

図12-3 プログラム・プロセスの4ステージ・モデル

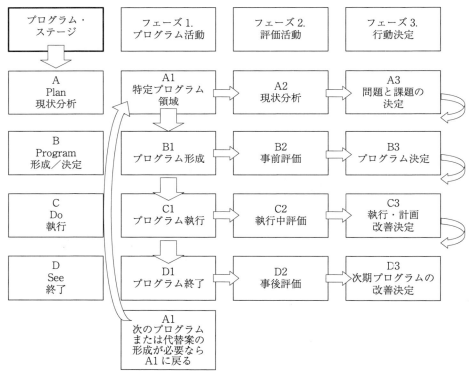

出所：上野宏・上野真城子「訳者解説　政策評価の全体枠組みと業績測定の位置づけ」ハトリー，H. P.／上野宏・上野真城子訳『政策評価入門』東洋経済新報社，2004年，308頁より筆者加筆修正。

入されるとそこに評価の視点が入り，計画（plan）→実施（do）→評価（see）という循環システムが形成されることになる(2)（図12-2）。

さらに，進行管理という視点を組み込んでいくと，評価が行われるのはseeの部分だけでは不足となる。この点について政策評価理論の一つであるプログラム評価の考え方では，以下のように説明する。プログラムプロセスには4つのステージがあり，それぞれに評価のステージがあるとする(3)（図12-3）。高田真治も同様に計画策定のプロセスにはplan・program・do・seeの4つのステージがあるとして課題を整理している(4)。

Cのステージ，つまり計画されたプログラムを実際に執行するステージ（do）における評価とは，プログラムの執行中に，計画立案時に設定した目標に近づけるような成果が出ているかどうか，また執行の管理がうまく進行しているかということを評価する。つまりこれは計画の事後評価ではなく，執行中のプログラム進行管理と重なるのである。このように考えると，評価と進行管理の関係性は，全体と一部の関係性にある。つまり評価の総体はA2，B2，C2，D2の4つのステージにより形成され，そのうちの1つC2が進行管理にあたると考えることができるのである。

進行管理とは，実施されている施策や事業，またその総体としての計画そのものの進行状況をただ単に黙って見守るためのものではない。進行管理の体制に評価の視点を組み込み，執行中であっても，計画通りに進んでいないプログラムがあれば常に福祉計画を戦略的に組み替えていく改善の活動が求められている。

2 政策から見た福祉計画の位置づけと構成要素

❏ 政策から見た福祉計画の位置

本章では，福祉計画の評価について，たびたび政策評価研究の成果を引用する。そのことの前提として政策と計画はどういう関係性にあるのかということを確認したい。

大住莊四郎は政策評価の対象の一つとして行政計画をあげている。しかし政策評価を理論的に可能にするためには，政策―施策―事業という3層の構造が必要であるとしている(5)。3層の構造は具体的には図12-4の通りである。また，小林良二は地方自治体が独自にどのような形で福祉政策を進めていくのかを表明したものが社会福祉計画であ

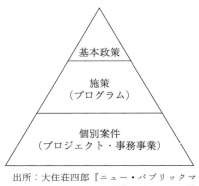

図12-4 行政機能の各段階

出所：大住荘四郎『ニュー・パブリックマネジメント――理念・ビジョン・戦略』日本評論社，1999年，95頁。

るとしている。(6)

つまり，基本政策というシナリオを行政が掲げ，そのシナリオを実際に具現化するために施策（プログラム）が設定される。このシナリオと具現化する戦略を明文化したものが計画であると言えるだろう。したがって，「政策を明文化したもの」という性格をもつ「計画」を評価する際に，敢えて計画評価という理論を別立てするのではなく，政策評価の理論と方法を援用することは妥当であるといえる。

評価軸の多重性

福祉計画は先述したとおり，地方自治体の福祉政策の戦略を明文化したものであるといえるが，地方自治体の政策は当然のことながら福祉計画のみではなく，教育・文化，産業，環境，など多様な部門別の個別計画をたて，その上位計画として全体的な地方自治の枠組みを決める基本構想を示すことが地方自治法第2条第4項に規定されている。

また，福祉計画の内部においても児童，障害，高齢という分野別の個別計画が策定され，さらにそれらを横つなぎに総合化することを期待される地域福祉計画の策定も社会福祉法により，法制化されている。近年では，特に狭間に陥る生活困窮者支援の早急な対応が望まれ法制化が進められようとしており，住宅・雇用といった関連計画との整合性も課題となっている。地域福祉計画に関しては，民間計画である地域福祉活動計画との整合性も重要な視点となる。

したがって福祉計画の評価を考えるときには次の3つの評価軸を考えることができる。まず1つ目は福祉計画そのものの整合性を問う内部の評価軸である。2つ目は分野別の各福祉計画間あるいは福祉計画と関連する分野（住宅・雇用等）の計画間の整合性を問う水平方向の評価軸である。そして3つ目は基本構想に基づく上位計画と個別計画

である福祉計画との整合性を問う垂直方向の評価軸である。このように3つの軸は面としての広がりを持つ多重性としてとらえることができる。

　地方自治体における福祉計画を評価しようとするとき，福祉政策が地方自治体の基本構想においてどのように位置づけられているのか，あるいは福祉政策が関連する隣接分野政策とどのように位置づけられているのかを確認したうえで，福祉計画評価を行うべきであるということがいえる。

政策評価手法の類型

　地方自治政策全体の中での福祉政策という位置づけを確認したうえで今一度福祉政策評価に視点を戻すこととする。
　日本の政策評価には混乱が生じているとして山谷は「日本の政策評価にはアメリカの評価理論で言うプログラム評価と業績測定とが混在している」[(7)]としている。評価の手法はこの2つのカテゴリーの中でもまたさまざまな分析の手法があり，どの評価手法を選択するのか，またどのようなデータを集めどのように分析をするのか多様な選択肢があり，しかもその選択には行政側の政策志向が強く影響する場合もある。まず，大きな枠組みとして業績測定とプログラム評価について整理を行う。

❏ 業績測定

　業績測定（performance measurement）とは，「サービスあるいはプログラム（施策）のアウトカム（成果）や効率を定期的に測定すること」[(8)]であり，業績評価を行う際の具体的な手法である。業績測定は，最初に示したプログラムプロセスモデル（**図12-3**）のC2の執行中評価，すなわち進行管理を担当し，プログラム評価全体の一部を行うと考えることができる。この業績測定の手法は業績指標（performance indicator）を用いて，業績を数値として把握するマネジメント手法であることに特徴がある。
　業績測定はNPM理論を基盤とした行政システムの改革と密接な関係にあるとされているが，NPM理論の基本的な考え方は以下の3つに集約できる[(9)]。
　① 行政サービスの部門をより分権化，分散化した単位の活動を調

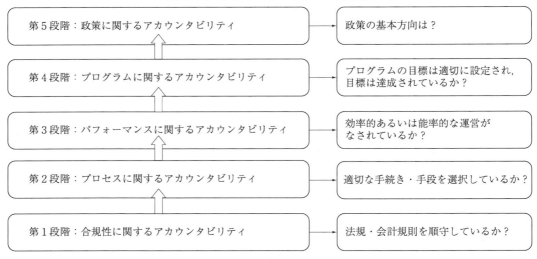

図12-5 アカウンタビリティの各段階

出所：図12-1と同じ，94頁。

整することで，市場分野であろうとなかろうと「競争原理」の導入を図ること

② 施策の企画・立案部門と執行部門とを分離し，前者は集権的に全体の整合性に配慮しつつ決定し，後者は分権化した業務単位に権限を委譲すること

③ 業績／成果に基づく管理手法を可能なかぎりひろげること

行政の機能を可能な限り外部へ「契約」を媒介に委託し，行政は③にあるように業績／成果に基づく管理をするマネジメント機能に徹する。マネジメントを主な目的とするのであれば，具体的な数値目標を設定し，その目標にどれだけ近づくことができたか，あるいはできなかったかということを客観的に数値として示すことができる業績指標を用いる評価方法は，アカウンタビリティの実現にも寄与する。

図12-5はアカウンタビリティの段階を示したものだが，行政内部だけで政策評価を行ってきた時代では第2段階までの説明責任でとどまっていたものを，NPMの流れの中で，コンシューマーである住民への説明責任として第3段階，あるいは第4段階の説明を明確に分かりやすく説明をする手法として業績指標が日本の自治体でも広く採用されるようになってきている。

業績測定システムで使われる主な情報には以下の項目がある。[10]

・インプット

　実際に使われた資源量であり，資金の額，職員の勤務時間などで表現される。

・プロセス

▣ アカウンタビリティ
説明責任と訳すことができる。住民に対して，どのようにニーズ把握を行い，どのように政策目標に反映し，計画的に福祉政策を推進した結果どのような変化があったのか，あるいはなかったのかを，明確にわかりやすい形で情報開示していくことが極めて重要となる。

▣ コンシューマー
NPM理論では，行政へ住民税を支払い，介護保険料等の社会保険料を支払う住民をコンシューマー（顧客）とみなし，行政運営に企業経営の考え方を取り入れることが目指されている。行政と，コンシューマーとしての住民との関係性は，主従の垂直な関係性ではなく，パートナーとしての水平関係が求められる。

業績測定におけるプロセスとは，これから取り組む，あるいは現在進行中の完了していない作業量を示す。この数値によって，プログラム全体の進捗状況やサービスの遅延を把握することができる。
・アウトプット
　調査対象期間内に利用者に届けられた生産物やサービス量。
・アウトカム
　活動やプログラムを実施したことによって生じた結果。アウトプットとは明確に区別される。アウトカムはプログラムの目標ともなる。アウトカムはさらに中間アウトカムと最終アウトカムに分類される。中間アウトカムは最終目標の達成につながることが期待されるアウトカムであり，具体的にはたとえば行政が主催した健康増進プログラム（アウトプット）によって，運動量を増やし健康的な食事に変更した市民の数などが想定される。最終目標である参加者の健康増進を期待はされるが，不確実性が伴う。中間アウトカムには，提供されるサービスの質に関する指標も含まれる。一方最終アウトカムは，プログラムの実施によって望まれた結果であり，上記の例の場合，プログラム参加者の健康増進が達成できたかどうかが想定される。達成度を測ることができるのは，たとえば健康診断の結果数値などがあげられる。
・効率性
　インプット量のアウトプット量もしくはアウトカム量に対する比率のことを指す。

　アウトカムの指標をどのようにつくるかということが，業績測定の中枢であるといえる。ここで指標の選択を間違えたり，あるいは測るべき項目の指標を落としてしまったりすると，業績測定そのものの信頼度が落ちるということになる。アウトカムの指標は実数の形，もしくは割合の形で表される。
　政策評価を説明するときによく例として出されるベンチマークという評価手法は，この業績測定を実際の行政マネジメントに活用する手段の代表的な例であり，アメリカのオレゴン州やサニーベル市のベンチマークが日本でもよく紹介されている。また，日本の自治体でも，たとえば逗子市ベンチマーク，湘南ベンチマーク，しがベンチマークなどが実施されている。
　大住はベンチマーキング（ベンチマークの実施）とは3つの意味で使われているとしている。まず1つ目は組織が目標とすべき他組織の事業プロセスを分析し，それを自らの組織でも応用して改善を目指すというものである。2つ目は組織のビジョンを明確にし，目指す将来ビジョンを達成するためにいくつかの目標値（target）を設定しその

目標値の達成度を継続的に測るという手法である。3つ目は，自らの組織の業績指標を，適当な外部の基準値（たとえば全国平均値など）と比較するものである。そして自治体行政のベンチマーキングとして，この3つの概念のいずれもが重要であるとしている。(11)

　ベンチマークを用いた評価は，目標を達成したかどうかという分かりやすさ，説明のしやすさから行政の評価として取り入れやすい反面，ベンチマーク指標の設定の難しさ，ベンチマークとして指標化されにくい項目が政策評価のステージから抜け落ちてしまう可能性は否定できない。また，ベンチマーク指標を設定するプロセスから住民の参加を確保する体制がないと，アカウンタビリティが「結果を分かりやすく知らせる」という形に留まることにもなる。

❏ プログラム評価

　ロッシ（Rossi, P. H.）らはプログラム評価（program evaluation）のプロセス性を重視し，前出の図12-3のプロセスステージのDの事後評価の段階をさらに効果（アウトカム）と効率（対費用効果）に分けて説明している。(12)彼らのプログラム評価の特徴として，プログラム全体のストーリー（プログラム理論）構築の必要性を強調することがあげられる。つまり，プログラムを行うことによって得られる成果（業績測定におけるアウトカム）のみに着目するのではなく，地域のニーズや背景も考慮に入れ，そのニーズを充足するという目標の設定を検証し，プログラムがその地域に実際に導入された後にどのような成果が期待されたのかという道筋を論理的に練り上げていく作業の必要性を強調する。プログラムのストーリーラインを丹念にしかも，行政や地域住民，営利・非営利のサービス提供組織，ボランティアグループなどそのプログラムに関係する者が協働してストーリーを練り上げていくことが必要だとしている。こうして描かれたプログラム理論にそって，実際のプログラムの実施状況の適合度を評価していくのである。

　業績指標との最大の違いは，因果関係を大切にするということがまずあげられる。業績指標は「どのような成果をあげたか」ということに焦点化するのに対して，プログラム評価はもちろんそのような成果にも着目しているが，その成果がプログラムのもともとの意図に沿ったものであったかどうか，あるいはニーズに的確に応答しているのかというプログラム一連の流れを重視する。したがって，業績測定の手法が定量調査に偏重するのに対して，プログラム評価は定性調査と定量調査の双方を使うことも大きな特徴である。プログラム評価の定性調査としては参与観察法，フィールドワーク，ケーススタディ，イン

❏ **効率**
政策目標を実現していくために，投入された資金の金額，従事者の勤務日数等をインプットとし，そのインプットに対してどれだけの効果があったのかという業績測定の考え方。

タビュー，アンケート調査などが考えられる。したがってプログラム評価の手法は，丁寧に理論を組み立て，定量調査だけでなく定性調査による分析も評価に組み込んでいくことから時間がかかり，かなり専門的な知識を必要とすることから頻繁には実施することができないという課題を有している。

しかし，福祉計画の評価ということに関しては，アウトカムの結果が見えてくるのが短期間では難しいという状況がしばしば見受けられる。たとえ，ボランティア啓発の事業を地域の中で展開したとしても，すぐに地域のボランティアが活性化されるわけではない。目標値との比較という，すぐに見える結果を定期的に計測していく業績測定と，じっくりと計画のプランニング前の段階から，因果関係も含めてストーリーラインを追いながらさまざまな評価手法を織り交ぜ，地域におけるプログラムのインパクトまでの評価を行うプログラム評価の双方を使い分けていくことが必要になる。

4 福祉計画評価の目的

第1節の評価の定義のところで述べているが，福祉計画評価は評価することそのものが目的ではなく，評価というプロセスを通じて福祉の推進を図ることを目的としている。いわば，「道具としての評価」である。福祉計画評価はその固有の目的として，以下の3点をあげることができる。

❑ 福祉施策の総合化

周知のように90年代は福祉計画の個別計画の策定がそれぞれ進み，現在も分野ごとの計画がそれぞれの行政部門によって縦割りの体制で進行管理がなされている。そうした縦割りの福祉を横につなぐ福祉の総合化の意義をもって策定を目指されたのが地域福祉計画であったが，その策定率は全国的に策定予定も含めて6割にとどまっている。福祉行政の権限が市町村に分権化され，福祉サービスの供給システムが住民の生活の場である地域においてこれからも展開されていくことを考えると，福祉計画評価の実践現場も当然のごとく地域となる。行政視点からの縦割り評価ではなく，福祉サービスへのアクセシビリティの課題，サービス認知度の課題，総合相談の課題，ボランティアの課題などはむしろ地域をキーワードに各計画が横断的に評価の分析を共有

し，総合的な課題としてアウトカム指標を設定して評価するべきであろう。言い換えると，この福祉計画評価の視点を総合化することが，計画が部門ごとに策定されるために起こるプログラムの重複やすき間をチェックし，実践現場での福祉の総合化を推進する役割も果たしうるのではないだろうか。特に業績評価の数量的指標の選定，プログラム評価での定性的分析（フィールドワーク・アンケート）など，部門を越えて共通で行える課題も多いはずである。

☐ ローカル・ガバナンスの実現

ロッシやハトリー（Hatry, H. P.）ら，アメリカのプログラム評価，政策評価の専門家たちが共通して強調することは，指標づくりのプロセスを行政の側に占有させてはいけないということである。行政がつくりあげた政策に対する検証も行政に任せたのでは，お手盛り評価に帰結する危険は免れない。政策評価の目的が，最初に述べたように客観的な分析結果を政策推進主体にフィードバックし，よりよい政策を推進していくことにあるならば，地域の福祉を共に推進する主体として社会福祉法第4条に規定される地域住民，社会福祉を目的とする事業を経営するもの（当然，第一種社会福祉事業を経営する主体として行政も含む），社会福祉に関する活動を行う者が協働して，計画が策定当初に設定した目標を達成しているのか，できていないのか，もしできていないのであればどのようにプログラムを組み替えていくのかということを協議する場の設定が必要であり，そうした協議の積み重ねがローカル・ガバナンス（共治）を実現していくプロセスそのものとなる。

☐ 地域福祉力の向上

福祉計画の評価に参画するということ，特に業績測定というアウトカムの評価だけではなく，より広く深いとされるプログラム評価に参画するということは，地域のアセスメントの段階から計画のプランニング，計画において明文化されたプログラムが目指す成果を出しているかどうかという進行管理，全体としてのプログラム評価という，計画評価のすべてのプロセスにかかわることになり，地域のアセスメント手法，アウトカムの指標をつくるための知識と技術，アウトカムを測る技術，結果を読み解く知識，全体的なプログラムの理論を組み立てる論理性，評価により計画の修正を提起していく提案力などさまざまな知識や技法を身につけていくことが求められる。もちろん，評価チームの中に評価の専門知識を持つ専門職あるいは研究者が加わって

いることは必要であるが、それまで福祉計画の評価にはかかわったことのない行政職員、福祉の活動者、地域住民がこうした評価の経験を積むことは、政策評価を行政の一部のテクノクラート、あるいは研究者の占有物から、協働の場に引き出すことにも通じる。また、そうした知識と経験は、地域の資源として地域福祉力を底上げしていく力動として地域に蓄積される。

▶ テクノクラート
高度な専門知識や政策形成能力をもつ官僚や行政職員のこと。措置制度の時代は、福祉計画や福祉行政に住民参加が求められることはなく、政策やプログラム目標値はすべて、一部の行政職員（テクノクラート）が決定権を占有していた。

5 福祉計画評価の今後の課題

　まず前提として、評価可能にするために福祉計画は政策―施策―事業の構造性を持つことが必要となる。すべての福祉計画は「支援を必要とする人に支援が届く社会をめざす」という包括的な政策のテーマをもつということは共通しているだろう。またそれぞれの計画は固有の政策テーマももっている。福祉計画評価の課題は、それぞれのプログラムがどのような政策目的を実現するために立てられているかを把握する点にあり、その目的の性質によって計画評価の留意点が異なると考えられる。

　サービス資源量の計画的な整備を目指す計画であれば、施策の目的はサービスの整備であり、事業（プロジェクト）ごとに数値ターゲットが明確になっているはずである。したがって業績測定の手法を用いて、アウトプット（実際に整備できた数）をまず把握し、実際と目標値との割合（整備率）をアウトカムとして算出することができる。しかしそれだけにとどまらず、利用者評価によるサービスに対する満足度、住民のサービス認知度、サービス提供者の自己評価、サービスの利用率などさまざまな指標を組み合わせることによって、地域の中で本当に利用者にとって必要とされているサービスが質量ともに整備できているかということを評価することが可能となる。

　難しいのは、地域福祉計画に代表されるように施策に対応する事業に数値ターゲットを必ずしも適用できないような計画の場合である。こうした場合、計画によって実施されるさまざまな事業の効果が具象化されることにも時間がかかる場合が多く、評価がますます難しくなる。このような計画評価を無理に業績測定の手法を当てはめ、数値だけで評価をしようとしても、結局は把握しきれない部分が大きく評価の信頼性も薄い。またサービス供給側の管理的・恣意的なマネジメントを進めるために評価を利用されることにもなりかねない。

たとえば,「地域福祉への住民参加を促進する」というプログラムを評価するということを想定してみる。地域福祉計画策定への住民参加も,このプログラムを進める事業（プロジェクト）の一つであると考えればどのようにそれを評価することができるだろう。

住民対象のワークショップやフォーラムの開催回数は事業によって直接生じるアウトプットの指数である。アウトプットだけに着目しても評価としてはあまり意味がない。重要なのは,参加した住民の人数や多様性,住民間の関係性や住民と行政の関係性がコンフリクトを乗り越え生じた変化（リレーションシップゴール）,ワークショップの回数を重ねるごとに表れた意見の内容変化,参加者の意識の変化などプロジェクトを実施することによって引き起こされた中間アウトカムである。またプログラム評価では,そうした中間アウトカムから最終的に地域福祉への住民参加が促進されるという最終アウトカムを評価することになる。

福祉計画の評価は,まだ行政側に主導権があり住民・利用者の視点での評価はこれからの課題である。しかし,福祉計画の評価を進めていくためには,まず計画を作り上げていく策定段階からプログラム理論の組み立ての評価を行うということを前提にしておく必要があり,プログラム推進のための事業を設定する際には,その事業をどのように測るのかという指標も構想しておくことが求められる。そしてこの指標づくりには行政や住民,当事者などステークホルダーが参加し,協議することが重視される。

さらに,プログラムを推進するための複数の事業に関してそれぞれの目標達成状況をチェックすることのみに終始するのではなく,それらの情報を帰納法的な視点でまとめ,評価を行うことによって,住民にとって施策全体の評価として理解の得やすいものとなる。まだ課題の多い福祉計画の評価ではあるが,自分たちの地域の福祉計画についてどのように評価するのかということについて,コンフリクトを乗り越えながら協議することこそ,計画評価をガバメントからガバナンスに転換する契機となる。また,そこに計画策定への住民参加の大きな意義を見出すことができるのである。

> **ステークホルダー**
> 利害関係者と訳される。地域の中には,福祉政策を進めていくために設定されるプロジェクトの関係者が多様に存在する。サービス利用者,サービス提供者という直接そのサービスにかかわる人のほかに,行政,サービス事業者,サービス利用者の知人,ボランティア等がステークホルダーにあたり,その利害は必ずしも一致しない。

> **コンフリクト**
> 多様な利害関係者がそれぞれの利害をそれぞれの立場から主張することによって生じる葛藤や軋轢をいう。しかし,このコンフリクトを乗りえるプロセスがなければ,多様な主体がお互いを理解していくことは難しく,信頼関係を構築していくために必要なプロセスであるとされている。

◯注

(1) 山谷清志『政策評価の実践とその課題——アカウンタビリティのジレンマ』萌書房,2006年,71頁。
(2) 大住荘四郎『ニュー・パブリックマネジメント——理念・ビジョン・戦略』日本評論社,1999年,5頁。
(3) 上野宏・上野真城子「訳者解説 政策評価の全体枠組みと業績測定の位置

(4) 高田真治「地域福祉計画策定の方法」高森敬久・高田真治・加納恵子・平野隆之編『地域福祉援助技術論』相川書房，2003年，256〜264頁。
(5) 大住荘四郎，前掲書，95頁。
(6) 小林良二「社会福祉計画の累計と構成要素」『社会福祉計画』有斐閣，1996年，45頁。
(7) 山谷清志，前掲書，93頁。
(8) ハトリー，H. P./上野宏・上野真城子訳『政策評価入門』東洋経済新報社，2004年，3頁。
(9) 大住荘四郎，前掲書，36頁。
(10) ハトリー，H. P.，前掲書，14〜21頁。
(11) 大住荘四郎，前掲書，181頁。
(12) Rossi, P. H., Lipsey, M. W., Freeman, H. E., *Evaluation: A Systematic Approach 7th Edition*, Sage Publications, 2004（＝大島巌・平岡公一・森俊夫ほか監訳『プログラム評価の理論と方法』日本評論社，2007年，77頁）。
(13) 熊坂伸子『NPMと政策評価　市町村の現場から考える』ぎょうせい，2005年，58頁。
(14) 和気康太「地域福祉（支援）計画の全国動向とその課題」牧里毎治・野口定久編著『協働と参加の地域福祉計画』ミネルヴァ書房，2007年，134頁。

◯ 参考図書

山谷清志『政策評価の実践とその課題』萌書房，2006年
　　　——評価は客観的で価値中立的であるべきだとし多様な政策評価手法を紹介している。住民参加，当事者参加によりエンパワメント，ソーシャルアクションを志向する政策評価についての可能性についても提示している。

永田祐『ローカル・ガバナンスと参加——イギリスにおける市民主体の地域再生』中央法規出版，2011年
　　　——先駆的にNPMを実施してきたイギリス研究をまとめている。住民参加により，福祉国家の官僚制や専門職主義による画一性・硬直性を変革し，民主主義を強化していくことで市民と権力のバランスを変化させていくとする。

ロッシ，P. H.・リプセイ，M. W.・フリーマン，H. E./大島厳・平岡公一・森俊夫ほか監訳『プログラム評価の理論と方法』日本評論社，2007年
　　　——事例も豊富に提示されており，プログラムの構想から計画策定，実施，事後評価に至る全プロセスでの評価の実際をイメージすることができる。ステークホルダーとの協働による評価の重要性が指摘されている。

<h1 style="text-align:center">あ と が き</h1>

❏ 本書の位置づけ

　本書は，社会福祉振興・試験センターが示している社会福祉士国家試験の試験科目である「福祉行財政と福祉計画」の出題基準に基づいて編集されている。たとえば，出題基準（大項目）には，「1　福祉行政の実施体制」，「2　福祉行財政の動向」，「3　福祉計画の意義と目的」，「4　福祉計画の主体と方法」，「5　福祉計画の実際」と示されているが，本教科書は，この基本的枠組みをふまえ，中項目，小項目（例示）についても，十分配慮した記述になっている。

　しかし，本書は，その出題基準に限定されていない。言葉を換えるならば，社会福祉士・精神保健福祉士の資格を取得して，日々困難な生活問題に直面している住民，サービス利用者への相談・支援を行うソーシャルワーカーの業務の基盤となる専門的知識，必要な基本的視点を学ぶための教材としてほしいと願っている。

❏ 生活課題の拡大，深刻化

　確かに，第2次世界大戦後の日本の経済成長はめざましい。しかし同時に，家庭関係，地域関係は弱くなり，孤立・虐待・依存症の増加をもたらした。2010年度まで自殺者が3万人を超える状態が10数年続き，2011（平成23）年は地方自治体の取り組みが強化されるなどの結果自殺者が3万人以下になったが，その数は依然として多い。

　また，2025（平成37）年から2030（平成42）年にかけて9割以上の自治体で人口が減少し，2000年に比べて人口が2割以上減少する自治体が半数を超え，65歳以上の高齢者人口割合が40％以上の自治体が3割を超えると言われている。過疎，限界集落の問題が顕在化してきたといえる。他方，東京や大阪，名古屋のような巨大都市は経済におけるグローバリゼーションのただ中にあり，生活は国際化し，たとえば同じ言語の住民が多く住む地域が生まれ，さまざまな国の文化が流入している。その中で迎える2025年では，都市部における急激な高齢化にともなう一人暮らしの増加と孤立化の問題などが急増するであろう。

　さらに，非正規雇用で働く労働者の割合は，2000（平成12）年の26.0％が，2011（平成23）年には35.2％（被災3県を除く）となり，年収200万円未満の給与所得者は，1998（平成10）年の17.4％から2010（平成22）年には22.9％に増加した。また経済不況等を理由に，

生活保護受給者は2012（平成24）年6月に212万人と戦後もっとも多くなった。一般的な年金受給年齢である65歳以上の者のうち，今後保険料を納付しても年金を受給できない者は，現時点において最大で，40万人とも推計されている。このような状況にあって，基礎自治体，都道府県，国が，これらの問題に対してどのように取り組んでいくか，第一義的に問われなければならないのである。

福祉行政の3つの系譜

ふりかえって，第2次世界大戦後に始まる日本の社会福祉制度の根幹は，国によって担われてきた。そして，国民の権利と国の責任が規定されている憲法第25条の生存権を根拠に，福祉国家としての国のあり方について，訴訟や論争がしばらく続いた。今もって社会保障制度の構造を支える国の役割と責任は大きい。しかし，入所施設を中心とした社会福祉サービスから在宅福祉サービスを重視する福祉サービスへと移行したことにより，地域の特性や資源の違いが強調された。また国が定めた画一的な社会福祉のあり方が，効果性，有効性等の見地から限界に直面してきた。さらに中央から自治体という従来の社会福祉システムが転換され，サービス指向型（service-oriented）からニーズ指向型（needs-oriented），提供者主導から利用者主導の原則が重視されたことにより，福祉分野においても，国から，基礎的自治体である市町村に権限と責任を移行する分権化を促進させてきたのである。

社会福祉行政の展開は，下の表のようにサービスの受け手が，市民（citizen），利用者（client），消費者（consumer）という3つの視点から分類することができる。

対象	市民（citizen）	利用者（client）	消費者（consumer）
基本理念	民主主義の拡大 新しい公共	ノーマライゼーション ソーシャルインクルージョン	市場の拡大 新しい管理主義
実現の方法	住民参加・住民主体の原則 政策決定・処遇プロセスへの参加	コミュニティ・ケア	サービスマネジメント 社会福祉経営，法人経営 評価システム，経営の透明性
めざす社会像	参加型社会づくり	自己実現・共生の社会づくり	ニーズオリエンテッド 安心してケアを受けることができる社会

❏ 市民と「新しい公共」

　民主主義と新しい公共性の視点から,「市民」としての側面が重要視されてきた。1960年前後の高度経済成長によって生み出された公害に対する反対運動は,生活者としての市民の自覚を生み出したと言える。また,1980年代末より,在宅福祉サービスの拡大にともない,市民が重要なサービスの担い手として登場してきた住民参加型在宅福祉サービス供給組織は,住民相互の助け合いを強調し,ボランティア意識に根ざしながらも,ホームヘルプ等の在宅サービスを,画一的な枠組を超えて,さまざまなニーズに応じた柔軟に,かつ即時に対応しようとし,市場の価格より低い有償サービスを安定的して提供することを使命としており,市民活動の事業化,組織としての性格をもっていた。

　また各福祉計画の作成において当事者参加,住民参加が強調されてきた背景には,当事者の視点がない福祉計画は,単なる宣言に過ぎなかったという反省がある。

　2000（平成12）年に成立した社会福祉法は,第4条において,「地域住民,社会福祉を目的とする事業を経営する者及び社会福祉に関する活動を行う者は,相互に協力し,福祉サービスを必要とする地域住民が地域社会を構成する一員として日常生活を営み,社会,経済,文化その他あらゆる分野の活動に参加する機会が与えられるように,地域福祉の推進に努めなければならない。」とし,住民,行政,社会福祉法人,ボランティアやNPO法人等の協働によって,地域福祉が成立することを規定した。

　また,2008（平成20）年3月に公刊されたこれからの地域福祉のあり方に関する研究会報告書『地域における「新たな支え合い」を求めて――住民と行政の協働による新しい福祉』は,「地域における多様な生活ニーズへの的確な対応を図る上で,成熟した社会における自立した個人が主体的に関わり,支え合う,地域における〈新たな支え合い〉（共助）の領域を拡大,強化することが求められている」「このような動きの中で現れたのが,ボランティアやNPO,住民団体による活動である。これは,地域を,高齢になっても,尊厳をもって,自分らしい生き方ができ,また,安心して次世代を育むことのできる場にするという,住民共通の利益のために行政だけでなく多様な民間主体が担い手となり,これらと行政が協働しながら,従来行政が担ってきた活動に加え,きめ細かな活動により地域の生活課題を解決する,という意味で,地域に〈新たな公〉を創出するものといえる」とし,市民参加による新しい公共の考え方を提起している。

❑利用者とコミュニティケア

　地域福祉は，ノーマライゼーションの原則に立って，地域住民が「あたりまえ」の人間として地域社会で生活していくことができることを重視し，そのためにさまざまな活動やサービスによる支援の必要性を強調してきた。

　ノーマライゼーションを推進する地方自治体の役割が強調された代表的な対策は，コミュニティ・ケアであり，初期の政策として位置づけたものは，東京都社会福祉協議会『東京都におけるコミュニティ・ケアの進展について』(1969年)，中央社会福祉審議会『コミュニティの形成と社会福祉』(1971年)である。中央社会福祉審議会答申では，コミュニティ・ケアを「社会福祉の対象を収容施設において保護するだけでなく，地域社会すなわち居宅において保護を行ない，その対象者の能力のより一層の維持発展をはかろうとするものである」とした。

　さらに自己実現と人間としての尊厳を保障された「サービスの利用者」が，地域において住民として生活し，社会福祉法第4条に記されているように，「地域社会を構成する一員として日常生活を営み，社会，経済，文化その他あらゆる分野の活動に参加する」ことができるためには，さまざまな障害への対応，配慮を欠かすことができない。道路の段差や交通における物理的バリアフリー，交流を妨げ，孤立をもたらす心のバリアフリー，必要な情報が届かない現状に対応する情報のバリアフリー，そして社会制度に組み込まれている差別への対応を意味する社会的バリアフリーが必要である。2006年（平成18）年の高齢者，障害者等の移動等の円滑化の促進に関する法律（バリアフリー新法）は，住民，行政，社会福祉関係者が取り組むべき具体的な目標を提示した。

　さらに介護保険法第5条第3項（平成23年6月改正，同24年4月施行）は，「国及び地方公共団体は，被保険者が，可能な限り，住み慣れた地域でその有する能力に応じ自立した日常生活を営むことができるよう，保険給付に係る保健医療サービス及び福祉サービスに関する施策，要介護状態等となることの予防又は要介護状態等の軽減若しくは悪化の防止のための施策並びに地域における自立した日常生活の支援のための施策を，医療及び居住に関する施策との有機的な連携を図りつつ包括的に推進するよう努めなければならない」と規定した。厚生労働省は，法改正の具体的内容として，地域包括ケアシステムの5つの構成要素を明らかにし，中でも生活支援・福祉サービスを「心身の能力の低下，経済的理由，家族関係の変化などでも尊厳ある生活が継続できるよう生活支援を行う。生活支援には，食事の準備など，サ

ービス化できる支援から，近隣住民の声かけや見守りなどのインフォーマルな支援まで幅広く，担い手も多様。生活困窮者などには，福祉サービスとしての提供も」と示した。地域で生活する利用者を支える地域包括システムを組み込むことも介護保険の役割となり，近年の計画は，公的サービスと共に，インフォーマルケアによるコミュニティ・ケアの強化を内容としてきている。

❏ 消費者と福祉サービス供給システムの整備

　1986（昭和61）年の「国の補助金等の臨時特例等に関する法律」と「地方公共団体の執行機関が国の機関として行う事務の整理及び合理化に関する法律」は，施設入所事務や在宅福祉サービスの実施事務を地方自治体の事務として位置づけ，自治体の裁量権を拡大させた。

　また厚生省三審議会合同企画分科会がだした「今後の社会福祉のあり方について（意見具申）」（1989年）では，「社会福祉の運営，実施については，専門性，広域性，効率性等の観点について十分配慮しつつ，住民に最も密着した基礎的地方公共団体である市町村をその主体とすることが適当である」としている。そして「老人福祉法等の八法改正」において，従来福祉事務所をもたない町村（大部分）に代わり老人福祉施設入所措置を行っていた郡福祉事務所から，その権限が町村に移され，在宅福祉サービスとの一体的運営が求められたのである。

　在宅福祉サービスの拡大と市町村への分権化が進むのとほぼ併行して，社会福祉も措置から契約システムに移行し，また活動・サービスの担い手の多元化と，競争の原理による質の確保がすすめられた。

　2000（平成12）年に社会福祉事業法より移行した社会福祉法は，サービスの利用支援，苦情対応システム，契約能力が低下した場合の地域福祉権利擁護事業，サービスの評価を規定した。そもそも契約には，消費者保護システムが不可欠であり，消費者と提供者が対等な関係を成立させていくためには，福祉サービスの消費者としての特性を配慮した対応が必要とされるからである。

　この間，経営という考え方が強調されたが，経営とは，人（問題解決に取り組む当事者，医師，保健師，社会福祉士・ケアワーカー・ケアマネジャー等の専門職，住民，ボランティアといった保健医療福祉等にかかわる広い人材），もの（保健・医療・福祉・教育・公民館等の施設，サービス・活動，物品はもちろん，住民関係，地域関係，ボランティア協議会，医療保健福祉等の専門職ネットワーク等のネットワーク），金（補助金・委託金，寄付金，収益），とき（就業時間，ボランティアとして活動する時間。課題を共有化し，合意して取り組むチャンス），知らせ（資源情報，

サービス利用者情報，相談窓口における情報等のニーズ情報，計画策定に必要な統計等の管理情報）という地域の資源を最大限有効に活用し，積極的な事業展開を進めていくことを言う。地域福祉を推進する団体は，地域にある資源を掘り起こし，活用し，情報公開により組織と活動やサービスの透明性を維持し，サービスの品質を管理し，さらに住民に対しそのサービスの目標と方法，解決プロセスと結果に対する説明責任が課せられている。資源の効果的活用は，地域福祉計画の基本的考え方でもある。

❏ 専門職になる読者への期待

福祉計画は，国，都道府県，市町村が解決すべき課題を共有化し，目標を定め，それぞれの住民，行政，社会福祉法人等の民間非営利，企業等の営利団体が役割を合意するものである。利用者の要望を代弁し，またその解決を目指す福祉専門職のかかわりはきわめて重要である。それゆえに，これから専門職になる読者には以下のことを期待したい。

① 政策提案できる専門職になってほしい。根拠（エビデンス）を明らかにして，必要な施策の意義と効果，さらには具体的な方法を提案してほしい。

② 自分の役割を明らかにできる専門職になってほしい。日常的に取り組んでいる業務から，さらには必要とされる業務を客観的に示し，他機関や他団体，他領域との協働した取り組みをしてほしい。計画の作成プロセスは，関係者が集まるテーブルであり，チャレンジを期待したい。

③ 個々の人格の尊重と人間理解を大切にする専門職になってほしい。優れた専門職は，自分の限界を良く知っている人である。自分勝手に作る利用者像に相談者を当てはめないようにしてほしい。今まで福祉専門職が目指してきたこの取り組みにたえず立ち返ってほしい。

被災地支援に取り組んでいた友人は，「〈仮の生活〉〈仮の人生〉はない。〈被災者なんだから〉という考えは，〈高齢者なんだから〉〈障害者なんだから〉という考え方に通じる。」と現状を憂う。

また，そもそも制度が，専門家が，事業者が，利用者の実像を見えにくくしていないだろうか。被災地では通用しない。生活者としての，住まい，仕事（産業），援助（福祉），生活環境，絆が，それぞれにあった自立の支援に結びつき，明日への希望とつながる。そして，刻々と被災地の状況は変わる。それぞれのニーズに対応していくこと。「靴に足を合わせるのではなく，足に靴を合わせる」という原点に立

ち返ることが，今，福祉専門職に求められているのではないだろうか。
　本書が，この現実に立ち向かう福祉専門職の働きに貢献できることを望む。

2014年12月

編　者

さくいん

ページ数太字は用語解説で説明されているもの。

◆ あ 行 ◆

アウトカム　197
アウトプット　197
アカウンタビリティ（説明責任）
　　131,**196**
意思決定過程への参加　130
一番ヶ瀬康子　123
一般会計　2
一般財源等　**80**
一般事業主行動計画　151
医療計画　143,**147**
医療保障　17
インプット　196
ウェッブ夫妻（Webb, S. and Webb, B.）　**109**
上乗せ給付　8
オンブズマン制度　**160**

◆ か 行 ◆

介護認定審査会　**22**
介護保険事業計画　114,136,141,157
介護保険の特徴　8
家庭児童福祉主事・家庭相談員　62
ガバナンス　89,138
機関委任事務　5,18,33
　　旧地方自治法にみる――　29
基幹相談支援センター　47
基準財政収入額　**73**
基準財政需要額　**73**
狭義の社会保障　17
行政処分　**51**
業績指標　195
業績測定　195
共治（ローカルガバナンス）　191
国が行うべき事務　**26**
国地方係争処理委員会　35
国と地方の役割分担の原則　32
国の補助金等の整理及び合理化並びに臨時特例等に関する法律　31
国の補助金等の臨時特例等に関する法律（補助金等臨時特例法）　30

国の役割　20
グローバル化　94
郡部福祉事務所　48
計画論　123
経済計画　**104**,105
現業員　59
現金給付型　**112**
県支出金　76
現物給付型　**112**
広域にわたる事務　21
広義の社会保障　17
貢献の原則　10
公正・透明の原則　35
厚生労働省　20
公的財源　72
　　――の予算科目　97
公平性　100
神戸勧告　28
効率　**198**
高齢者の介護問題　17
高齢者保健福祉計画　114
国内総生産（GDP）　2
国民保健サービス及びコミュニティケア法　43
国家予算　80
国庫支出金　**72**,76
国庫負担率一括一律削減立法　29
コミュニティ　91,92
コミュニティワーク　159
雇用均等・児童家庭局　20
今後の社会福祉のあり方について　31
コンシューマー　196
コンソーシアム　168
コンフリクト　**202**

◆ さ 行 ◆

サービス指向型　**137**,205
サービス提供体制　3
歳出純計額　**72**
『在宅福祉サービスの戦略』　113
策定委員会　181
査察指導員　61
真田是　123

参加型住民懇談会　185
三科目主事　67
三位一体（の）改革　5,36
三割自治　28
時限立法　30
次世代育成支援行動計画　148
自治事務　6,**19**,33,34
市町村　45
　　――の歳出決算　74
　　――の歳入決算額　73
　　――の役割　21
市町村介護保険事業計画　142
市町村行動計画　149
市町村障害者虐待防止センター　46
市町村障害者計画　145
市町村障害福祉計画　146
市町村地域福祉計画　113,114,153
市町村老人福祉計画　139
児童家庭支援センター　51
児童相談所　53
児童相談所運営指針　**65**
児童福祉司　65
市部福祉事務所　48
市民参加　160
シャウプ勧告　28
社会・援護局　20
社会計画　106,109,110
社会事業主事・主事補制度　**58**
社会福祉　16,17
　　――の財源　72
社会福祉機関　44
社会福祉行政（福祉行政）　**42**
　　――における公的責任　42
社会福祉計画　110,122,125
　　――の類型　126
社会福祉事業所　45
社会福祉施設　45
社会福祉主事　50
　　――の任用資格　58
社会福祉政策　122
社会福祉法　124
社会福祉法制　19
社会保障　16
　　――における公平性　10

213

——の機能 18
——の手段 18
——の種類と行政機構 20
社会保障給付費 2
社会保障財源 81
社会保障制度審議会 **16**
社会保障制度に関する勧告 16
住民参加 160,165
住民参加型調査 186
住民自治 **26**
障害者基本計画 115,136,145
障害者更生相談所 55
障害者福祉計画 145
障害保健福祉部 20
情報開示 166
情報公開 166
情報提供 166
所得保障 17
新経済社会7か年計画 108
進行管理 191
人口オーナス 86
人口ボーナス 86
人材の確保 4
人身取引対策行動計画 **65**
新全国総合開発計画（新全総，1969年） 108
身体障害者更生相談所 52
身体障害者福祉司 63
スクールソーシャルワーカー 68
ステークホルダー **202**
生活困窮者自立支援法 68
政策論 123
精神保健福祉センター 52,55
精神保健福祉相談員 67
政府（ガバメント） **191**
政令指定都市 7,**22**
セーフティネット **86**
全国総合開発計画 106
ソーシャル・インクルージョン（社会的包摂） 95,**162**
ソーシャル・エクスクルージョン 95
ソーシャル・ガバナンス **90**
措置 19

◆ た 行 ◆

第三次全国総合開発計画（三全総） 108
団体委任事務 **19**,33
団体自治 **26**
地域アセスメント 176
地域開発 107
地域主権戦略大綱 37
地域福祉計画 98,99,115,136,153,157,159
——の策定 159
——の策定手順 173
——の策定過程 176
地域包括ケアシステム **46**,117
——の構築 117
地域包括支援センター 46
知的障害者更生相談所 52
知的障害者福祉司 64
地方公共団体の執行機関が国の機関として行う事務の整理及び合理化に関する法律（機関委任事務整理合理化法） 30
地方公共団体の事務に係る国の関与等の整理・合理化等に関する法律（国の関与等整理合理化法） 30
地方交付税 **73**
地方自治体 26
——の（果たすべき）役割 26,115,116
——の費用負担 26
地方税 73
地方分権の推進を図るための関係法律の整備等に関する法律（地方分権一括法） **19**,32,33
地方分権改革推進法 5,36
地方分権推進法 32
中核市 7,**22**
中期経済計画 106
テクノクラート **201**
特定事業主行動計画 152
特例市 7
都道府県 50
——の歳入 78
——の目的別歳出 78

——の役割 21
都道府県介護保険事業計画 143
都道府県行動計画 150
都道府県支出金 **72**
都道府県障害者計画 145
都道府県障害者権利擁護センター 51
都道府県障害福祉計画 147
都道府県地域福祉支援計画 113,114,153
都道府県老人福祉計画 140

◆ な 行 ◆

ナショナルミニマム **21**,89
ニーズ指向型 **137**,205
日本型福祉社会論 109
ニューパブリック・マネジメント 191

◆ は 行 ◆

配偶者暴力相談支援センター **65**
パブリック・コメント 179,187
必要性の原則 10
評価 190
福祉行政計画 114
福祉行政における市町村の機能 45
福祉行政における都道府県の役割 50
福祉計画 11
——の策定手順 172
福祉計画策定における住民参加の手法 182
福祉計画の評価 190,194
——の目的 199
福祉サービス 11
——の公平性 11
福祉サービス供給システム 128
福祉サービス提供過程への参加 130
福祉サービス利用過程への参加 130
福祉事務所 47
福祉多元主義 **128**
福祉関係八法改正 31
福祉分野における地方分権 8
婦人相談員 65

婦人相談所　52, 55
普通会計　2
不服申し立ての審査機関　50
プラットホーム　**168**
プログラム評価　198
プロセスゴール　178
分権化　93
ベンチマーク　197
保育計画　152
法定受託事務　6, **19**, 33, 34
方面委員制度　58
母子福祉資金・父子福祉資金　**63**
母子・父子自立支援員　63
ボランティア・地域活動への参加
　　　163

ボランティア・地域活動を支援する
　　専門機関　163

◆　ま・や　行　◆

三浦文夫　112, 122
民間財源　72
民生費　**74**
　――の歳出内訳　78
メディア・リテラシー　**167**
横出し給付　8

◆　ら・わ　行　◆

ラウンドテーブル方式　**168**
老健局　20
老人福祉指導主事　61

老人保健福祉計画　136, 139, 157
ローカリティ　**90**
ローカル・ガバナンス　**90**, 100
ワークショップ　185

◆　欧文他　◆

21世紀福祉ビジョン　111
48時間ルール　**65**
ICT（情報通信技術）　**167**
NPM理論　195
NPOバンク　97
PDCAサイクル　172
PDSサイクル　172

監修者 (50音順)

岩田　正美（日本女子大学教授）
大橋　謙策（日本社会事業大学大学院特任教授・東北福祉大学大学院特任教授）
白澤　政和（桜美林大学大学院老年学研究科教授）

執筆者紹介 (所属，分担，執筆順，＊印は編著者)

＊野口　定久（編著者紹介参照：はしがき，第6，7章）
＊宇野　　裕（編著者紹介参照：序章）
　小澤　知彦（社会福祉法人清瀬市社会福祉協議会：第1章）
　金子　和夫（ルーテル学院大学総合人間学部教授：第2章）
　平野　方紹（立教大学コミュニティ福祉学部教授：第3章）
　佐竹　要平（日本社会事業大学通信教育科専任講師：第4章）
　内山　治夫（東京福祉大学社会福祉学部教授：第5章）
　和気　康太（明治学院大学社会学部教授：第8章）
＊市川　一宏（編著者紹介参照：第9章，あとがき）
　牧里　毎治（関西学院大学人間福祉学部教授：第10章）
　原田　正樹（日本福祉大学社会福祉学部教授：第11章）
　川島ゆり子（花園大学社会福祉学部教授（2015年4月より）：第12章）

編著者紹介 (50音順)

市川　一宏 (いちかわ・かずひろ)
1952年　生まれ。
1983年　東洋大学大学院社会学研究科社会福祉学専攻後期博士課程単位取得満期退学。
現　在　ルーテル学院大学総合人間学部教授・大学院総合人間学研究科教授。
主　著　『知の福祉力』(単著) 人間と歴史社, 2009年。
　　　　『「おめでとう」で始まり「ありがとう」で終わる人生』(単著) 教文館, 2014年。

宇野　裕 (うの・ひろし)
1953年　生まれ。
1977年　東京大学法学部卒業。
日本社会福祉事業大学専務理事を経て
現　在　日本介護経営学会理事。
主　著　『職業としての福祉』(単著) 中央法規出版, 1995年。
　　　　『介護の経済学』(共著) 東洋経済新報社, 1998年。

野口　定久 (のぐち・さだひさ)
1951年　生まれ。
1977年　上智大学大学院文学研究科社会学専攻修了。
現　在　日本福祉大学社会福祉学部教授。博士 (社会福祉学)。
主　著　『ソーシャルワーク事例研究の理論と実際』(共編著) 中央法規出版, 2014年。
　　　　『地域福祉論』(単著) ミネルヴァ書房, 2008年。

MINERVA社会福祉士養成テキストブック⑨
福祉行財政と福祉計画

2015年3月1日　初　版第1刷発行　　〈検印省略〉

定価はカバーに
表示しています

監修者	岩田正美
	大橋謙策
	白澤政和
編著者	市川一宏
	宇野　裕
	野口定久
発行者	杉田啓三
印刷者	田中雅博

発行所　株式会社　ミネルヴァ書房
607-8494　京都市山科区日ノ岡堤谷町1
電話代表 (075)581-5191
振替口座　01020-0-8076

©市川・宇野・野口ほか, 2015　　創栄図書印刷・清水製本

ISBN978-4-623-05394-0
Printed in Japan

MINERVA 社会福祉士養成テキストブック

岩田正美・大橋謙策・白澤政和　監修

全22巻

Ｂ５判・各巻平均240頁

① 現代社会と福祉
② 相談援助の基盤と専門職
③ ソーシャルワークの理論と方法Ⅰ
④ ソーシャルワークの理論と方法Ⅱ
⑤ 社会調査の基礎
⑥ 相談援助演習
⑦ 相談援助実習
⑧ 地域福祉の理論と方法
⑨ 福祉行財政と福祉計画
⑩ 福祉サービスの組織と経営
⑪ 高齢者に対する支援と介護保険制度
⑫ 障害者に対する支援と障害者自立支援制度
⑬ 児童や家庭に対する支援と子ども家庭福祉制度
⑭ 公的扶助論──低所得者に対する支援と生活保護制度
⑮ 保健医療サービス
⑯ 就労支援
⑰ 権利擁護と成年後見
⑱ 更生保護
⑲ 社会保障
⑳ 人体の構造と機能及び疾病
㉑ 心理学理論と心理的支援
㉒ 社会理論と社会システム

——— ミネルヴァ書房 ———
http://www.minervashobo.co.jp/